Helmut Schreier (Hrsg.)

Rekonstruktion der Schule

Das pädagogische Credo des *John Dewey* und die heutige Erziehungspraxis

Klett-Cotta

Klett-Cotta

Printed in Germany
Umschlag: heffedesign, Rodgau
Auf säure- und holzfreiem Werkdruckpapier gedruckt
und gebunden von fgb – freiburger graphische betriebe
ISBN 3-608-94317-X

Die Deutsche Bibliothek – CIP-Einheitsaufnahme
Ein Titeldatensatz für diese Publikation ist bei
Der Deutschen Bibliothek erhältlich.

Inhalt

Helmut Schreier

Vorwort

Herausgeber und Autoren versuchen im vorliegenden Buch, die Aktualität der pragmatistischen Erziehungsphilosophie John Deweys für den deutschen pädagogischen Diskurs der Gegenwart auszuloten. Ausgangs- und Bezugspunkt ist ein kurzer Text Deweys, das pädagogische Credo aus dem Jahre 1897, der wesentliche Konzepte und Vorstellungen Deweys über Erziehung in konziser Form wie „in der Nußschale" enthält.[1] Der Text ist für pädagogisch interessierte Leser am Beginn des 21. Jahrhunderts für sich genommen von erstaunlicher und faszinierender Aktualität. Er lädt dazu ein, den Bezügen zur gegenwärtigen Situation nachzugehen, aber auch zu einer systematischen Entfaltung der philosophischen und pädagogischen Implikationen dessen, was Dewey hier in einfachen Worten entwirft. Ich kenne keinen Text, der als Ausgangspunkt für eine Einführung in die Erziehungsphilosophie Deweys geeigneter wäre als das „Credo". Allerdings gewinnt die Lektüre durch sachkundige Ausleuchtung des Hintergrundes, was das Verständnis des Pragmatismus und der Geschichte der Pädagogik angeht. Die Beiträge der Experten verdeutlichen die umwälzende Bedeutung der pragmatistischen Perspektive auf Gesellschaft und Erziehung. Für die Besonderheiten der Umwälzung, die eine solche Deweyanische Perspektive mit sich bringt, erscheint das Wort „Rekonstruktion" angemessen.

In einem Vortrag im Jahre 1894 bereits hatte Dewey „Rekonstruktion" im Sinne einer Leitvorstellung entwickelt, damals im Kontext der Erneuerung der christlichen Kirche im Lichte eines umfassenden Glaubens, – ein Thema, das er mehr als vierzig Jahre später in „A Common Faith" (1938) in größerer Ausführlichkeit entfalten sollte. Dewey gab seinerzeit – in zeitlicher Nähe zum pädagogischen Credo von 1897 – folgende Darstellung seines Begriffes von Rekonstruktion:

---

1 Die vorliegende Fassung ist eine vom Herausgeber vorgenommene Übersetzung des Credos aus den Early Works ins Deutsche. Eine weitere Version bietet die deutsche Übersetzung von Prantl aus dem Jahre 1922: Mein pädagogisches Glaubensbekenntnis.

„Rekonstruktion ist eine periodisch wiederkehrende Notwendigkeit des Lebens. In der Geschichte betrifft sie den Konflikt zwischen Ideen und den Institutionen, die diese Ideen verkörpern. Im Tierreich steht sie für den Konflikt zwischen Funktionen und den Strukturen, die diese Funktionen ausüben; im Leben des einzelnen handelt es sich um den Konflikt zwischen Gewohnheiten und Idealen; allgemein gefaßt, geht es um den Konflikt zwischen Zielen und Absichten und andererseits den Mitteln oder der Maschinerie, mit deren Hilfe diese Absichten umgesetzt werden. Keine der beiden Seiten ist für sich etwas ohne die andere. Ideen, Funktionen, Ziele sind allesamt hilflos und lahm, wenn es kein System objektiver Kräfte gibt, das sie ausübt und umsetzt. Und die Maschinerie, die Struktur, die Institution oder das Verhalten ist bloße Routine, ‚tote Knochen', wenn es nicht von einer Absicht beseelt wird. Trotz dieser notwendigen wechselseitigen Abhängigkeit zwischen Idee und Maschinerie, zwischen Vorstellung und Institution kommt es zeitweilig zu einem Konflikt der einen mit der andern Seite. In einer solchen Periode wird Rekonstruktion zur Notwendigkeit" (Early Works, Bd. 4, 97).

Es handelt sich um die Anpassung der Vorstellungen und Absichten an die veränderte Situation. In Analogie zu dieser Adaptationsaufgabe sind die Beiträge des vorliegenden Buches der Exploration des philosophischen Kontextes, der Konsequenzen von Deweys Sicht für das deutsche Erziehungswesen und der konkreten Umsetzung einzelner Aspekte gewidmet. Das breite Spektrum, das hier entfaltet wird, spiegelt nicht nur aktuelle Facetten der Auseinandersetzung mit dem Pragmatismus, sondern gibt auch Stellungnahmen von Repräsentanten unterschiedlicher Generationen: Zwischen der Vertreterin der Generation der Zwanzig- bis Dreißigjährigen, Pamela von Rymon Lipinski, und dem Vertreter der emeritierten Professorenschaft, Rupert Vierlinger, ist der Dekade nach jedes Lebensalter vertreten.

Wir hoffen, mit dieser Publikation zur Ausweitung des Horizonts des erziehungswissenschaftlichen Diskurses in Deutschland beizutragen.

Literatur

Dewey, John: Reconstruction. An address before the Students' Christian Association of the University of Michigan, 27 May 1894. In: Early Works (EW) 4, 96-105.

Dewey, John: Mein pädagogisches Glaubensbekenntnis. In: „Zeitschrift für christliche Erziehungswissenschaft und Schulpolitik", 15, 1922, 468-476, Übersetzung: Prantl.

John Dewey (1859-1952)

Mein pädagogisches Credo (1897)[1]

Artikel 1: Was Erziehung ist

Ich glaube, daß Erziehung stets nur durch die Teilhabe des einzelnen am sozialen Bewußtsein der Menschheit vor sich geht. Dieser Prozeß beginnt unbewußt fast schon bei der Geburt und formt andauernd die Kraft des einzelnen Menschen, füllt sein Bewußtsein, prägt sein Verhalten, übt seine Vorstellungen und weckt seine Gefühle. Durch diese unbewußte Erziehung gelangt der einzelne allmählich zur Teilhabe an den geistigen und moralischen Ressourcen, welche die Menschheit zusammengetragen hat. Er wird zum Erben des zinstragenden Kapitals der Zivilisation. Auch die formalste und abstrakteste Erziehung der Welt kann diesen allgemeinen Vorgang nicht einfach außer acht lassen. Sie kann ihn nur organisieren oder ihn in eine bestimmte Richtung lenken.

Ich glaube, daß die einzig wahre Erziehung dann geschieht, wenn die Kraft des Kindes durch die Anforderungen der Situation des Zusammenlebens herausgefordert wird, in der es selbst steckt. Durch diese Anforderungen wird das Kind veranlaßt, als Mitglied eines Ganzen zu handeln, also aus seiner ursprünglichen Enge von Tat und Handlung herauszutreten und sich selbst vom Standpunkt des Wohlergehens der Gruppe wahrzunehmen, der es angehört. Über die Rückmeldungen, die andere ihm zu seinem Handeln geben, begreift es, was dies in sozialer Hinsicht bedeutet. Sein Wert wird in es zurückgespiegelt. Zum Beispiel beginnt das Kind über die Reaktionen auf sein Geplapper zu begreifen, was dies Geplapper bedeutet; es verwandelt das Geplapper allmählich in artikulierte Sprache und wird dabei mit dem

1 John Dewey: The Early Works, 1882-1892; 5: 1895-1898. Early Essays. Carbondale and Edwardsville: Southern Illinois University Press 1972, 84-95; zuerst publiziert in: „School Journal" LIV (January 1897), 77-80; Übersetzung ins Deutsche: Helmut Schreier.

versammelten Schatz von Vorstellungen und Gefühlen vertraut, den die gegenwärtige Sprache bietet.

Ich glaube, daß dieser Prozeß der Erziehung zwei Seiten hat – eine psychologische und eine soziologische –, und daß keine von beiden ohne böse Folgen der anderen untergeordnet oder übergangen werden kann. Die psychologische Seite bildet die Grundlage. Die Instinkte und Kräfte des Kindes liefern das Material und geben den Ausgangspunkt aller Erziehung. Wo sich die Bemühungen des Erziehers nicht mit einer Tätigkeit verbinden, der sich das Kind selber aus eigener Initiative widmet, wird Erziehung auf einen äußeren Zwang reduziert. Dieser kann tatsächlich bestimmte äußerliche Ergebnisse haben, aber er ist kaum als Erziehung zu bezeichnen. Ohne Einsicht in die psychologischen Strukturen und Aktivitäten des Individuums bleibt der Erziehungsprozeß dem Zufall ausgeliefert und willkürlich. Wo er zufällig mit den Tätigkeiten des Kindes zusammengeht, wird er Auftrieb erhalten; wo nicht, wird es zu Reibungen kommen, zu Auflösungserscheinungen oder zum Stillstand der kindlichen Entwicklung.

Ich glaube, daß die Kenntnis der sozialen Bedingungen des gegebenen Standes der Zivilisation notwendig ist, um die Kräfte des Kindes richtig deuten zu können. Das Kind verfügt über seine eigenen Instinkte und Tendenzen, aber wir wissen nicht, was diese bedeuten, bevor wir sie nicht in Begriffe ihrer sozialen Äquivalente übersetzt haben. Wir müssen uns darauf verstehen, sie in die gesellschaftliche Vergangenheit zurückzuprojizieren und sie als Erbe vergangener Tätigkeiten der Menschheit wahrzunehmen. Wir müssen uns auch darauf verstehen, sie in die Zukunft hineinzuprojizieren, um zu sehen, worauf sie hinauslaufen und was ihr Ergebnis sein wird. Auf das Beispiel bezogen, ist es die Fähigkeit, im Geplapper des Kleinkindes das Vermögen für künftigen sozialen Austausch und eine Diskursfähigkeit zu erblicken, die es in die Lage versetzt, mit jenem Instinkt richtig umzugehen.

Ich glaube, daß die psychologische und die soziale Seite ursprünglich miteinander verwandt sind, und daß Erziehung weder als Kompromiß zwischen beiden gelten darf, noch als Überordnung der einen über die andere. Es ist vorgebracht worden, daß die psychologische Definition von Erziehung für sich allein formal und inhaltsleer bleibt – daß sie uns lediglich eine Vorstellung von der Entwicklung der geistigen Kräfte gibt, ohne eine Idee davon, wozu diese Kräfte nutzbringend einzusetzen sind. Auf der andern Seite ist darauf hingewiesen worden, daß die soziale Definition von Erziehung im Sinne eines Anpassungsprozesses an die Zivilisation aus ihr einen erzwungenen und äußerlichen Vorgang macht, der darauf hinausläuft, die Freiheit des einzelnen einem vorgegebenen sozialen und politischen Zustand zu unterwerfen.

Ich glaube, daß beide Vorwürfe dann zutreffen, wenn sie gegen eine der beiden Seiten ohne Berücksichtigung der jeweils andern vorgebracht werden. Um zu wissen, was eine gegebene Kraft bedeutet, müssen wir wissen, was ihr Zweck, ihr Nutzen oder ihre Funktion ist; und dies können wir nicht wissen, solange wir nicht das Individuum als ein innerhalb von sozialen Vorgängen handelndes Wesen begreifen. Aber andererseits werden wir dem Kind unter den gegebenen Umständen nur dann gerecht, wenn wir es in den vollständigen Besitz all seiner Kräfte setzen. Seit dem Bestehen der Demokratie und unter den gegebenen Bedingungen der Industriegesellschaft ist es unmöglich vorauszusagen, welches Bild die Zivilisation in zwanzig Jahren bieten wird. Deshalb ist es unmöglich, das Kind auf einen präzise bestimmten künftigen Zustand vorzubereiten. Ein Kind auf das künftige Leben vorbereiten heißt, ihm Kontrolle über sich selbst zu geben; es heißt, es so zu üben, daß es seine Fähigkeiten vollständig und sofort einzusetzen vermag; daß sein Auge und Ohr und seine Hand einsatzbereite Werkzeuge sind, daß sein Urteilsvermögen in der Lage ist, die Bedingungen zu begreifen, unter denen es zu arbeiten gilt, und daß es gelernt hat, seine Kräfte klug und wirksam einzusetzen. Es ist unmöglich, diese Art von Anpassung zu erreichen, ohne dauerhaft Kraft, Geschmack und Interesse des Individuums zu berücksichtigen – also ohne Erziehung immer wieder in psychologische Begriffe zu übertragen.

Zusammenfassend glaube ich, daß das Individuum, welches es zu erziehen gilt, ein soziales Wesen ist, und daß die Gesellschaft die organische Verbindung von Individuen darstellt. Wo wir den sozialen Faktor vom Kinde wegnehmen, bleibt uns nur eine abstrakte Größe; wo wir den individuellen Faktor von der Gesellschaft wegnehmen, bleibt uns nur eine unbewegliche und tote Masse. Erziehung muß also mit der psychologischen Einsicht in die Fähigkeiten, Interessen und Verhaltensweisen eines Kindes beginnen. Und sie muß jederzeit durch Berücksichtigung dieser Größen kontrolliert werden. Die Kräfte, Interessen und Verhaltensweisen müssen ihrerseits dauernd interpretiert werden – wir müssen wissen, was sie bedeuten. Sie müssen in Begriffe ihrer sozialen Äquivalente übertragen werden – in Begriffe, die ihr Potential im Hinblick auf den Dienst an der Gemeinschaft ausdrücken.

Artikel 2: Was Schule ist

Ich glaube, daß die Schule vor allem eine soziale Einrichtung ist. Da Erziehung einen sozialen Prozeß darstellt, ist die Schule einfach diejenige Form des Gemeinschaftslebens, in der all das zusammenkommt, was am wirkungsvollsten dazu führt, das Kind zum Teilhaber an den ererbten Ressourcen werden zu lassen und es dazu zu bringen, seine eigenen Kräfte für soziale Zwecke einzusetzen.

Ich glaube, daß Erziehung deshalb selbst ein Vorgang im gegenwärtigen Leben ist und nicht eine Vorbereitung für das künftige Leben.

Ich glaube, daß die Schule das gegenwärtige Leben repräsentieren muß – als ein Leben, das dem Kind so real und lebendig erscheint wie das, was es zu Hause, in der Nachbarschaft und auf dem Spielplatz führt.

Ich glaube, daß eine Erziehung, die nicht durch Formen des Lebens vonstatten geht – Formen, die für sich selbst lebenswert sind – immer nur ein armseliger Ersatz für die echte Wirklichkeit ist, der das Leben beschwert und lähmt.

Ich glaube, daß die Schule als Institution das bestehende gesellschaftliche Leben vereinfachen sollte. Sie sollte es gewissermaßen auf eine embryonische Form reduzieren. Das bestehende Leben ist derart komplex, daß das Kind nicht ohne Verwirrung oder innere Flucht direkt damit in Kontakt gebracht werden kann. Es wird dann entweder durch die Vielzahl der Vorgänge und Handlungen verwirrt, so daß es seine Fähigkeit zu angemessener Reaktion verliert, oder es ist derart von den verschiedenen Tätigkeiten stimuliert, daß seine Kräfte vorzeitig ins Spiel gebracht und übermäßig spezialisiert werden oder ihren Zusammenhalt verlieren.

Ich glaube, daß das Schulleben als ein solchermaßen vereinfachtes soziales Leben aus dem Leben zu Hause allmählich hervorgehen sollte; Schule sollte die Tätigkeiten aufgreifen und fortführen, mit denen das Kind zu Hause bereits vertraut ist.

Ich glaube, daß die Schule diese Aktivitäten dem Kind vorstellen und sie auf solche Weise wiederausführen sollte, daß das Kind allmählich deren Bedeutung lernt und in die Lage kommt, seinen eigenen Teil zu ihnen beizutragen.

Ich glaube, daß dies eine psychologische Notwendigkeit ist, weil es die einzige Möglichkeit bietet, die Kontinuität beim Aufwachsen des Kindes zu sichern, den einzigen Weg, den neuen Ideen der Schule einen Hintergrund von vergangenen Erfahrungen zu verleihen.

Ich glaube, daß es auch eine soziale Notwendigkeit ist, weil das Zuhause die Form sozialen Lebens darstellt, in der das Kind aufgezogen worden ist, in Verbindung mit der es seine moralische Erziehung erfahren hat. Es ist Angelegenheit der Schule, den Sinn für die Werte, die mit seinem Leben zu Hause verbunden sind, zu vertiefen und zu erweitern.

Ich glaube, daß ein Großteil der gegenwärtigen Erziehung scheitert, weil sie das Grundprinzip der Schule als Form gemeinschaftlichen Lebens vernachlässigt. Sie begreift Schule statt dessen als einen Ort, an dem bestimmte Informationen verteilt, an dem bestimmte Lektionen erlernt, oder an dem bestimmte Verhaltensweisen ausgebildet werden sollen. Der Wert dieser Vorstellungen wird als hauptsächlich in der fernen Zukunft liegend erachtet; das Kind soll diese Dinge um anderer Dinge willen tun; sie dienen nur der Vorbereitung. Deshalb werden sie nicht ein Teil der Lebenserfahrung der Kinder und so sind sie nicht wirklich erziehend.

Ich glaube, daß sich Moralerziehung an das zentrale Konzept der Schule als einer Form des sozialen Leben anschließt, daß die beste und tiefste Übung der Moral diejenige ist, die man erfährt, wenn man im Zusammenhang von Arbeit und Nachdenken in angemessener Beziehung zu anderen steht. Die gegenwärtigen Erziehungssysteme – soweit sie diesen Zusammenhang zerstören oder vernachlässigen – machen echte moralische Verhaltensübungen schwer oder unmöglich.

Ich glaube, daß das Kind durch das Leben in der Gemeinschaft selbst zu seinem Tun angeregt und in seinem Tun kontrolliert werden sollte.

Ich glaube, daß unter bestehenden Bedingungen viel zu viel Anregung und Kontrolle vom Lehrer ausgeht, weil die Vorstellung der Schule als einer Form des sozialen Lebens vernachlässigt ist.

Ich glaube, daß die Stellung und die Arbeit des Lehrers in der Schule auf der gleichen Grundlage interpretiert werden muß. Der Lehrer ist nicht in der Schule, um bestimmte Vorstellungen durchzusetzen oder bestimmte Verhaltensformen des Kindes zu erzwingen, sondern er ist ein Mitglied der Gemeinschaft, das die Einflüsse auswählt, die das Kind bilden, und das ihm dabei hilft, auf diese Einflüsse angemessen zu reagieren.

Ich glaube, daß die Disziplin der Schule aus dem Leben der Schule als Ganzes hervorgehen sollte und nicht direkt aus dem Lehrer.

Ich glaube, daß es die Aufgabe des Lehrers ist, auf der Grundlage längerer Erfahrung und reiferer Einsicht einfach zu bestimmen, wie die Disziplin des Lebens zum Kind gelangen soll.

Ich glaube, daß alle Fragen zur Beurteilung des Kindes und zu seinem Fortkommen unter Berücksichtigung des gleichen Maßstabes für alle entschieden werden sollten. Prüfungen sind nur so weit sinnvoll, wie sie die Fähigkeit des Kindes überprüfen, das soziale Leben mitzutragen, und die Stellen ausfindig machen, an denen es den besten Beitrag leisten kann, und die, an denen es die meiste Hilfe braucht.

Artikel 3: Inhalt und Stoff der Erziehung

Ich glaube, daß das soziale Leben des Kindes die Grundlage für alle Konzentration und Verbindlichkeit bei seinem Lernen und Aufwachsen liefert. Das soziale Leben gibt ihm eine unbewußte Einheit für sein Tun und verleiht all seinen Bemühungen und Erfolgen einen Hintergrund.

Ich glaube, daß Inhalt und Stoff des Lehrplans die allmähliche Ausdifferenzierung der ursprünglichen unbewußten Einheit des sozialen Lebens begleiten sollten.

Ich glaube, daß wir die Natur des Kindes verletzen und seine bestmögliche Bildung gefährden, wenn wir es abrupt mit einer Reihe von besonderen Kursen im Lesen, Schreiben, in Geographie usw. konfrontieren, die mit seinem sozialen Leben nicht verbunden sind.

Ich glaube, daß der wahre Kern der Verbindungen der Gegenstände des Schulunterrichts weder in der Wissenschaft liegt noch in der Literatur noch in der Geschichte noch in der Geographie, sondern in den sozialen Aktivitäten des Kindes selbst.

Ich glaube, daß die Erziehung über naturwissenschaftliche Studien oder Naturstudien keine Einheit finden kann, denn die Natur bietet, abgesehen von der menschlichen Tätigkeit, selbst keine Einheit; Natur für sich besteht aus einer Reihe verschiedenartiger Objekte in Raum und Zeit, und der Versuch, diese zum Zentrum der Arbeit zu machen, läuft auf ein Prinzip des Auseinandertreibens anstelle eines der Konzentration hinaus. Ich glaube, daß Literatur ein Ausdruck der Spiegelung und Deutung sozialer Erfahrung ist; deshalb muß sie der Erfahrung folgen und soll ihr nicht vorangehen. Aus diesem Grund taugt sie nicht zur Grundlage des Lehrplans, auch wenn sie die zusammenfassende Grundlage für eine spätere Zusammenschau bilden kann.

Ich glaube, daß die Geschichte insoweit von erzieherischem Wert ist, als sie Phasen des sozialen Lebens und Wachstums repräsentiert. Sie muß durch die Beziehung zum sozialen Leben kontrolliert werden. Wo sie einfach als Geschichte genommen wird, fällt sie einer fernen Vergangenheit anheim und wird tot und unbeweglich. Wo sie als Bericht über das soziale Leben und den Fortschritt der Menschheit verstanden wird, gewinnt sie Bedeutung. Ich glaube aber auch, daß sie nur dann so aufgefaßt werden kann, wenn das Kind gleichzeitig direkt in das soziale Leben eingebunden ist.

Ich glaube, daß die erste Grundlage der Schulerziehung in denjenigen Kräften des Kindes liegt, die sich entlang der gleichen konstruktiven Linien entfalten, welche die Zivilisation hervorgebracht haben.

Ich glaube, daß die einzige Möglichkeit, dem Kind ein Bewußtsein seines sozialen Erbes zu vermitteln, darin besteht, es die gleichen Haupttypen von Tätigkeiten ausüben zu lassen, die der Zivilisation zugrunde liegen.

Ich glaube deswegen, daß Ausdrucks- und Konstruktionstätigkeiten den Ausgangspunkt und die Mitte alles Stoffes bilden.

Ich glaube, daß dies die Begründung für den Platz des Kochens, Nähens, der Handarbeit usw. in der Schule liefert.

Ich glaube, daß es sich bei diesen Tätigkeiten nicht um spezielle Kurse handelt, die neben oder über viele andere hinaus zur Erholung oder zum Ausgleich oder als zusätzliches Lernangebot einzuführen sind. Ich glaube, daß sie eher die fundamentalen Formen sozialer Aktivität repräsentieren; und daß es möglich und wünschenswert ist, daß die Einführung des Kindes in die formaleren Gegenstände des Unterrichts über das Medium derartiger Aktivitäten erfolgt.

Ich glaube, daß die Beschäftigung mit der Naturwissenschaft insofern erzieherisch ist, als sie die Materialien und Prozesse vor Augen führt, die das soziale Leben bestimmen. Ich glaube, daß eine der größten Schwierigkeiten im gegenwärtigen naturwissenschaftlichen Unterricht darin liegt, daß der Stoff in rein objektiver Gestalt präsentiert oder als eine neuartige, besondere Art der Erfahrung behandelt wird, die das Kind den Erfahrungen, über die es verfügt, anhängen soll. In Wirklichkeit liegt der Wert der Naturwissenschaft in der Fähigkeit, bereits gegebene Erfahrungen zu kontrollieren und zu deuten. Sie sollte nicht als völlig neuer Gegenstand eingeführt werden, sondern als Darstellung von Faktoren, die bei früheren Erfahrungen bereits eine

Rolle gespielt haben, und im Sinne eines Verfügbarmachens von Werkzeugen, mit deren Hilfe die Erfahrung leichter und wirksamer reguliert werden kann.

Ich glaube, daß uns gegenwärtig viel vom Wert der Literatur und der Sprachstudien wegen der Ausklammerung des sozialen Elements abhanden kommt. Sprache wird in der pädagogischen Literatur einfach als Ausdruck von Gedanken behandelt. Während es zutrifft, daß Sprache ein Instrument der Logik ist, handelt es sich dabei doch grundsätzlich und vor allem andern um ein soziales Instrument. Sprache ist das Mittel zur Kommunikation; sie ist das Werkzeug, mit dessen Hilfe ein Individuum in die Lage gerät, seine Vorstellungen und Gefühle mit anderen zu teilen. Wo sie lediglich als Informationsinstrument eingesetzt wird oder als Mittel, zu zeigen, was man gelernt hat, verliert sie das soziale Motiv und ihren sozialen Zweck.

Ich glaube, daß es demzufolge im idealen Lehrplan der Schule keine Reihenfolge von Studiengängen gibt. Wenn Erziehung Leben bedeutet, dann hat alles Leben von Anfang an auch einen naturwissenschaftlichen Aspekt, einen Aspekt von Kunst und Kultur und einen Aspekt der Kommunikation. Es kann deshalb nicht wahr sein, daß die angemessenen Beschäftigungen für das eine Jahr sich auf Lesen und Schreiben konzentrieren, und daß in einem späteren Jahr Literatur oder Naturwissenschaft eingeführt werden sollen. Der Fortschritt liegt hier nicht in der Reihenfolge der Studien, sondern in der Entwicklung neuer Haltungen und Interessen gegenüber der Erfahrung.

Ich glaube schließlich, daß Erziehung als fortwährende Rekonstruktion von Erfahrung verstanden werden muß, daß es sich also bei dem Prozeß und bei dem Ziel der Erziehung um ein und dieselbe Sache handelt.

Ich glaube, daß das Setzen eines Zweckes außerhalb des Erziehungsprozesses, mit dem diesem ein Maß und ein Ziel vorgegeben werden soll, den Erziehungsprozeß seiner Bedeutung beraubt und dazu führt, daß wir uns beim Umgang mit Kindern auf äußerliche und falsche Anregungen verlassen.

Artikel 4: Die Natur der Methode

Ich glaube, daß die Frage der Methode letztlich auf die Frage nach dem Ablauf der Entwicklung der Fähigkeiten und Interessen des Kindes zurückgeführt werden kann. Die Gesetzmäßigkeiten, die der Präsentation und Behandlung des Stoffes zugrundeliegen, entsprechen den Gesetzmäßigkeiten, die der kindlichen Natur innewohnen. Weil es sich so verhält, glaube ich, daß die folgenden Aussagen von größter Wichtigkeit zur Bestimmung der Geisteshaltung sind, mit der Erziehung vonstatten geht:

1. Ich glaube, daß bei der Entwicklung der Natur des Kindes die aktive Seite der passiven vorausgeht; daß Ausdruck vor bewußt erfahrenem Eindruck steht; daß die Entwicklung der Muskeln der Sinnesentwicklung vorausgeht; daß Bewegungen vor bewußten Empfindungen kommen; ich glaube, daß Bewußtsein wesentlich motorisch oder impulsiv ist, und daß bewußte Zustände sich in Form von Tätigkeiten ausdrücken.

Ich glaube, daß der Grund für einen Großteil der Vergeudung von Zeit und Kraft bei der Schularbeit in der Vernachlässigung dieses Prinzips liegt. Das Kind wird in eine passive, rezeptive oder aufnehmende Haltung gezwungen. Die Umstände gestatten ihm nicht, sich seiner Natur gemäß zu verhalten; das Ergebnis ist Reibung und Verschwendung.

Ich glaube, daß auch Vorstellungen (verstandes- und einsichtsmäßige Vorgänge) aus Handlungen hervorgehen und sich zum Zweck einer besseren Handlungskontrolle entwickeln. Was wir „Verstand" nennen, ist vor allem das Regelwerk für eine geordnete oder wirksame Handlungsweise. Der Versuch, die Verstandes- und Urteilskräfte zu entfalten, ohne Bezug auf die Auswahl und Anordnung von Mitteln im Handlungszusammenhang, ist der grundlegende Fehler der gegenwärtigen Methode, die sich mit diesen Angelegenheiten befaßt. So stellen wir dem Kind willkürlich Symbole vor Augen. Symbole sind für die geistige Entwicklung notwendig, aber sie haben ihren Platz als Werkzeuge zur Ersparnis von Anstrengung; für sich genommen bilden sie eine Masse von bedeutungsleeren, willkürlichen und von außen gesetzten Ideen.

2. Ich glaube, daß das Bild das beherrschende Mittel des Unterrichts ist. Was ein Kind von einer Sache mitbekommt, die man ihm vorstellt, sind einfach die Bilder, die es sich davon macht.

Ich glaube, daß die Mühe des Unterrichts weitgehend erleichtert werden könnte, wenn neun Zehntel der Energie, die gegenwärtig darauf verwandt wird, daß die Kinder bestimmte Dinge lernen, statt dessen aufgewandt würde, dafür zu sorgen, daß die Kinder sich richtige Bilder machen.

Ich glaube, daß viel Zeit und Mühe, die gegenwärtig der Vorbereitung und Durchführung von Unterrichtslektionen gewidmet wird, sinnvoller und klüger dafür aufgewandt wären, die bildliche Vorstellungskraft des Kindes zu üben und darauf zu achten, daß es dauerhaft klare, lebendige und sich erweiternde Bilder über die verschiedenen Sachgebiete bilden lernt, mit denen es bei seiner Erfahrung in Berührung kommt.

3. Ich glaube, daß Interessen die Zeichen und Symptome zunehmender Macht sind. Ich glaube, daß sie heraufdämmernde Fähigkeiten repräsentieren. Aus dieser Sicht ist es für den Erzieher von höchster Bedeutung, Interessen dauernd und sorgfältig zu beobachten. Ich glaube, daß diese Interessen als Anzeiger des Entwicklungsstandes des Kindes begriffen werden müssen.

Ich glaube, daß sie eine Voraussage des Stadiums geben, in das ein Kind einzutreten sich anschickt.

Ich glaube, daß der Erwachsene nur durch dauernde und einfühlsame Beobachtung der Interessen der Kindheit in das Leben eines Kindes eintreten und sehen kann, wozu es reif ist, und mit welchem Material es am leichtesten und fruchtbringendsten arbeiten kann. Ich glaube, daß diese Interessen weder geduldet noch unterdrückt werden dürfen. Ein Interesse unterdrücken heißt, den Erwachsenen an die Stelle des Kindes setzen, und damit die Neugier des Intellekts und die Aufgewecktheit zu schwächen, den Zugriff auf die Welt zu lähmen und das

Interesse zum Absterben zu bringen. Ein Interesse dulden heißt, das Vorübergehende an die Stelle des Dauerhaften setzen. Das Interesse ist stets Zeichen einer ihm innewohnenden Kraft; es kommt darauf an, diese Kraft zu entdecken. Interesse dulden heißt, nicht unter die Oberfläche schauen, und sein sicherstes Ergebnis ist der Ersatz des echten Interesses durch Laune und Wechselhaftigkeit.

4. Ich glaube, daß die Gefühle ein Reflex von Handlungen sind. Ich glaube, daß das Bestreben, Gefühle ohne die mit ihnen zusammenhängenden Tätigkeiten hervorzurufen oder zu wecken, darauf hinausläuft, einen ungesunden und morbiden Geisteszustand zu erzeugen.

Ich glaube, daß die Gefühle sich von selbst einstellen, wenn es uns gelingt, die richtigen Gewohnheiten im Handeln und Denken mit Bezug auf das Gute, Wahre und Schöne zu etablieren.

Ich glaube, daß unsere Erziehung, nach Langeweile und Trivialität, Formalismus und Routine, durch kein anderes Übel so sehr gefährdet ist wie durch Sentimentalität. Ich glaube, daß diese Sentimentalität das notwendige Ergebnis des Versuchs ist, Gefühl und Tätigkeit voneinander zu trennen.

Artikel 5: Schule und sozialer Fortschritt

Ich glaube, daß die grundlegende Methode für Reform und sozialen Fortschritt die Erziehung ist.

Ich glaube, daß alle Reformen, die lediglich auf Gesetzesbestimmungen oder auf bestimmten Strafandrohungen oder auf Veränderungen äußerlicher und mechanischer Arrangements beruhen, von vorübergehender Natur und letztlich vergeblich sind.

Ich glaube, daß Erziehung ein Regulativ des Prozesses darstellt, bei dem der einzelne am sozialen Bewußtsein teilhat, und daß die Anpassung des individuellen Verhaltens auf der Grundlage des sozialen Bewußtseins den einzig sicheren Weg zur sozialen Rekonstruktion bietet.

Ich glaube, daß diese Auffassung die Ideale des Individualismus und des Sozialismus berücksichtigt. Sie ist individualistisch, weil sie die Bildung eines bestimmten Charakters als einzig echte Grundlage des richtigen Lebens anerkennt. Sie ist sozialistisch, weil sie anerkennt, daß diese Charakterbildung nicht am individuellen Begriff, Beispiel oder Aufruf sich ereignet, sondern durch den Einfluß einer bestimmten Form des institutionellen oder Gemeinschaftslebens auf das Individuum, und daß der soziale Organismus in der Lage ist, über die Schule als sein Werkzeug ethisches Verhalten zu bestimmen.

Ich glaube, daß wir in der idealen Schule eine Versöhnung der individualistischen und gemeinschaftlichen Ideale antreffen.

Ich glaube, daß die Verpflichtung der Gemeinschaft zur Erziehung deshalb deren größte moralische Pflicht ist. Durch Gesetze und Strafen, durch Propaganda und Diskussion kann eine Gesellschaft sich selbst regulieren und darauf hinarbeiten, sich auf eine mehr oder weniger zufallsabhängige Weise zu bilden. Aber über Erziehung vermag eine Gesellschaft ihre eigene Zielsetzung zu formulieren, sie kann ihre eigenen Mittel und Ressourcen organisieren und sich auf diesem Wege deutlich und effektiv selbst in die Richtung bilden, die ihr vorschwebt.

Ich glaube, daß es unmöglich ist, die Ressourcen an Zeit, Aufmerksamkeit und Geld einzuschätzen, die den Erziehern zur Verfügung gestellt werden, wenn eine Gesellschaft erst einmal die Möglichkeiten erkannt hat, die in dieser Richtung liegen, und die Verpflichtungen, die ihr diese Möglichkeiten auferlegen.

Ich glaube, es ist Sache eines jeden, der mit Erziehung befaßt ist, darauf zu bestehen, daß die Schule das primäre und wirksamste Mittel für sozialen Fortschritt und Reform ist, damit die Gesellschaft die Bedeutung der Schule erkennt und den Erzieher mit dem ausstattet, was nötig ist, um seine Arbeit ordentlich auszuführen.

Ich glaube, daß Erziehung in dem dargestellten Sinn die beste und nächstliegende Verbindung von Wissenschaft und Kunst darstellt, die der menschlichen Erfahrung zugänglich ist.

Ich glaube, daß die Kunst, den menschlichen Kräften Form zu geben und sie in den Dienst an der Gemeinschaft zu stellen, die höchste Kunst ist; eine, die der besten Künstler bedarf; daß kein Einsichtsvermögen, kein Einfühlungsvermögen, kein Taktgefühl, keine Durchsetzungskraft für diesen Dienst zu groß ist.

Ich glaube angesichts des Anwachsens der Psychologie, die uns Einsichten in die Strukturen und Gesetzmäßigkeiten des Wachstums gibt, und angesichts des Anwachsens der Sozialwissenschaften, die unser Wissen über die angemessene Organisation von Individuen vermehren, daß alle wissenschaftlichen Quellen für die Zwecke der Erziehung nutzbar gemacht werden können.

Ich glaube, daß das stärkste Motiv für menschliches Handeln dann erreicht sein wird, wenn Wissenschaft und Kunst sich verbinden – dann werden die tiefsten Quellen menschlichen Verhaltens geweckt und die besten Leistungen der menschlichen Natur treten zutage.

Ich glaube schließlich, daß der Lehrer nicht allein damit befaßt ist, Individuen auszubilden, sondern damit, das richtige soziale Leben zu bilden.

Ich glaube, daß jeder Lehrer die Würde seines Berufs kennen sollte; er steht nämlich im Dienst der Gemeinschaft mit dem Auftrag, die richtige soziale Ordnung zu erhalten und das richtige soziale Wachstum zu sichern.

Ich glaube, daß der Lehrer damit der Prophet des wahren Gottes ist und der Türsteher des wahren Königreichs Gottes.

John R. Shook

Der philosophische Hintergrund von Deweys pädagogischem Credo*

Im Lauf des Jahrzehnts nach 1890 entwickelte John Dewey umwälzende neue Einsichten auf verschiedenen philosophischen Gebieten. Sein Text „Mein pädagogisches Credo“ aus dem Jahre 1897 drückt diese Einsichten in kompakter, durchstrukturierter Form aus. Seine späteren Schriften zur Lernpsychologie und zur Erziehungstheorie bauen auf das Fundament, das in diesem und anderen Texten gelegt worden ist, die im Lauf der späten neunziger Jahre veröffentlicht wurden. 1896 hatte Dewey den naturalistischen Empirismus als Basis seiner sozialpsychologischen, ethischen und christlich-demokratisch-progressiven Theorien ausgebaut. Die Verbindung zwischen dem Empirismus und den anderen Bereichen seiner Philosophie war seine funktionalistische Theorie des menschlichen Verhaltens. Der Funktionalismus ist eine empirische und experimentelle Erklärung intelligenten und zielgerichteten Handelns. Intelligentes Handeln äußert sich als Lernen in Situationen, in denen unerwartete Hindernisse auf dem Weg zum Ziel durch kreatives Handeln überwunden werden. Deweys funktionalistische Theorie legte die Einzelheiten des Lernprozesses offen und zeigte, daß dieser voneinander unterscheidbare Stadien durchläuft. Er wies auch nach, daß diese Stadien die Entwicklung wachsender Macht und Flexibilität in dem Maße belegen, in dem eine Person Schwierigkeiten zunehmenden Grades bewältigen lernt. Lernen besteht nicht nur im Einsatz von geistigen Fertigkeiten. Die wichtigste Form des Lernens, die für die fortschreitende Entwicklung der menschlichen Intelligenz notwendig ist, läuft auf den planvollen Versuch hinaus, die Stadien des Lernens selbst weiter zu bilden, in einem Prozeß, der einzig durch das Lösen vorhandener Probleme in Gang kommt.

Kultur wird mit der Nachahmung der Fertigkeiten von Erwachsenen durch die nachfolgende Generation erhalten. Kultur kann durch jene Kreativität von einzelnen Personen weiter entwickelt werden, die der Nachahmung

* Übersetzung ins Deutsche: Helmut Schreier

durch andere wert ist. Eine noch intensivere Entwicklung ist erreichbar, wenn die soziale Gruppe die Kreativität einer jeden Person fördert. Es ist möglich, eine Bandbreite von Erziehungs-Typen zu unterscheiden, nach Maßgabe der Aktivitäten, die in einer Gesellschaft verwandt werden, um das kreative Problemlöseverhalten zum Besten der Gruppe zu fördern. Unbestreitbar notwendig ist Erziehung jedenfalls für das Überleben und den Fortschritt jeder Kultur.

Dewey sah Lernen und damit Erziehung als lebenslangen Prozeß. Es ist zwar nicht ungewöhnlich, Lernen als lebenslangen Vorgang wahrzunehmen, aber daß Erziehung eine ebenso zentral bedeutsame Rolle während des gesamten Lebens spielen sollte, ist doch eine eher ungewöhnliche Auffassung. Lernen besteht nicht nur im Erwerb weiterer Tatsachen, die der Summe der Vorstellungen einer Person hinzugefügt werden. Lernen ist auch nicht nur der Erwerb von Fertigkeiten, auch wenn Fertigkeiten und Tatsachen einen Teil des Lernens ausmachen. Dewey glaubte, daß der wichtigste Teil des Lernens durch kreatives Lösen tatsächlich vorhandener Probleme in Gang kommt. Das Lösen von Problemen, wenn es erfolgreich geschieht, wird manchmal die Vorstellungen einer Person um neue Fakten bereichern und bisweilen auch die Fähigkeiten einer Person um neue Fertigkeiten ergänzen. Aber Problemlösen ist doch fundamental vom Memorieren von Fakten unterschieden, die von anderen vorgegeben werden, und ebenso unterscheidet es sich von der Nachahmung der Fertigkeiten, die andere vormachen. Problemlösen wiederholt nicht, was andere schon getan haben, sondern bringt statt dessen neue Vorstellungen und Fertigkeiten hervor. Am wichtigsten ist es, im Auge zu behalten, daß einzig das selbständige Problemlösen zur Entwicklung der Problemlösefähigkeit einer Person führt.

Weil Dewey Lernen als lebenslangen Prozeß wahrnimmt, glaubt er, daß das gesamte Leben einer Person Gelegenheiten für kreative Problemlösungen bietet. Dewey unterscheidet zwischen Erziehung im allgemeinen Sinne und der formalen Erziehung. Erziehung im allgemeinen ergibt sich im Lauf der alltäglichen Interaktionen der Menschen in der Gemeinschaft. Die formale Erziehung ist demgegenüber eine besondere, für die Jugend konzipierte, kontrollierte und vereinfachte Umwelt, in der die sozialen Situationen absichtsvoll so organisiert sind, daß Problemlösungen stimuliert und angeleitet werden. Für alle Erziehung gilt, daß sie Lernen nicht direkt, sondern indirekt bewirkt, vermittelt durch eine Zwischenphase der selbständigen kreativen Problemlösung des Lernenden. Dewey erachtet die Annahme als falsch, daß die Fähigkeit zu lernen für die meisten Erwachsenen in einem finalen Stadium der Reife angelangt sei, in dem keine weitere Modifikation vonnöten ist. Alle Erwachsenen sind auf lebenslanges Lernen angewiesen, weil die Notwendigkeit für verbesserte Problemlösungen niemals aufhört.

In der heute vorherrschenden Pädagogik ist die Ansicht überwunden, wonach der Zweck der Erziehung die Wiedergabe von memorierten Daten ist. Aber viele Akademiker, manche Erziehungswissenschaftler eingeschlossen, glauben immer noch, daß der grundlegende Zweck der Erziehung darin bestehe, Kindern bestimmte Fertigkeiten des Lernens zu vermitteln. Und selbstverständlich bestimmt die Auffassung über das zu Lernende die Wahrnehmung der jeweils notwendigen Lernfertigkeiten. Zu Deweys Zeiten versuchten die meisten Schulen, den Kindern die Gewohnheiten der Selbstkontrolle, des aufmerksamen Zuhörens, des Auswendiglernens und der Nachahmung von Fertigkeiten beizubringen. Diese Gewohnheiten paßten am besten zur erwarteten Lernweise: Der Meisterung eines Bestandes von Informationen und Fertigkeiten, die der künftigen sozialen Rolle der Schüler entsprachen. Dewey stellte die Erziehung der Kinder, die für das Leben von Industriearbeitern bestimmt waren, der Erziehung von Kindern gegenüber, die zur Übernahme gesellschaftlicher Führungspositionen vorgesehen waren. Absicht seiner Gegenüberstellung war es in erster Linie, die Erziehungsdefizite für die Arbeiterklasse zu kritisieren, die Unterdrückung des unabhängigen und konstruktiven Denkens zugunsten einer passiven Akzeptanz der Bedingungen der Fabrikarbeit. Aber Dewey empfahl deshalb keineswegs eine aristokratische Erziehung für alle Kinder.

Deweys tiefere Kritik an der aristokratischen wie der proletarischen Erziehung ging der Frage nach, wie weit beide Systeme die Schüler zu Erwachsenen formten, die lediglich eine uniforme Methode zur Überprüfung von Fakten anzuwenden verstanden. Der Bestand von feststehendem Faktenwissen, über den der Arbeiter verfügt, dient ihm zur Nachprüfung von wahr und falsch. Der Bestand des Aristokraten von feststehenden logischen Prinzipien in Ergänzung zu dem feststehender Fakten liefert ihm entsprechend die eine Methode der Wahrheitsfindung. Ewig gültige Wahrheitsannahmen wurden beiden Seiten unterstellt: Ein unbefragbarer Faktenbestand mußte akzeptiert, eine unbefragbare Liste von Prinzipien mußte befolgt werden. Dewey erblickte in dieser Aufteilung die Überreste einer mittelalterlichen und monarchischen Gesellschaft, in der Autoritäten eine gehorsame Bevölkerung auf ewig gültige Wahrheiten verpflichteten. Die moderne Demokratie bedarf eines Erziehungswesens, das über memoriertes Faktenwissen und die Vermittlung von Lernfertigkeiten hinausgeht. Weder ein Bestand von Fakten noch einer von Fertigkeiten konnte das Ziel dieser Erziehung sein. Statt dessen mußte der Ursprung aller Fakten und Fertigkeiten, das Problemlösen selbst, zum Ziel der Erziehung werden. Und weil Problemlösen und die Verbesserung des Problemlösens eine lebenslange Aufgabe darstellen, mußte Erziehung lebenslang konzipiert werden.

Einige Reformpädagogen zu Deweys Zeiten vertraten die Auffassung, daß die Schüler den Stoff, wie er typischerweise im Schulunterricht vermittelt wurde, gar nicht brauchten, weil sie für ein Leben der handwerklichen oder der Industriearbeit bestimmt waren. Aber das berufsbezogene Lernen, das die Folge dieser Auffassung war, ersetzt lediglich die passive Aufnahme von Wissensfakten durch die passive Wiederholung von Fertigkeiten. Was derartigen Erziehungssystemen regelmäßig fehlt, ist die Berücksichtigung der Notwendigkeit, die Problemlösefähigkeiten der Schüler zu entwickeln. Wirkliche Partizipation in einer Demokratie verlangt solche Fähigkeiten, weil eine moderne Demokratie keine feste Lebensform mit garantierten sozialen Strukturen und Beziehungen, die über das gesamte Leben einer Person dauern würden, anzubieten hat.

„Seit dem Bestehen der Demokratie und unter den gegebenen Bedingungen der Industriegesellschaft ist es unmöglich vorauszusagen, welches Bild die Zivilisation in zwanzig Jahren bieten wird. Deshalb ist es unmöglich, das Kind auf einen präzise bestimmten künftigen Zustand vorzubereiten. Ein Kind auf das künftige Leben vorbereiten heißt, ihm Kontrolle über sich selbst zu geben; es heißt, es so zu üben, daß es seine Fähigkeiten vollständig und sofort einzusetzen vermag; daß sein Auge und Ohr und seine Hand einsatzbereite Werkzeuge sind, daß sein Urteilsvermögen in der Lage ist, die Bedingungen zu begreifen, unter denen es zu arbeiten gilt, und daß es gelernt hat, seine Kräfte klug und wirksam einzusetzen. Es ist unmöglich, diese Art von Anpassung zu erreichen, ohne dauerhaft Kraft, Geschmack und Interesse des Individuums zu berücksichtigen – also ohne Erziehung immer wieder in psychologische Begriffe zu übertragen" (CREDO, Artikel 1, Abs. 6).

Somit kann eine Demokratie nicht von der gefährlichen Annahme ausgehen, daß eine feststehende Menge an Informationen oder ein feststehender Kanon von Fertigkeiten gegeben ist, der es einem Erwachsenen erlaubt, sein Leben lang brauchbare Arbeit zu leisten. Was soll unter solchen Voraussetzungen im Erziehungswesen erlernt werden? In einer Gesellschaft mit dauernd wechselnden sozialen Beziehungen und Institutionen liegt das wichtigste Lernen im Bereich der Anpassung jedes Individuums an die Veränderungen, und in seiner damit verbundenen Fähigkeit, die unvermeidlichen Konflikte lösen zu können, die durch die Veränderungen hervorgerufen werden. Anpassung und Konfliktlösung sind notwendige soziale Aufgaben. Sie enthalten gesellschaftliche Herausforderungen nicht nur im Hinblick auf ihre Auswirkungen, sondern auch im Hinblick auf den Bearbeitungsprozeß. Demokratie erscheint also, da sie eine Lebensform mit weitreichenden Gelegenheiten zur Problemlösung darstellt, als Erziehungsprozeß für Erwachsene wie für Kinder.

Dies erklärt, weshalb Dewey demokratische Verfahrensmuster bis zu einem Grade für die Schulerziehung befürwortete. Die Bildung von Erwachsenen und die formale Bildung von Heranwachsenden sollten keine völlig verschiedenartigen Prozesse sein.

> „Schließlich kommt es auf das Leben selbst an; auf das Leben des Kindes gemäß seiner eigenen Zeit und seinem eigenen Rhythmus, nicht weniger als auf das des Erwachsenen. Es wäre in der Tat höchst seltsam, wenn die ernsthafte und umsichtige Hingabe an das, wessen das Kind in seiner Gegenwart bedarf und was sein jetziges Leben reicher, weiter und wertvoller machen kann, irgendwie im Widerspruch stehen sollte zu den Bedürfnissen und Möglichkeiten des späteren erwachsenen Lebens. ‚Laßt uns mit unseren Kindern leben!' – das heißt doch zuallererst, daß unsere Kinder leben sollen, nicht, daß sie daran durch alle möglichen Bedingungen gehindert werden, denen die Berücksichtigung der Relevanz für das gegenwärtige Leben des Kindes fernliegt. Wenn wir das himmlische Königreich in solcher Erziehung suchen, wird uns alles andere zufallen, das heißt, wenn wir uns den wirklichen Neigungen und Bedürfnissen der Kindheit anheimgeben und nur deren volle Anerkennung und ihr Wachstum zu fördern suchen, werden Disziplin und Wissen und Kultur des erwachsenen Lebens zu ihrer Zeit folgen“ (Dewey, The School and Society, 1899, MW 1, 37).

Schüler werden die Problemlösefähigkeiten, die zur Partizipation in einer freien Demokratie notwendig sind, nur in einem demokratischen Schulwesen erwerben können. Ich greife die Frage, wie das Problemlösen erlernt werden kann, später wieder auf. Im folgenden Abschnitt untersuche ich zunächst Deweys Philosophie über Erfahrung, Intelligenz und problemlösendes Verhalten.

Erfahrung, Natur und Verstand

Im Lauf des letzten Jahrzehnts des 19. Jahrhunderts wandte sich Dewey den Quellen der sozialen Konflikte und den verfügbaren Strategien ihrer Lösung zu. In Zusammenarbeit mit Kollegen an der Universität von Chicago – u. a. George H. Mead, James H. Tufts und James R. Angell – entwickelte Dewey eine Philosophie, die dem demokratischen Leben Sinn und Bedeutung zu geben vermag. Ausgangspunkt war eine neue psychologische Theorie über das menschliche Verhalten. Dewey war fest davon überzeugt, daß die Stabilität der sozialen Verhältnisse und ihre Weiterentwicklung auf Erziehung angewiesen sind, und daß von den Natur- wie von den Sozialwissenschaften weitreichende Beiträge zur Verbesserung des Erziehungswesens zu erwarten waren.

„Ich glaube angesichts des Anwachsens der Psychologie, die uns Einsichten in die Strukturen und Gesetzmäßigkeiten des Wachstums gibt, und angesichts des Anwachsens der Sozialwissenschaften, die unser Wissen über die angemessene Organisation von Individuen vermehren, daß alle wissenschaftlichen Quellen für die Zwecke der Erziehung nutzbar gemacht werden können" (CREDO, Artikel 5, Abs. 11).

Die funktionalistische Chicagoer Philosophie geht davon aus, daß menschliches Verhalten als zielgerichteter Prozeß zu verstehen ist, der sowohl kreative als auch gewohnheitsgebundene Phasen umfaßt. Angesichts der Fortschritte der Evolutionsbiologie, der Physiologie und der experimentellen Psychologie legten die Funktionalisten Wert auf die Feststellung, daß eine menschenbezogene Psychologie nicht abgelöst von der menschenbezogenen Neurologie, auf der sie beruht, zu denken ist. Das Nervensystem hat sich im Lauf der Evolution als Überlebenshilfe in unsicheren und gefährlichen Umwelten entwickelt, in denen dauernd neue Probleme bewältigt werden mußten. Unter dem Aspekt der Evolution stellt sich Psychologie dar als das Studium des Lebens des Geistes im Sinne eines organischen Adaptationsprozesses. Die Chicagoer Philosophen verfolgten die vielen Implikationen, die das funktionalistische Verständnis der mentalen Vorgänge mit sich brachte. Wenn Denken nur als ein Aspekt zielvollen Handelns zu verstehen ist, dann muß es den Erfordernissen des Problemlösens dienen. Indem sie Denken als kreatives Problemlösen begriffen, forderten die Chicagoer Pragmatisten ältere philosophische Vorstellungen zur Natur von Glaube, Verstand und Wahrheit heraus.

Der Chicagoer Pragmatismus nahm gegenüber den Menschen und ihren Fähigkeiten eine naturalistisch-materialistische Haltung ein. Nun war der Materialismus keineswegs eine neue Philosophie. Aber bis zu dieser Zeit hatten Vertreter des Materialismus wenig über die menschliche Intelligenz zu sagen gehabt, die sie auf Vorgänge in einem maschinenartigen Körper zurückführten oder als nachgeordnete Nebenprodukte der Hirntätigkeit einordneten. Der wichtigste Beitrag des Materialismus zur modernen Vorstellung vom Denken beruhte auf der mechanistischen Theorie vom Ursprung der Vorstellungen. In Übereinstimmung mit dem sinnesbezogenen Empirismus sah der Materialismus die Quelle der Information über die Welt ausschließlich in den mechanischen Tätigkeiten der Sinnesorgane, die ihrerseits stimuliert wurden durch den Empfang von Schwingungen, die von physischen Körpern ausgingen. Alle Information über Welt wird vom korrekten Zusammenspiel zwischen der natürlichen Umwelt und den natürlichen Vorgängen im Hirn erzeugt. Abgesehen davon, daß er ein gut funktionierendes Nervensystem braucht, wird der wahrnehmende Beobachter als passiver Rezipient von Informationen erachtet, für deren Zustandekommen ihm weder Verantwortung noch Verdienst zusteht. Der sinnesbezogene Empirismus läßt die verstandesmäßige Manipulation von Informationen zwar zu, wenn sie zu komplexen Verbindungen führt. Aber abgesehen vom Einsatz der üblichen Instrumente der Logik kann ihm zufolge die davon abweichende Manipulation oder Erzeugung von Ideen nur im gefährlichen Risiko der Täuschung, Selbsttäuschung und des Irrtums enden.

Um die Mitte des 19. Jahrhunderts hatten sich Materialismus und Sensualismus gegen deutsche Idealismen und schwebende Dualismen durchgesetzt und beherrschten das philosophische Denken von Schottland bis Österreich. Aber die Kombination von Materialismus, Evolutionslehre und Experimentalpsychologie unterhöhlte seit den 1870er Jahren allmählich die sensualistische Vorherrschaft. Diese Erosion wurde durch post-kantianische Idealismen beschleunigt, welche die zahlreichen Unstimmigkeiten und Paradoxien aufdeckten, die jedem Empirismus innewohnen, der behauptet, daß Wissen von der Natur physikalischer Objekte und ihrer gesetzmäßigen Muster aus Sinnesmaterial konstruiert wird, dem selber weder Zusammenhang noch Bedeutung zukommt. Während der Sensualismus in Abrede stellte, daß die Wissensfähigkeit des Verstandes die Konstruktion von Erfahrung stützt, behauptete der Idealismus, daß unsere Erfahrung der Welt auf die konstruktive Unterstützung des Geistes angewiesen ist. Die Auffassung der Evolutionstheorie über die physiologische Rolle des Nervensystems stimmte ebenso entschieden mit dem Idealismus überein wie psychologische Experimente über die tatsächlichen mentalen Prozesse. Biologie und Idealismus stellten übereinstimmend fest, daß der menschliche Beobachter seine Erfahrung der Welt auswählt, filtert und formt.

Diese Revolution ersetzte den Passivismus, der vom Sensualismus erfordert wurde, durch den Aktivismus, der von einer Richtung vertreten wurde, die als Voluntarismus bezeichnet werden kann. Der Voluntarismus betonte die Rolle des Willens bei der Steuerung aller menschlichen Erfahrung und Handlung. Willentliche Akte schließen das Sammeln von Informationen über die Umwelt ein. Dies geht weit über die einfache Vorstellung hinaus, daß Organismen sich zu den Quellen ihrer Sinneseindrücke hinwenden müssen. Der Voluntarismus behauptet, daß Inhalt und Bedeutung jeder Erfahrung zum Teil von der zielorientierten Aktivität abhängen, die ein Organismus verfolgt. Der Voluntarismus war mit dem Idealismus kompatibel, weil beide darin übereinstimmten, daß die geistigen Aktivitäten eines Menschen weithin für den Sinn und die Bedeutung von Erfahrung verantwortlich sind. Voluntarismus und Idealismus wurden von vielen Philosophen unter dem Oberbegriff „Organizismus" zusammengefaßt. Organizismus, wie er von den Idealismen der deutschen Romantik bei Schelling und Hegel inspiriert worden war, lehnte eine mechanistische Weltsicht zugunsten der Metapher vom lebenden Organismus ab. Seine Verteidigung teleologischer Erklärungsmuster für das menschliche Verhalten und für die Natur erfuhr im späten 19. Jahrhundert eine Renaissance.

Die meisten Philosophen, die mit der Physiologie und der experimentellen Psychologie befaßt waren, schlossen sich dem Idealismus, dem Voluntarismus und dem Organizismus an. Unter ihnen waren Persönlichkeiten wie Gustav Fechner, Hermann Helmholtz, Hermann Lotze und Wilhelm Wundt; bei den Amerikanern waren es die Chicagoer Funktionalisten, welche die deutsche Philosophie des voluntaristischen Organizismus am weitestgehenden übernahmen. Bei ihren experimentellen Studien zu den geistigen Prozessen wandten sie biologische und physiologische Begriffe und Prinzipien an. Der Begriff der „Funktion" war in der Phrenologie des frühen 19. Jahrhunderts im Hinblick auf geistige Aktivitäten gebraucht worden, aber die Chicagoer Philosophen sprachen von „Funktion" in Zusammenhang mit einer komplexen Philosophie des Geistes, die den voluntaristischen Idealismus und die naturalistische Evolution harmonisch miteinander verband. Dieser Pragmatismus mit seiner funktionalistischen Psychologie steht im äußersten Gegensatz zu drei herrschenden psychologischen Theorien, welche die Lektion der Evolution nicht aufgenommen hatten: Dualismus, Materialismus und Rationalismus.[1]

Die erste dem Pragmatismus entgegengesetzte Theorie ist die dualistische, derzufolge alle Erfahrung aus dem Inhalt eines seiner selbst bewußten und wissenden Geistes besteht. Für den Pragmatismus ist Erfahrung demgegenüber von Grund auf naturgegeben und nicht mental. Erfahrung besteht aus solchen Situationen, in denen natürliche Objekte einschließlich Menschen interagieren. Pragmatisten halten allerdings am Begriff des „Mentalen" fest, wo andere Naturalisten ihn fallenlassen würden, weil der Pragmatismus die Rolle der kognitiven Fähigkeiten für das menschliche Verhalten zu verstehen sucht. Intelligenz ist ein zentral bedeutsamer Begriff im Pragmatismus. Er bezeichnet den Gebrauch und die Manipulation von Bedeutungen in der Absicht, die dauerhafte Kontrolle der Umwelt zum Zwecke des menschlichen Überlebens zu verbessern. Bedeutungen sind Facetten der Erfahrung und damit der Natur. Jede Philosophie, die davon ausgeht, daß Bedeutungen nicht in der Natur bestehen, sondern lediglich in irgendeiner mentalen Wirklichkeit, ist dualistisch. In pragmatistischer Sicht überschreitet die Wirklichkeit keineswegs bedeutungsvolle Erfahrung, weil bedeutungsvolle Erfahrung selbst ein Bestandteil der natürlichen Realität darstellt. Dewey bezeichnet jede Phi-

1 Die Entwicklung von Deweys Funktionalismus und Pragmatismus aus dem organizistischen Idealismus wird im einzelnen beschrieben in Shook 2000.

losophie, die Bedeutungen ausschließlich innerhalb des Geistes eines Individuums findet, als eine „transzendentale" Philosophie, die den typischen Irrtümern des Dualismus verfallen ist.

Der Pragmatismus setzt aber nicht die mentalen Bezüge der Welt mit dem Ganzen der Erfahrung gleich, weil ein Großteil der Erfahrung nicht als Bedeutung behandelt wird. Das soll nicht heißen, daß diese anderen Teile der Erfahrung überhaupt bedeutungsleer sind, sondern daß die Erscheinungen der Welt dann Bedeutung erhalten, wenn sie im Zusammenhang mit problematischen Situationen bewußt verfolgt werden. Bei unproblematischen Handlungen wird die Bedeutung eines Dinges von seiner baren Existenz absorbiert. Ein Bleistift steht in dem Augenblick zum Gebrauch als Bleistift bereit, in dem er von meinem nach einem Schreibwerkzeug suchenden Blick getroffen wird. Die Funktion des Bleistifts wird zur Bedeutung, die zu einer über den Stift hinausgehenden Überlegung führt, wenn ich mich zum Beispiel frage, ob dieser bestimmte Bleistift der Arbeit angemessen ist, die ich vorhabe. Das Konzept des Bleistifts ist nicht ein bloß abstraktes Bild oder eine bloß mysteriöse mentale Universalgröße, sondern genau der Gegenstand der Erörterung im Hinblick auf seinen potentiellen Gebrauch beim Zeichnen auf Papier. Der Bleistift als Bleistift bedeutet eine Nutzanwendung beim Zeichnen, die umgesetzt werden wird. Allgemein gesagt, die Bedeutungen von Dingen weisen hin auf eine oder intendieren ihre mögliche Nutzanwendung bei der Erzeugung von anderen Dingen in der künftigen Erfahrung. Dem Transzendentalisten, der physische Gegenstände von ihren Bedeutungen in dualistischer Manier trennt, muß deren Beziehung, die eine solch klaffende metaphysische Trennung zu überbrücken versteht, folgerichtig als Anlaß zur Verwunderung erscheinen. Aber die funktionalistische Theorie von Bedeutung und Geist vertritt demgegenüber den unmittelbar realistischsten Standpunkt, wie Dewey erklärt:

„Es ist interessant zu beobachten, wie der Transzendentalist fast unweigerlich der psychologischen Irrlehre zum Opfer fällt, um dann, nachdem er die psychologische Einstellung übernommen hat (die Einstellung, die an Bedeutungen selber als in sich selbst eingeschlossenen ‚Ideen' interessiert ist), den Empiristen anzuklagen und ihn als jemanden zu kritisieren, der bloße psychologische Existenz mit logischer Validität verwechsele. Das heißt, er beginnt mit der Unterstellung, daß der Duft unserer Illustration (und all der Bewußtseinsgegenstände, für die sie als Zeichen steht) ein rein mentaler oder psychischer Zustand ist, so daß die Frage der logischen Referenz oder Intention das Problem bezeichnet, wie das lediglich Mentale etwas Außermentales ‚wissen' kann. Aber unter streng empirischer Sicht ist der gewußte Duft um nichts mentaler als die gewußte Rose. Wir können, wenn wir möchten, davon reden, daß der Duft ‚mental' ist, wenn dies eine bewußte Bedeutung oder Absicht umfaßt, aber dieser Begriff ‚mental' bezeichnet keinen separaten Typus der Existenz – Existenz als Zustand des Bewußtseins. Er bezeichnet lediglich die Tatsache, daß der Duft, ein reales und nicht-psychisches Objekt, jetzt eine intellektuelle Funktion ausübt. Diese neue Eigenschaft schließt, wie James erklärt hat, eine hinzugefügte Relation ein – die neue Eigenschaft eines nicht-mentalen Objekts, die erscheint, sobald das Objekt in einem neuen Kontext auftritt und eine weitere Dienst- und Brauchbarkeit erfährt. ‚Im Sinn' sein heißt in einer Situation sein, in der es unmittelbar um die Funktion der Absicht geht. Ein Objekt wird zur Bedeutung in dem Augenblick, in dem es auf eine bestimmte Weise gebraucht wird; und ebenso wird unter bestimmten Umständen der genaue Charakter und Wert dieser Bedeutung zum Gegenstand der Verhandlung" (Dewey: The Experimental Theory of Knowledge. 1906. MW 3: 123).

Der Chicagoer Pragmatismus steht auch im Gegensatz zum Materialismus. Die metaphysische Grundlage des Pragmatismus ist vielmehr der empirische Naturalismus. Im Unterschied zum Dualismus vertritt der empirische Naturalismus die Auffassung, daß Erfahrung stets die Erfahrung von Wirklichkeit ist, und nicht von etwas von der Wirklichkeit Verschiedenem. Die äußere Welt ist der direkten Beobachtung unmittelbar verfügbar, weil Erfahrung nicht das mentale Duplikat der Facetten der Welt darstellt. Anders als Phänomenalismus oder subjektiver Idealismus behauptet der empirische Naturalismus nicht, daß die Welt mit den Inhalten der Erfahrung ausgeschöpft sei, weil der Naturalismus davon ausgeht, daß die Wirklichkeit sich weiter erstreckt als alle Erfahrung und von ihr unabhängig ist. Materialismus betont ausdrücklich den transzendentalen Charakter der Wirklichkeit und versucht, die physische Welt in Begriffen von solchen Sachverhalten zu beschreiben, die der einfachen oder sogar auch der durch Instrumente gestützten Beobachtung unzugänglich sind. Außerdem vertritt der Materialismus reduktionistische Erklärungen und die Elimination von Ansichten der erfahrungsgebundenen Welt.

Der empirische Naturalismus vermeidet den Materialismus, indem er verneint, daß Theorien über nichtbeobachtbare Entitäten semantisch so interpretiert werden sollen, daß sie derartige Entitäten bezeichnen und zutreffend darstellen. Farben sind beispielsweise in Situationen real, in denen Licht in die Lichtsinnesorgane eines Beobachters emittiert, reflektiert, gebrochen oder ihnen sonstwie zugespielt wird. Alle echten Seiten der Welt sind kontextual, Resultate von Interaktionen zwischen natürlichen Objekten. Die Ansichten der Welt, die der menschlichen Beobachtung zugänglich sind, bestehen sämtlich in Situationen, die einen Beobachter einschließen. Die Philosophie sollte die Vorstellung fallenlassen, daß Naturwissenschaft auf eine operative Beschreibung der Welt ohne die Teilhabe eines Beobachters hinauszulaufen habe. Eine genuin empirische Naturwissenschaft muß zugestehen, daß solch eine Beschreibung Menschen nicht zugänglich ist.

Die pragmatistische Variante des Naturalismus vermeidet den Materialismus auch deshalb, weil er teleologische und mechanistische Erklärungen für menschliches Verhalten heranzieht. Der Pragmatismus lokalisiert Absichten innerhalb individueller Organismen, nicht in umfassenderen Ganzheiten wie etwa in Gesellschaften oder im gesamten Universum. Pragmatismus ist eine Spielart des Individualismus insofern, als ihm Ziele stets für die eine oder andere individuelle Person gelten. Gesellschaften können zwar ebenfalls Ziele verfolgen, aber nur in dem Sinne, daß Menschen ihre Ziele miteinander zu teilen vermögen.

Der Chicagoer Pragmatismus widerspricht der Behauptung des Rationalismus, derzufolge logischen Prinzipien eine notwendige Autorität über Denken und Erfahrung zukommt. Der gemeinsame Boden von Idealismus und Pragmatismus besteht aus ihrer Ablehnung metaphysischer Dualismen und ihrer Aufnahme eines voluntaristischen Standpunktes hinsichtlich der Natur des Denkens. Fern von einem mysteriösen Zusammenspiel mit Gefühlen und Wünschen auf der einen und Verhaltensaktivitäten auf der andern Seite, bildet das Denken mit beiden Seiten eine unauflösliche und organische Einheit.

„Ich glaube, daß bei der Entwicklung der Natur des Kindes die aktive Seite der passiven vorausgeht; daß Ausdruck vor bewußt erfahrenem Eindruck steht; daß die Entwicklung der Muskeln der Sinnesentwicklung vorausgeht; daß Bewegungen vor bewußten Empfindungen kommen; ich glaube, daß Bewußtsein wesentlich motorisch oder impulsiv ist, und daß bewußte Zustände sich in Form von Tätigkeiten ausdrücken" (CREDO, Artikel 4, Abs. 2).

Durch ihre Ablehnung der Unabhängigkeit des Denkens, wie es von den älteren dualistischen Psychologien und dem intuitiven Sensualismus betont worden war, konnten Dewey und Mead das Denken als eine biologische Phase im Erfahrungsprozeß des Organismus behandeln. Ihr Idealismus ermöglichte ihnen, den Verstand der umfassenderen Kategorie des Willens unterzuordnen, weil sie aufgrund ihrer idealistischen Studien davon überzeugt waren, daß Denken nur in unserer absichtsvollen Tätigkeit entdeckt werden kann. Vernunft, Intelligenz oder Denken – unter welchem Namen auch immer sie erscheint, unsere rationale Fähigkeit ist nur als ein Aspekt unserer zielorientierten Interaktionen mit der Umwelt manifest, gerichtet vor allem auf Überleben und die Freude an natürlichen Gütern.

„Ich glaube, daß auch Vorstellungen (verstandes- und einsichtsmäßige Vorgänge) aus Handlungen hervorgehen und sich zum Zweck einer besseren Handlungskontrolle entwickeln. Was wir ‚Verstand' nennen, ist vor allem das Regelwerk für eine geordnete oder wirksame Handlungsweise. Der Versuch, die Verstandes- und Urteilskräfte zu entfalten, ohne Bezug auf die Auswahl und Anordnung von Mitteln im Handlungszusammenhang, ist der grundlegende Fehler der gegenwärtigen Methode, die sich mit diesen Angelegenheiten befaßt. So stellen wir dem Kind willkürlich Symbole vor Augen. Symbole sind für die geistige Entwicklung notwendig, aber sie haben ihren Platz als Werkzeuge zur Ersparnis von Anstrengung; für sich genommen bilden sie eine Masse von bedeutungsleeren, willkürlichen und von außen gesetzten Ideen“ (CREDO, Artikel 4, Abs. 4).

Die Stadien des Denkens sind funktionale Aspekte praktischen Problemlösens in dem Maß, in dem Menschen bessere Werkzeuge für ihre Interaktion mit der Natur finden.

Denken, Logik und das Lösen von Problemen

Deweys Philosophie zufolge ist die technische Seite derart fundamental für das menschliche Leben, daß selbst der Ursprung und die angemessene Funktion des Denkens allein im Technischen liegt. Die Metapher des Instrumentes wird auf die Arbeit des Denkens angewandt: Dessen sämtliche Aspekte, von Begriffen und Konzepten über Urteile und Folgerungen bis zu Wissen und Wahrheit sind nichts anderes als Instrumente zur Verbesserung unseres Lebens. Und wie alle anderen Instrumente stellen diese Dinge menschengemachte Artefakte dar, die geschaffen und verbessert, übergangen oder verworfen werden können. Menschliche Vernunft ist nur dort möglich, wo die bewußte Kontrolle der Werkzeuge des Denkens gefördert und geübt wird. Auch andere Tiere gebrauchen Werkzeuge, aber Menschen scheinen die einmalige Fähigkeit entwickelt zu haben, den Prozeß der Untersuchung selber als eine verbesserungsfähige Technik einsetzen zu können. Dewey nahm den wissenschaftlichen Fortschritt als genau eine derartige Verbesserung wahr. Bessere Techniken sind ein Zeichen wissenschaftlichen Fortschritts, aber wer das Augenmerk ausschließlich auf sie richtet, übersieht die wesentlichen Fortschritte des wissenschaftlichen Denkens, die alle anderen Techniken erst möglich machen.

Dewey verstand unter logischer Theorie die gleichzeitig philosophische und psychologische Untersuchung des wissenschaftlichen Denkens und der Möglichkeiten seiner Förderung. Entwicklungen auf logischem Gebiet erlauben Fortschritte beim wissenschaftlichen Denken, die ihrerseits zu neuen Techniken führen können. Umgekehrt, aus der Perspektive von Menschen, die dem Druck einer unsicheren und schwierigen Umwelt ausgesetzt sind, fördert die Notwendigkeit der Verbesserung von Techniken das Experimentieren mit neuen wissenschaftlichen Arbeitsweisen, was seinerseits das Unternehmen der Logik voranbringt. Logik ist unsere Erfindung, unser Werkzeug und unsere Verantwortung. Philosophien, die eine Gegenposition zum Pragmatismus einnehmen, sei es unter dem Banner des Realismus, des Phänomenalismus, des Rationalismus oder des Absolutismus, sehen Logik nicht als kontingente, historische und veränderbare Angelegenheit. Sie bevorzugen die Annahme, daß Logik auf platonische Weise über uns aufgerichtet oder in uns fixiert ist. Und diese rationalistischen Philosophien transportieren auf ähnliche Weise Wissen und Wahrheit in ein Reich, das jenseits der alltäglichen und fußgängerischen Sorgen um ein lediglich menschliches Leben und Glück liegt. Befaßt mit dem Ausbau ihrer spinnennetzartigen Systeme, die aus willkürlich definierten Konzepten bestehen und auf bequemen apriorischen Urteilen beruhen, bleiben diese Philosophien ohne Relevanz für tatsächliche menschliche Belange.

Die funktionale Psychologie findet durch ihre Verneinung des Dualismus eine Rolle für das „Mentale“ innerhalb der natürlichen Welt, wie sie tatsächlich von den einzelnen Personen erfahren wird. Aber diese Rolle kann nicht so weit ausgedehnt werden, daß sie die Erfahrung vollkommen ausfüllt, weil der Pragmatismus auch den entgegengesetzten Fehler des Idealismus vermeidet. Der Pragmatismus würde weitgehend mit den derzeit populären Alternativen, dem subjektiven Idealismus oder Phänomenalismus, übereinstimmen, abgesehen von einem wichtigen Unterschied. Der Phänomenalismus findet einen Platz für die Unterscheidung zwischen der natürlichen objektiven und der mentalen subjektiven Welt in der Annahme, daß die Angehörigen beider Welten durch unterschiedliche Eigenschaften klar voneinander abgegrenzt seien. Dewey konnte keine klare Grenze erkennen. In seinem funktionalistischen Manifest „Das Reflexbogenkonzept der Psychologie" („The Reflex-Arc Concept in Psychology", 1896, EW 5, 96-109) kam er zu dem Schluß, daß ein angemessenes Verständnis des Nervensystems als einer kontinuierlichen organischen Ganzheit laufe darauf hinaus, daß Erfahrung nicht unterteilbar ist in natürliche Objekte als erfahrbare Stimuli auf der einen Seite und mentale als Folge ausgelöste Denkprozesse auf der andern Seite.

Diese Ablehnung des Phänomenalismus impliziert ihrerseits, daß alles Erfahrene in Abhängigkeit von der jeweils gegebenen Situation nach Bedarf jede von beiden Rollen einnehmen kann. Im Lichte des dem Funktionalisten eigenen biologischen Verständnisses des Menschen als eines Organismus, der sich seiner Umwelt anzupassen sucht, erscheint die Unterscheidung zwischen dem Physischen und dem Mentalen als ein Sonderfall der problematischen Erfahrung. In unproblematischen Erfahrungen, in denen die Gewohnheiten des Organismus hinreichend adaptiv sind, tritt keine Teilung zwischen dem Objektiven und dem Subjektiven auf, weil Nachdenken nicht notwendig ist. Bei dieser „unmittelbaren Erfahrung", um Deweys Redewendung zu verwenden, sind alle Dinge so, wie sie erfahren werden („The Postulate of Immediate Empiricism", 1904, MW 3, 158-167), und der Mensch durchschreitet unreflektiert und erfolgreich Handlungen, die ihm erfreuliche Güter bescheren. Dies ist deshalb möglich, weil die Gegenstände, welche die angemessenen Gewohnheiten auslösen, stets zur Hand sind. Aber in problematischen Situationen fehlt das auslösende Stimulans, und das gewohnheitsmäßige Handeln kommt zu einem zeitweiligen Stillstand. Jetzt werden die instrumentellen Ressourcen ins Spiel gebracht. An den Stellen, an denen die Aufmerksamkeit einige Dinge für die genauere Berücksichtigung auswählt, spielen sie eine mentale Rolle. Während der Dauer der problematischen Situation sind physische Objekte von mentalen Zuständen unterschieden. Physische Objekte sind diejenigen, die von der Reflexion nicht beachtet werden; sie fungieren als ein gegebener Hintergrund von für sicher genommenen Dingen, die allerdings den erforderlichen Handlungs-Stimulus nicht bereithalten. Sollte die Aufmerksamkeit aber auf sie fallen, könnten sie mental werden. Mentale Zustände sind von Haus aus nicht sicher, sondern voller Zweifel: Sie sind mental, eben weil sie nicht genauso genommen werden können, wie sie erfahren werden.

Der dreiteilige Unterschied zwischen unmittelbarer (unproblematischer) Erfahrung, physischer und mentaler Erfahrung kann in Begriffen von Bedeutung ausgedrückt werden. Bei der unmittelbaren Erfahrung sind alle Dinge hinreichend bedeutungsvoll für das erfolgreiche Handeln, und somit ist ihre Bedeutung nicht in Frage gestellt. Alle Dinge sind, wie sie erscheinen, womit gesagt ist, daß zwischen Erscheinung und Wirklichkeit und zwischen einem Gegenstand und seiner Bedeutung kein Unterschied besteht. In problematischen Situationen tritt eine Unterscheidung zwischen solchen Objekten auf, deren Bedeutungen nicht in Frage gestellt, und solchen, deren Bedeutungen in Frage gestellt werden. Die erstgenannten Objekte unterliegen keiner Veränderung beim Übergang aus der unproblematischen Erfahrung, ausgenommen, daß sie jetzt ausdrücklich als objektive Dinge im Kontrast zu solchen mentalen Dingen hervortreten, deren Bedeutungen abhanden gekommen sind. Mentale Erfahrung ist durch die Kluft zwischen Phänomen und Bedeutung charakterisiert, bei der wir nachdrücklich fragen, ob ein Ding wirklich diese oder vielleicht eine andere Bedeutung hat.

Die funktionale Unterscheidung zwischen den phänomenalen und den bedeutungsvollen Aspekten einer mentalen Erfahrung ist Grundlage der traditionellen Unterscheidung zwischen „Idee“ als einem Perzept der individuellen Erfahrung und „Idee“ als einem universellen Konzept von Erfahrung. Indem er sowohl die nominalistische als auch die idealistische Psychologie verwirft, die den ersten oder den zweiten Aspekt zur „eigentlichen“ oder „originalen“ Basis der Erfahrung erheben, versteht Pragmatismus beide Aspekte als Instrumente, die dazu dienen, die Dinge in einer problematischen Erfahrung mittels Nachdenken so zu verändern, daß der Stimulus gefunden werden kann, der erforderlich ist, um ein erfolgreiches gewohnheitsmäßiges Handeln in Gang zu setzen. Die allgemeinen Kennzeichen und Schritte einer reflektierten Problemlöse-Erfahrung erscheinen folgendermaßen:

„(1) Verwirrtsein, Irrewerden, Zweifeln aufgrund der Tatsache der Befangenheit in einer unabgeschlossenen Situation, deren vollständiges Bild noch nicht feststeht; (2) ein erster tastender Zugriff – die tentative Interpretation der gegebenen Elemente, mit der Zuschreibung von Tendenzen, die bestimmte Folgen bewirken; (3) die sorgfältige Bestandsaufnahme (Untersuchung, Inspektion, Ausforschung, Analyse) sämtlicher verfügbarer Überlegungen, die das bestehende Problem bestimmen und klären können; (4) die folgerichtige Entfaltung der tentativen Hypothese unter Berücksichtigung des breiteren Faktenbestandes in Richtung Präzision und Konsistenz; (5) Das Aufgreifen der projektierten Hypothese im Sinne eines Handlungsplanes, der auf den gegebenen Zustand angewandt wird: Eine äußere Handlung in der Absicht vollziehen, das erwartete Resultat zu erreichen und die Brauchbarkeit der Hypothese zu prüfen“ (Democracy and Education, 1916, MW 9, 157).

Falls das gewohnheitsmäßige Handeln erfolgreich wieder in Gang kommt, erfolgt die Rückkehr zur unmittelbaren Erfahrung, in der die Unterscheidungen zwischen Perzept und Konzept und zwischen den physischen und den mentalen Dingen miteinander zusammenfallen.

Problemlösen kann selbst habituell werden, wenn der Grundstock der erworbenen Bedeutung von Dingen zur Anwendung beim Auftauchen neuer Probleme zur Verfügung steht. Bedeutungen werden von Dewey auch als Bilder oder Ideen bezeichnet. Durch Analogieschlüsse werden Ideen auf problematische Angelegenheiten in der Absicht angewandt, neue Handlungspläne zur Lösung eines Problems zu finden. Indem Erziehung brauchbare Bilder liefert, bereitet sie die Schüler auf ein kreatives Problemlösen vor.

„*2. Ich glaube, daß das Bild das beherrschende Mittel des Unterrichts ist. Was ein Kind von einer Sache mitbekommt, die man ihm vorstellt, sind einfach die Bilder, die es sich davon macht*“ (CREDO, Artikel 4, Abs. 5).

„*Ich glaube, daß viel Zeit und Mühe, die gegenwärtig der Vorbereitung und Durchführung von Unterrichtslektionen gewidmet wird, sinnvoller und klüger dafür aufgewandt wären, die bildliche Vorstellungskraft des Kindes zu üben und darauf zu achten, daß es dauerhaft klare, lebendige und sich erweiternde Bilder über die verschiedenen Sachgebiete bilden lernt, mit denen es bei seiner Erfahrung in Berührung kommt*“ (CREDO Artikel 4, Abs. 7).

Der Pragmatismus rekonstruiert oder zerstört die gesamte philosophische Begriffs-Apparatur, die zu den einander entgegengesetzten philosophischen Schulen geführt hat: die nominalistische und die realistische, die materialistische, dualistische und die idealistische, und so fort. Den frühen Schriften der

Chicagoer Pragmatisten ist der Eifer zu entnehmen, alle anderen philosophischen Richtungen auf einmal anzugreifen, in dem Bewußtsein, daß die gesamte Philosophie von der pragmatistischen Methode nachhaltig beeinflußt werden muß. Deweys Essay „Psychologie und die philosophische Methode" („Psychology and Philosophic Method", 1899, abgedruckt unter dem Titel „Consciousness and Experience" MW 1, 113-130) liefert ein hervorragendes Beispiel, wenn er dort die Psychologie zu einer politischen Wissenschaft erklärt. Wenn die Psychologie die Erfahrung einer individuellen Person untersucht, muß sie „individuell" in Übereinstimmung mit dem verstehen, was von den vorherrschenden sozialen Bedingungen diktiert wird. Da die Bedeutung des „Individuellen" beispielsweise in autokratischen, aristokratischen und demokratischen Gesellschaften ziemlich verschieden voneinander ist, können wir erwarten, daß die Psychologie auf je verschiedene Weise vorgeht und dementsprechend auch zu unterschiedlichen Resultaten gelangt. Damit sind Psychologie und politische Wissenschaft eng miteinander verwandt, wie sehr der Psychologe auch mit dem Hinweis darauf protestieren mag, daß ausschließlich wissenschaftlich motivierte Methoden angewandt werden. Dewey untersucht die gegenwärtige Psychologie im Kontext der extrem individualistischen Auffassungen von der Person, die er als die in seinem eigenen Land vorherrschenden wahrnimmt. Wie die gegenwärtige Demokratie die Person als etwas behandelt, das jenseits und abgesondert von ihren ethnischen, religiösen, familiären und geschäftlichen Verbindungen und Verpflichtungen erscheint, so versucht die gegenwärtige Psychologie, das individualisierte und unterteilte „Bewußtsein" von Personen wissenschaftlich als etwas zu untersuchen, das jenseits und abgesondert von ihren sozialen Beziehungen besteht.

„Ich glaube, daß die Kenntnis der sozialen Bedingungen des gegebenen Standes der Zivilisation notwendig ist, um die Kräfte des Kindes richtig deuten zu können. Das Kind verfügt über seine eigenen Instinkte und Tendenzen, aber wir wissen nicht, was diese bedeuten, bevor wir sie nicht in Begriffe ihrer sozialen Äquivalente übersetzt haben. Wir müssen uns darauf verstehen, sie in die gesellschaftliche Vergangenheit zurückzuprojizieren und sie als Erbe vergangener Tätigkeiten der Menschheit wahrzunehmen. Wir müssen uns auch darauf verstehen, sie in die Zukunft hineinzuprojizieren, um zu sehen, worauf sie hinauslaufen und was ihr Ergebnis sein wird. Auf das Beispiel bezogen, ist es die Fähigkeit, im Geplapper des Kleinkindes das Vermögen für künftigen sozialen Austausch und eine Dis-

kursfähigkeit zu erblicken, die es in die Lage versetzt, mit jenem Instinkt richtig umzugehen" (CREDO, Artikel 1, Abs. 4).

Zweitens wird auch die Philosophie, veranlaßt durch das Ausbleiben des sozialpsychologischen Korrektivs, zu der irrigen Auffassung verleitet, daß Psychologie und ihr Gegenstand, der mentale Bereich, für alle rein philosophischen Angelegenheiten wie Logik, Wissen, Wahrheit, moralische Prinzipien und Werte und die Natur der Realität irrelevant sei.

Drittens werden Philosophen als Folge dieser Auffassung einer „reinen" Philosophie vom vergeblichen Unternehmen namens Epistemologie absorbiert, das die Bedingungen des Wissens über Realität zu bestimmen sucht, nachdem die Erfahrung des Individuums als irrelevant ausgeschlossen worden ist. Viertens hat die Philosophie, indem sie Wissen und Wert als von der tatsächlichen Erfahrung unabhängige Angelegenheiten behandelt, fälschlicherweise erklärt, daß das tatsächliche menschliche Verhalten und die Bestimmung von Wissen und Werten nichts mit der realen, apriorischen und unabhängigen Existenz des Wahren und des Rechten zu tun hat.

Moral und die Untersuchung von Werten

Deweys Philosophie unternahm es, den tief verwurzelten Dualismus und Rationalismus, der die Philosophie des 18. und 19. Jahrhunderts kennzeichnete, in all seinen Erscheinungsformen ans Licht zu bringen und zu widerlegen. Die dualistische Denkweise und die ihn bezeichnende Begrifflichkeit waren allenthalben zu finden, selbst an den überraschendsten Stellen. Dewey spürte ihn sogar in der vorgeblich wissenschaftlichen und empirischen Disziplin der Psychologie auf, die ihrerseits die Philosophie angesteckt hatte. Selbst noch zu Anfang des 20. Jahrhunderts wurde in der Psychologie wie in der Philosophie weithin unterstellt, daß Erfahrung den Besitz von Individuen darstellte und nur innerhalb ihrer persönlichen Vorstellungswelt bestand. Die Philosophen führten ihren Disput über die Natur einer objektiven Realität jenseits der subjektiv persönlichen Welt. Der Rationalismus beherrschte außerdem den auf Werte bezogenen Disput. Diejenigen Philosophen, die eine objektive Existenz von Werten unterstellten, hielten typischerweise dafür, daß einzig der Verstand das Wissen über Werte ermitteln konnte. Philosophen, die Werte demgegenüber innerhalb der subjektiven Erfahrung lokalisierten, verneinten typischerweise, daß es zur Ermittlung von Werten des Verstandes bedurfte – ihnen war dafür Erfahrung allein hinreichend. Der erste Typ von Philosophen ging davon aus, daß Dinge einen Wert jenseits der menschlichen Erfahrung besitzen, während der zweite Typ davon ausging, daß Dinge einen Wert nur deshalb besitzen, weil sie als wertvoll erfahren werden.

Diese Philosophien sind nicht die einzig verfügbaren Optionen. Beide nehmen an, daß Werte, wenn Erfahrung etwas Wesentliches mit Werten zu tun hat, von subjektiv mentaler und persönlicher Art sein müssen. Dewey folgte einer echten dritten Alternative, indem er diese Voraussetzung verneinte. Werte sind weder subjektiv mental noch transzendental objektiv, sondern müssen eher in der Natur liegen – dort, wo sie erfahren werden. Dewey verwandte sehr viel mehr Energie darauf, Argumente für seinen metaphysisch-naturalistischen Empirismus gegenüber dem Subjektivismus ins Feld zu führen, als die Vorzüge gegenüber dem Transzendentalismus herauszustellen. Der Transzendentalismus führt entweder zum völligen Skeptizismus oder zu einem willkürlichen Dogmatismus, weil das menschliche Wissen von transzendenten Werten als unlösbares Geheimnis definiert ist. Der Subjektivismus, der sich die Ressourcen der Psychologie zunutze zu machen versteht, bietet der Kritik eine viel schwierigere Aufgabe.

Der Subjektivismus geht von der Annahme aus, daß Werte, Güter und ähnliches alle im wesentlichen eine Angelegenheit unmittelbar empfundener Freuden, Befriedigungen, Gefühle usw. sind. Man vergleiche diese Auffassung mit Deweys eigener Aussage, daß „nichts einen Wert darstellt, das nicht als eine gute Sache genossen wird" („The Quest for Certainty", 1929, LW 4, 213). Die oberflächliche Ähnlichkeit wird durch die Frage nach der Natur der Freude (und des Genusses) korrigiert, der Dewey nachgeht. Während es zutrifft, daß die Freude an Gütern den Dingen ihren Wert verleiht, liegt ein entscheidender Unterschied zwischen solchen Freuden, die erfahren werden, ohne daß eine absichtliche Anstrengung zu ihrer Erlangung unternommen worden wäre, und solchen Freuden, die nur aufgrund von Anstrengungen erreicht werden. Diese beiden Arten von Freude sind qualitativ derart verschieden, daß ihre Zusammenfassung den Subjektivismus auf eine völlig falsche Fährte bringt. Utilitarismus, als ein Beispiel für Subjektivismus, beharrt mit seiner Annahme auf ihrer Identität, wonach das, was gewünscht wird, nichts anderes ist als das Wünschenswerte. Die Fehlerhaftigkeit dieser Annahme wird offenbar, wenn man bedenkt, daß die Freude an einem zufällig erworbenen Ding nicht dieselbe Art Freude ist wie die an einem Ding, das allen Schwierigkeiten zum Trotz durch Anstrengung erworben wurde. Anders gesagt, ist das Urteil über ein gewünschtes Ding etwas anderes als das Urteil darüber, ob ein Ding wünschenswert ist. Jemand mag ein Ding wollen, ohne die notwendigen Mittel zu bedenken, und wenn es dabei bleibt, dann wird die Freude nur zufällig sein und die Konsequenzen der Freude werden übergangen. Wenn aber jemand ein Ding für wünschenswert erachtet, dann wird er sowohl die Mittel zur Erlangung als auch die weiteren Folgen bis zu einem Grade berücksichtigen.

Dewey betont diese Unterscheidung, indem er ein Urteil, das ein Ding für wünschenswsert erachtet, als „Bewertung" („valuation") bezeichnet, und das Ding, das auf der Grundlage einer Bewertung genossen wird, als „Wert" („value"). Während Werte unabhängig von ihrem Genuß keinen Bestand haben, können sie nur durch absichtliche Anstrengungen genossen werden, bei denen Mittel und Konsequenzen in Betracht gezogen wurden.

„(1) Erfahrung ist vor allem eine aktiv-passive Angelegenheit; sie ist nicht primär kognitiv. Aber (2) das Maß des Wertes eines Erfahrung liegt in der Wahrnehmung von den Verwandtschaften und Verbindungen, zu denen sie führt. Sie schließt das Kognitive in dem Maß ein, in dem sie kumulativ ist oder auf etwas hinführt oder eine Bedeutung hat" (Democracy and Education, 1916, MW 9, 147).

Beim Wunsch nach einem Ding oder beim Urteil, daß ein Ding genossen worden ist, spielt Intelligenz keine Rolle. Die Funktion der Intelligenz liegt Dewey zufolge genau darin, die Bildung von Bewertungs-Urteilen zu kontrollieren. Wenn Intelligenz dies vermag, kontrolliert sie die Bildung von Werten und damit von wünschenswerten Genüssen.

Die Möglichkeit, daß Intelligenz irgend etwas mit der Konstruktion von Werten zu tun haben könnte, ist von Philosophen in der empiristischen Tradition oft verneint worden. Hume trennte bekanntlich die Operationen des Verstandes von der Existenz von Werten mit dem Argument, daß der Verstand nur die Mittel zum Erreichen von erfreulichen Zielen beurteilen könne. Dewey lehnte Humes Form des atomistischen Empirismus wegen dessen Inkonsistenz mit echtem wissenschaftlichem Wissen ab. Auf welche Weise ermöglicht Deweys Philosophie eine empirische und wissenschaftliche Epistemologie von Werten? Zunächst dürfen Werte nicht mit bloßen Belustigungen ohne jede kognitive Qualität gleichgesetzt werden. Während Werte definitionsgemäß am Ende genossen werden, stellen nicht alle Genüsse auch Werte dar. Zweitens müssen Werte als Objekte aufgefaßt werden, die auf intelligente Weise als Werte beurteilt worden sind. Dies bewertende Urteil ist dadurch gekennzeichnet, daß die Mittel in Betracht bezogen werden, die erforderlich sind, um das begehrte Objekt zu haben, wie auch die weiteren Folgen nach dem Genuß des Objektes. Drittens enthalten Bewertungsurteile Handlungspläne, welche die für den Erhalt des zu genießenden Objekts erforderlichen Mittel steuern. Wie jeder Handlungsplan kann ein Bewertungsurteil mehr oder weniger viel nützen, weil er wie vorgesehen oder mit unvorhergesehenen Konsequenzen funktioniert. *In summa* können Werte auf diese Weise objektiv und empirisch geprüft werden, weil sie im wesentlichen Voraussagen von Handlungskonsequenzen darstellen.

Wenn die Verbesserung von Handlungsplänen mit Sorgfalt betrieben wird, kommt es zur Forschung. Deweys Pragmatismus zufolge besteht die wichtigste Funktion der menschlichen Intelligenz darin, Forschung zu steuern – Forschung, die als Problemlösen zu sehen ist. Werte sind von Natur aus problematische Angelegenheiten, weil Handlungspläne zum Erlangen von Erfreulichkeiten auf vielfache Weise schiefgehen können. Mittel können unzureichend sein oder unerwartete negative Folgen mit sich bringen. Der Genuß des erlangten Objektes kann unvorhergesehene negative Folgen haben. Werte konkurrieren von Natur aus miteinander, weil ein Handlungsplan viele andere lahmlegen kann und weil nicht alle Genüsse auf einmal zu haben sind. Werte werden durch Forschen geschaffen und können durch weiteres Forschen verändert werden. In der Tat bleiben Werte selten lange stabil; vor allem weil die Untersuchung von Werten stets mit Experimenten einhergeht und bisweilen Fortschritt erzeugt. Forschung ist eine Gelegenheit dazu, eine Epistemologie der Werte zu entwickeln, bei der Methoden der Wertbildung direkt untersucht werden.

Die Methoden der Wertbildung sind der Kontrolle zugänglich nur wegen der von Dewey so bezeichneten „Kontinuität von Zwecken und Mitteln" („Democracy and Education", 1916, MW 9, 333). Unsere Ziele und Zwecke sind Freuden, die durch absichtsvolle Anstrengung erworben werden, und die Freude an ihnen unterscheidet sich der Qualität nach von einer zufälligen Freude, gerade wegen des absichtsvollen Erreichens. Zwecke sollten nicht ohne Berücksichtigung der Mittel erwogen werden, und Mittel sollten nicht unter Absehung von ihren Zwecken erörtert werden. Die Bezeichnungen „Instrumentalismus“ und „praktische Vernunft“ werden gewöhnlich nur für die Erörterung von Mitteln zum Erreichen eines vorher feststehenden und unabhängigen Zieles verwandt. Aber Deweys Pragmatismus stellt die direkte Verneinung und Ablehnung eines solchen Porträts der tatsächlichen menschlichen Intelligenz dar. Zugegebenermaßen ist es menschenmöglich, sich entweder einer erfreulichen Aussicht derart vollkommen hinzugeben, daß die Mittel vergessen werden (wie beim kindlichen Verhalten), oder ein ferngelegenes Ziel derart zu fixieren, daß jedes Mittel gerechtfertigt erscheint, um es zu erreichen (wie beim Verhalten von Fanatikern und Geistesgestörten). Aber verantwortliches erwachsenes Verhalten illustriert die Kontinuität von Mitteln und Zwecken.

Die situative und kontextgebundene Existenz der Dinge legt uns die Einsicht nahe, daß jeder Gebrauch eines Dinges sehr viel mehr natürliche Folgen in sich trägt als die bloß unmittelbar erfahrene Freude. Diese objektiven Konsequenzen können selbst weiteres Erfreuliches oder auch Unerfreuliches bringen. Wie erwähnt, werden sowohl die Mittel zur Erlangung eines Objekts als auch der Gebrauch des begehrten Objekts für gewöhnlich weitere Folgen nach sich ziehen. Der im Licht der weiteren Konsequenzen kreativ überlegte Gebrauch eines Dinges ist ein intelligenter Gebrauch. Der Grad der angewandten Intelligenz entspricht dem Ausmaß der überlegten Konsequenzen. Der menschliche Gebrauch von Dingen ist stets in gewissem Maße ein intelligenter, wie das tatsächliche gewohnheitsmäßige menschliche Verhalten zeigt. In der Tat sind nur niedere Tiere und Pflanzen nicht zur Berücksichtigung von Folgen in der Lage. Diejenige Rücksichtnahme auf Konsequenzen beim Verfolg eines Zwecks, die Bewertungsurteile hervorbringt, verlangt die Kenntnis der Kontinuität von Zwecken und Mitteln. Diese Kenntnisnahme bietet der nachdenkenden Untersuchung die Gelegenheit, die Mittel im Verhältnis zum Zweck nochmals ins Auge zu fassen oder den Zweck im Licht des Konflikts mit anderen Zwecken zu überdenken.

Dewey erzählt zur Illustration des Zusammenhanges von Zwecken und Mitteln eine humorvolle Geschichte, die von Charles Lamb stammt. Sie beschreibt die Erfindung von gegrilltem Schweinefleisch.

„Der Genuß von gegrilltem Schweinefleisch wurde entdeckt, als ein Haus voller Schweine zufällig abbrannte. Die Besitzer suchten in den Ruinen herum und berührten die Schweine, die in dem Feuer gegrillt worden waren. Dabei verbrannten sie sich die Finger. Als sie dem Impuls nachgaben, die Finger in den Mund zu stecken, erlebten sie einen neuen Geschmack. Da sie diesen Geschmack mochten, bauten sie hinfort Häuser und sperrten darin Schweine ein, um dann die Häuser abzubrennen" („Theory of Valuation", 1939, LW 13, 226-227).

An diesem Verhalten wäre nichts Dummes, sofern der Genuß des Zweckes nichts mit den Mitteln zu tun hätte, mit denen er erreicht werden soll. Aber intelligentes Verhalten beginnt bei dem Punkt, daß es eine Möglichkeit geben muß, in den Genuß zu kommen, ohne viel Zeit und Anstrengung zu vergeuden. Mit anderen Worten ist der Genuß als Wert – im Gegensatz zu einem lediglich zufälligen Genuß – ein durch die verwandten Mittel vermittelter. Schweinefleisch, das auf einem kleinen, sicheren Feuer gegrillt worden ist, stellt einen anderen Wert dar als Schweinefleisch von Tieren, die bei einem Hausbrand gegrillt wurden.

Der unvermeidliche Einwand von seiten der sensualistischen Psychologie hält dagegen, daß dies alles zwar wahr sein mag, daß aber wenigstens die Sinneserfahrung des Geschmacks in beiden Fällen aus dem gleichen unmittelbaren Gefühl bestehe. Dieser Einwand wird erhoben, um die Vorstellung zu stützen, daß am Ende das erstrebte Gut einzig jenes unmittelbare Gefühl ist, das durch intellektuelle Ideen und Mittel weder gefärbt noch verändert werden kann. Deweys Antwort auf diesen Einwand zeigt, daß es zwar sein mag, daß beide Genüsse, wenn sie auf einfachere Komponenten zurückgeführt werden, dasselbe Gefühl von Geschmack enthalten. Aber es ist eine seltsame Unterstellung, die von Sensualisten charakteristischerweise vorgebracht wird, daß ein Element aus einer Erfahrung, welches durch spätere Analyse herausgearbeitet worden ist, im Augenblick der ganzen Erfahrung wirklich als einzelnes gefühlt würde. Nur wenn diese Unterstellung wahr wäre, hätte der Einwand die Sache getroffen. Aber die Unterstellung ist ein Beispiel für das, was Dewey und James den Irrtum des Psychologen nannten. Wir können uns mit Anstrengung auf einen bestimmten Abschnitt einer Erfahrung konzentrieren, aber dieser Abschnitt tritt als besonderer nur in Verbindung mit anderen Abschnitten auf, die nicht als Beziehungen in der ursprünglichen Erfahrung erlebt worden sind. Wir erstreben mit dem Intellekt nicht das unmittelbare Gefühl, sondern eher die vermittelte Freude an etwas Wertvollem.

Weil die Bedeutung eines Wertes durch Mittel vermittelt wird, die zu seinem Erreichen gewählt werden, verändern wir den Zweck, wo wir das Mittel verändern. Deshalb bezeichnet Dewey die intelligente Wahl von Werten als Konstruktion des Guten. Werte können im Licht anderer Wahlmöglichkeiten von Mitteln und im Licht von Konflikten mit anderen Werten immer rekonstruiert oder fallengelassen werden. Manche Werte werden über andere gestellt, wenn die Intelligenz ans Werk geht, und die Handlungen vieler Menschen sind von einem höchsten Wert bestimmt. Aber dies trifft nicht den allgemeinen Kern: daß Werte, weil ihre Existenz durch die verfügbaren Mittel und andere bestehende Werte vermittelt wird, die Kreation des intelligenten Nachdenkens über die natürlichen Kontexte von Werten sind. Dies intelligente Nachdenken kann gut oder schlecht ausfallen, in Abhängigkeit vom Grad der Sensitivität gegenüber Konflikten und dem Grad der phantasievollen Untersuchung von Wegen zur Konfliktlösung. Insensitivität gegenüber Konflikten ist eine primäre Eigenschaft kindlichen Verhaltens, wo die Zwekke ohne Rücksicht auf den Verlust anderer Zwecke verfolgt werden. Kleine Kinder können ihre Zwecke nicht abschätzen und sie daher weder kontrollieren noch verändern, obgleich sie Mittel beim Verfolg von Zwecken wählen können. Die Wahl von Mitteln im Licht eines Zweckes ist nur eine rudimentäre Fähigkeit, die noch nicht als Werturteil gelten kann. Erst dann, wenn wir Konflikte zwischen den gewählten Mitteln und anderen Zwecken, oder zwischen dem Erreichen eines Zweckes und dem anderer Zwecke bemerken, können wir uns auf Problemlösungen und die intelligente Neubegutachtung von Zwecken einlassen. Problemlösen mündet in Bewertung, wo ein neuer Zweck und seine Mittel vorgeschlagen werden. Dieser neue Zweck wird von Dewey als „Zweck-im-Sinn" („end-in-view") bezeichnet, weil es sich um einen vorgestellten und noch nicht tatsächlich erreichten Zweck handelt.

Um diese Unterscheidung zu unterstreichen, betont Dewey, daß ein Zweck-im-Sinn kein Wert ist, weil ein Wert eine tatsächliche Freude am Ende eines Handlungsplanes darstellt, während ein Zweck-im-Sinn eine mögliche Freude vor der Durchführung eines Handlungsplanes ist. Diese Unterscheidung gestattet die Einsicht, daß ein Handlungsplan scheitern kann und damit die Verwandlung eines Zwecks-im-Sinn in einen Wert verhindert. Damit wird ein Wert in doppelter Hinsicht durch Intelligenz konstruiert. Ein Wert beginnt als neuartiger Zweck-im-Sinn, der bei einer Bewertung zur Lösung eines Konflikts vorgeschlagen wird und daher noch nicht existiert. Und wenn der Handlungsplan eines Wertes durchgeführt worden ist, hat der daraus resultierende Wert vor der Durchführung noch nicht existieren können.

Diese Theorie, derzufolge Werte durch Intelligenz konstruiert sind, könnte antinaturalistisch erscheinen. Tatsächlich könnte sie den genauen Gegensatz des Naturalismus ausdrücken, den Idealismus. Aber Deweys empirische Metaphysik unternimmt es, eine konstruktivistische und naturalistische Wertetheorie zu errichten. Der Empirismus rettet den Naturalismus vor Transzendentalismus und Subjektivismus, indem er sicherstellt, daß Werte genau dort existieren, wo sie in der Erfahrung gefunden werden: innerhalb der natürlichen Welt, die wir bewohnen. Zum Beispiel erfährt ein Holzfäller einen Baum als wertvoll, weil er ihn im Licht der Bauindustrie wahrnimmt. Dieser Bauwert eines Baumes besteht nicht in einem übernatürlichen Reich, getrennt von Menschen und Bäumen, und er besteht nicht in einem mentalen Reich, das ontologisch von den Bäumen getrennt ist. Beide metaphysische Optionen scheiden wegen der Natur der Werte aus, die beim Abschluß einer Bewertung von Handlungsplänen existieren.

Die Durchführung von Handlungsplänen und deren Resultate sind so objektiv wirklich, wie etwas nur sein kann. Eine Proposition, daß etwas einen Wert darstelle, ist eine Bewertungsaussage in der Hinsicht, daß ein Handlungsplan, falls er durchgeführt wird, in einer bestimmten Freude resultiert. Weder die hypothetische Natur einer Bewertungs-Proposition noch der Gebrauch des Begriffes „Freude" kann von der natürlichen Existenz eines Wertes in irgendeiner Weise ablenken. Die Naturwissenschaft anerkennt die faktische und objektive Natur ähnlicher hypothetischer Propositionen wie zum Beispiel: „Wenn Wasser in einem Gefrierfach unter normalen Druckverhältnissen auf unter Null Grad Celsius abgekühlt ist, wird es zu Eis." Und der Einschluß des Begriffes „Freude" kann nicht als Einwand gelten, weil die medizinische Wissenschaft die objektive Natur von Aussagen anerkennt wie dieser: „Wenn ein Anästhetikum auf eine schwache Brandwunde aufgetragen wird, läßt der Schmerz nach." Werte bestehen in der wechselseitigen Interaktion zwischen Menschen und Dingen in ihrer Umwelt, und nicht ausschließlich in dem einen oder dem anderen. Bei den beiden gerade gegebenen Beispielen sind das Tiefkühlfach und das Anästhetikum ebenso Werte wie das Eis und das Nachlassen des Schmerzes. Man könnte fälschlicherweise einwenden, daß weder das Tiefkühlfach noch das Anästhetikum als Werte gelten können, weil sie in den Beispielen als Mittel dienen. Aber der Einwand würde den wichtigen Punkt außer acht lassen, der die Kontinuität von Mitteln und Zwecken betrifft. Es gibt keine absolute Kategorisierung und Trennung von Mitteln und Zwecken, weil jedes Mittel als Zweck genossen und jeder Zweck als Mittel für einen weiteren Zweck eingesetzt werden kann. Deweys pragmatische Ethik überschreitet die traditionelle Opposition von Pflichtenlehre und Konsequentialismus. Weder Rechte noch Güter besitzen intrinsische Überlegenheit gegenüber dem jeweils anderen, weil Rechte Mittel zum Guten sein könnten, und umgekehrt.

Vielleicht könnte auch Deweys Definition eines Wertes als Erfreulichkeit gegen ihn vorgebracht werden, mit dem Argument, daß dann wenigstens Freuden Werte sein müssen und niemals Mittel. Aber man muß daran erinnern, daß unmittelbare Freuden an und für sich noch keinen Wert besitzen und vermittelte Freuden Werte sind, die Folgen über sich selbst hinaus in Richtung weiterer Zwecke tragen können. Umgekehrt könnte behauptet werden, daß manche Dinge ausschließlich als Mittel dienen. Aber die Bedienung von Werkzeugen kann sicher als eine Freude oder auch als Schmerz erfahren werden, lange bevor die Operation beendet ist. Ist eine Geigerin nicht in der Lage, ihr eigenes Violinspiel zu genießen, bevor das Konzert vorbei ist? Und ist ein Maler nicht in der Lage, das Malen mit Farbe und Pinsel zu genießen, bevor das Gemälde gemalt ist? Nun, dies Angebot von Gegenbeispielen mag unfair erscheinen, weil in beiden Fällen der Gebrauch des Werkzeuges das Ergebnis des Zweckes ist, und weil das Spiel gleichzeitig die Erschaffung des Konzerts darstellt, so wie das Malen die gleichzeitige Kreation des Gemäldes. Diese Gleichzeitigkeit des Gebrauchs von Mitteln und des Erreichens des Zweckes ist aber genau das, was Dewey mit der Kontinuität von Mitteln und Zwecken meint. Falls jemand den Gebrauch von Mitteln nicht genießen kann, weil ihr Gebrauch „nur" dem Erreichen des Zweckes dient, handelt es sich um einen unglücklichen pathologischen Fall, der kaum als Paradigma für die menschliche Erfahrung gelten kann. Konzerte und Gemälde, ebenso wie Tiefkühlfächer und Anästhetika, sind objektiv existierende Werte, die als

Zwecke genossen werden können, selbst wenn sie als Mittel für weitere Zwecke eingesetzt werden.

Ein pragmatischer Weg zu Demokratie und Erziehung

Viele, vielleicht die meisten Güter, die wir kennen, etwa Konzerte, sind in der geteilten Erfahrung miteinander kooperierender Menschen gegeben. Dewey schreibt oft so, als ob geteilte Erfahrung sämtliche wirklichen Güter umfassen würde, aber er war, wie Emerson und James vor ihm, durchaus in der Lage, auch solche Erfahrungen von hohem Wert anzuerkennen, die in eher privaten und nachdenklichen Augenblicken geschehen. Ähnlich wie John Stuart Mill, der die Frage nach der Rangfolge ihrer Freuden denen vorgelegt hatte, die alle Arten von Freuden kannten, machte Dewey deutlich, daß die meisten Leute tatsächlich einen großen Teil sozialer Partizipation vorziehen. Und ganz im Geist von Henry David Thoreau sollte Intelligenz zuallererst darauf verwandt werden, das unmittelbare und gemeinsame Leben zu studieren. „Selbständigkeit ist wichtig, weil sie dich zu einem guten Nachbarn macht", hätte Thoreau sagen können. Gemeinschaft ist nicht notwendigerweise ein Übel, aber man sollte eine falsche Gemeinschaft meiden, die materielle Effizienz durch extrem weit getriebene Spezialisierung verfolgt. Deweys Haupteinwand gegen die Industrialisierung war gegen ihre Tendenz zu Spezialisierung, Individualisierung und zur Isolation menschlicher Erfahrung gerichtet, und gegen die mit der Industrialisierung entstandenen Restriktionen der Möglichkeit, Güter in einer echten gemeinschaftlichen Erfahrung zu teilen.

Wo es um soziale Güter geht, ist Bewertung notwendigerweise ebenfalls eine soziale Angelegenheit. Deshalb ist soziale Intelligenz erforderlich, um zwischen problematischen und einander widersprechenden sozialen Gütern abzuwägen. Soziale Intelligenz ist pragmatisch, wenn Menschen kreativ über soziale Werte miteinander nachdenken und die Maximierung von Kooperation und Freude am sozialen Gut anstreben. Soziale Intelligenz wird von Individuen nicht entwickelt, die nur an ihr eigenes Glück denken und miteinander um einen Ausgang konkurrieren, der für sie selber am günstigsten ist. Deweys soziale Philosophie verwirft deshalb die Vorstellung des Adam Smith, wonach sozialer Fortschritt auf natürliche Weise durch Selbstbezogenheit zustande kommt, sei es auf dem Markt, wo Waren angeboten, sei es bei der Abstimmung, bei der Kandidaten für ein Amt angeboten werden. Wenn irgendwelche sozialen Güter durch individuelle Problemlösungen geschaffen werden, dann ist ihr Zustandekommen eher zufällig denn soziale Absicht.

Die Beziehung zwischen sozialen Gütern und sozialen Idealen muß klargestellt werden. Dewey unterschied ihren separaten Charakter, indem er erklärte, daß eine Gesellschaft nicht in erster Linie auf Konformität gegenüber sozialen Idealen abzielt, sondern eher darauf, daß soziale Güter durch kooperatives Handeln geschaffen werden. Soziale Ideale sind Verhaltensnormen, welche von verantwortlichen Erwachsenen erwartet werden, und die kooperatives Handeln begünstigen. Die wichtigsten moralischen Standards in einer Gesellschaft, die alle Erwachsenen verantworten müssen, sind nicht für sich selbst genommen wichtig, sondern nur, weil sie die Kooperation aufrechterhalten. Die Rolle, die Ideale in der sozialen Intelligenz spielen, ist die gleiche Rolle, die Ideen oder Bilder bei jedem Bemühen um Problemlösung spielen. Ideale bieten Wege an, auf denen die Konsequenzen möglichen Handelns kreativ abgebildet werden können, die einzuschlagen sind, um das Problem des Erreichens eines bestimmten sozialen Gutes zu lösen. Wir fragen nicht danach, ob unsere Handlungen mit moralischen Idealen übereinstimmen, solange wir auf unproblematische Weise soziale Güter erhalten. Moralische Ideale werden in einer Gesellschaft deswegen geschätzt, weil sie in der Vergangenheit zur Lösung von Konflikten gedient haben, und moralische Ideale können geringgeschätzt und durch andere Ideale ersetzt werden, wenn sie bei künftigen Konfliktlösungen scheitern. Die Fähigkeit einer Gesellschaft, dauernd gesellschaftliche Güter zu schaffen, bildet den Standard, an dem moralische Ideale pragmatisch gemessen werden. Deweys eigener christlicher Fortschrittsglaube ist demokratisch., weil er glaubte, daß die Entwicklung sozialer Ideale über längere Zeiträume hin geschieht, in denen eine Demokratie allmählich ihre Fähigkeit zum Erreichen sozialer Güter verbessert. Weil Erziehung für die soziale Problemlösung zentral bedeutsam ist, ist sie auch für den Fortschritt einer christlichen Demokratie zentral bedeutsam. Religion ist mit der sozialen Intelligenz und dem Fortschritt kompatibel, solange religiöse Ideale durch die Demokratie pragmatisch beurteilt werden. Andere Arten politischer Organisation erlauben es der sozialen Intelligenz nicht, zur vollen Entfaltung zu kommen.

Die von Peirce vorgelegte Kategorisierung der vier Methoden zur Festlegung einer Überzeugung ist ein gutes Modell zur Untersuchung der Arten sozialer Intelligenz (Peirce: The Fixation of Belief, 1877). Es handelt sich um die Methoden der Beharrlichkeit, der Autorität, die Apriori-Methode und die wissenschaftliche Methode. Beharrlichkeit ist die am wenigsten intelligente, denn wer von etwas nur deshalb überzeugt ist, weil es seither geglaubt wurde, wird nur mit den Meinungen von anderen in Konflikt geraten und keine Kooperation herstellen. Glücklicherweise vermag gerade der Konflikt der Meinungen den absoluten Glauben abzutragen und Zweifel zu produzieren. Weil Zweifel für sich einen unbefriedigenden Zustand darstellt, kommt es vor allem auf die Art und Weise an, in der die Menschen ihre Überzeugungen untereinander zum Zweck der Reduktion von Zweifel beeinflussen. Die Methode der Autorität ist die primitivste Methode der sozialen Intelligenz. Indem sie die Illusion absoluter Werte hervorrufen, können einflußreiche Institutionen Kooperation auf hoher Ebene über lange Zeiträume hin erzeugen. Jedoch wird die Illusion im Lauf der Zeit abnehmen, weil keiner Institution eine totale und dauerhafte Kontrolle erreichbar ist, und weil ein gewisses Maß der Kenntnisnahme anderer und fremder Werte unausweichlich bleibt. Wo totale Kontrolle und totale Isolation fehlen, sind experimentelle Versuche mit neuartigen Wegen der Kooperation und das Bewußtsein neuer geteilter Güter nicht zu verhindern. Deweys „Glaube an die Möglichkeiten der menschlichen Erfahrung“ ist sein Vertrauen auf die Neugier und den Mut der Menschen. Kein einziger Satz sozialer Güter oder Satz von Rechten, vor allem wenn diese nur für eine begrenzte Zahl von Menschen gelten, kann je als das Paradigma und die wahre Bestimmung menschlicher Existenz bestehen bleiben.

Die Unwahrscheinlichkeit (und die Unerwünschtheit) universaler Autorität scheint einen sozialen Relativismus als unausweichlich und endgültig zu stützen. Die Methode des Bezugs auf das schon immer a priori Gegebene erscheint zunächst geeignet, einen sozialen Relativismus zu verhindern, aber das, was „rational“ als das a priori Gegebene gewählt wird, ist am Ende nur eine Angelegenheit relativer Befriedigung, die auf den eigenen Vorurteilen beruht. Peirce und die anderen Pragmatisten hielten dagegen, daß die wissenschaftliche Methode die höchste Form der sozialen Intelligenz darstellt. Der Schlüssel zur wissenschaftlichen Methode ist der wissenschaftliche Begriff einer Sache, der aus all unseren Vorstellungen über die Folgen der betreffenden Sache auf die Erfahrung besteht. Deweys Theorie der Bewertung versteht Werte auf ähnliche Weise als Begriff der erfahrbaren Folgen bei der Arbeit an und dem erfolgreichen Erreichen eines Zieles. Die wissenschaftliche Konzeption einer Sache gestattet deren öffentliche empirische Erprobung und die objektive Verifikation ihres Wertes auf der Grundlage eines Handlungsplanes, dessen Durchführung und Resultate öffentlich verfolgt werden können. Während Peirce die Naturwissenschaft im engen Sinne, als ausschließlich mit dem Studium der Naturgesetze befaßte Angelegenheit auffaßte, erblickte Dewey die wissenschaftliche Methode in jeder Form sozialer Intelligenz, die Werte wissenschaftlich formuliert und überprüft.

Wissenschaftliche soziale Intelligenz erfordert, daß zwei Eigenschaften in einer Gesellschaft gegeben sind: Die Gesellschaft ist gegenüber sozialen Konflikten sensitiv, und die Gesellschaft läßt die öffentliche Untersuchung von Methoden der Konfliktlösung zu. Demokratie stellt Dewey zufolge die Lebensweise dar, in der beide Eigenschaften an den Tag gelegt werden. Demokratie ist ohne ein hinreichendes Maß von Sensitivität gegenüber den problematischen Erfahrungen großer Teile der Bevölkerung unmöglich, und Demokratie ist nicht möglich, wo die öffentliche Untersuchung möglicher Lösungen von Konflikten verhindert wird. Autoritäre und totalitäre Gesellschaften, die sich entweder auf die Methode der Autorität oder die Apriori-Methode verlassen, verfügen nicht über beide Eigenschaften. Nur eine Demokratie erwartet, daß diejenigen, die unter sozialen Problemen leiden, auch an der Untersuchung über mögliche Lösungen beteiligt werden und darüber befinden, ob die Versuche zu den vorgeschlagenen Lösungen erfolgreich sind. Soziale Intelligenz ist nur in einer Demokratie möglich. Das heißt auch, daß in einer Demokratie soziale Werte nicht als fixierte und endgültige bestehen, sondern nur als provisorische und fehlbare. Die sozialen Werte und Ideale einer Demokratie besitzen trotzdem eine objektiv natürliche Existenz, weil sie den sozialen Erfahrungen der Menschen innewohnen.

Deweys Vision der richtigen Funktion einer Demokratie beruht auf der Möglichkeit, daß geteilte Güter bewertet, wiederbewertet und in einem intelligenten und experimentellen sozialen Untersuchungsprozeß wechselseitig angepaßt werden können. Für eine intelligente Demokratie genügt die Meinungserhebung unter Individuen, die im Lichte ihrer subjektiven Wünsche eine Stimme abgeben, nicht. Demokratie muß statt dessen ein Prozeß der

Konfliktlösung in einer Gruppe im Licht der höchsten Ideale einer Gesellschaft sein. Demokratie ist die experimentelle Methode, angewandt auf die Frage: Wie kann eine Gemeinschaft die geteilte Erfahrung der Kooperation angesichts unausweichlicher Schwierigkeiten und Konflikte erhalten und ausdehnen? Die Gemeinschaft muß demokratische soziale Intelligenz auf jeden Aspekt ihres Lebens anwenden.

Jede Komponente oder Institution einer Gesellschaft, die demokratische Prinzipien nicht exemplifiziert, ist ein Hindernis der Erziehung und ein Hindernis der echten Demokratie.

„Die Idee der Demokratie ist eine weitere und reichere Vorstellung, als sie vom Staat selbst unter den besten Umständen exemplifiziert werden könnte. Ihre Verwirklichung muß alle Arten menschlicher Assoziation beeinflussen, die Familie, die Schule, Industrie und Religion. Und was die politischen Arrangements angeht, so stellen die Institutionen der Regierung nichts anderes dar als Mechanismen zur Sicherstellung von Kanälen wirksamer Operation für die Idee" („The Public and its Problems", 1927, LW 2, 325).

Erziehung ist für Demokratie wesentlich, weil sie den progressiven Aspekt demokratischer Problemlösung repräsentiert. Weil Erziehung für Demokratie wesentlich ist und weil Demokratie in der Gesellschaft eine durchgängig wirksame Kraft sein muß, müssen alle sozialen Institutionen die Erziehung stützen. Die politischen Institutionen einer Demokratie haben eine wichtige Rolle, was Werteuntersuchung und Konfliktlösung betrifft, aber Erziehung ist die Begründungs-Maschine der Demokratie.

„Ich glaube, daß die Verpflichtung der Gemeinschaft zur Erziehung deshalb deren größte moralische Pflicht ist. Durch Gesetze und Strafen, durch Propaganda und Diskussion kann eine Gesellschaft sich selbst regulieren und darauf hinarbeiten, sich auf eine mehr oder weniger zufallsabhängige Weise zu bilden. Aber über Erziehung vermag eine Gesellschaft ihre eigene Zielsetzung zu formulieren, sie kann ihre eigenen Mittel und Ressourcen organisieren und sich auf diesem Wege deutlich und effektiv selbst in die Richtung bilden, die ihr vorschwebt" (CREDO, Artikel 5, Abs. 6).

Dewey sprach sich für Demokratie am Arbeitsplatz aus, um die Problemlösungs-Kompetenzen der Arbeiter zu ihrem eigenen Besten wie zu dem der Arbeitgeber und der Gesellschaft als Ganzem freizusetzen. Dewey sprach sich für Demokratie bei der Kontrolle und Operation des Schulwesens aus, damit die Öffentlichkeit die Effektivität der Schulen evaluieren und verbessern konnte. Dewey sprach sich für Demokratie im Klassenzimmer aus, damit die Kinder kooperatives Problemlösen durch die Zusammenarbeit bei geteilten Tätigkeiten lernen, die das Nachdenken einschließen. Deweys soziale Philosophie ist eine Philosophie der Demokratie und muß deshalb eine Philosophie der Erziehung sein.

Literatur

Bittner, Stefan: German Readers of Dewey – before 1933 and after 1945. In: Jürgen Oelkers and Heinz Rhyn (eds.), Dewey and European Education: General Problems and Case Studies. Dordrecht: Kluwer 2000, 83-108.

Caspary, William R.: Dewey on Democracy. Ithaca, N.Y.: Cornell University Press 2000

Eldridge, Michael: Transforming Experience: John Dewey's Cultural Instrumentalism. Nashville: Vanderbilt University Press 1998.

Fott, David: John Dewey. Philosopher of Democracy. Lanham: Rowman and Littlefield 1998

Fishman, Stephen and Lucille McCarthy: John Dewey and the Challenge of Classroom Practice. New York: Teachers College Press 1998.

Garrison, James: Dewey and Eros. Wisdom and Desire in the Art of Teaching. New York: Teachers College Press 1997.

Garrison, James, ed.: The New Scholarship on Dewey. Dordrecht: Kluwer 1995.

Gonon, Philipp: Education, not Democracy? The Apolitical Dewey. In: Jürgen Oelkers and Heinz Rhyn (eds.), Dewey and European Education: General Problems and Case Studies. Dordrecht: Kluwer 2000, 141-157.

Hahn, Hans J.: Education and Society in Germany. Oxford /New York: Berg 1998.

Hickman, Larry: John Dewey's Pragmatic Technology. Bloomington: Indiana University Press 1992.

Oelkers, Jürgen: Democracy and Education: About the Future of a Problem. In: Jürgen Oelkers and Heinz Rhyn (eds.), Dewey and European Education: General Problems and Case Studies. Dordrecht: Kluwer 2000, 3-19.

Rockefeller, Steven: John Dewey. Religious Faith and Democratic Humanism. New York: Columbia University Press 1991.

Shook, John R.: Dewey's Empirical Theory of Knowledge and Reality. Nashville: Vanderbilt University Press 2000.

Westbrook, Robert: John Dewey and American Democracy. Ithaca, N.Y.: Cornell University Press 1991.

Helmut Schreier

Die Utopie der Großen Gemeinschaft und die Funktion der Schule

Zwei Motive treten in Deweys Credo hervor, wenn es statthaft ist, die Metapher einer Komposition auf diesen kurzen Text anzuwenden, nämlich die Motive „Gemeinschaft" und „Gegenwart", wobei „Gemeinschaft" als das Hauptmotiv erscheint, die Betonung des Gegenwärtigen ist als Entfaltung des Gemeinschaftsmotivs interpretierbar.

Schon die erste Aussage des Credos spielt auf das Gemeinschaftsmotiv in programmatischer Formulierung an: Es geht um „die Teilhabe des einzelnen am sozialen Bewußtsein der Menschheit", und diese Teilhabe entfaltet sich von der Geburt an in einem Vorgang, den wir in psychologischer und soziologischer Hinsicht zu begreifen suchen; ihr entspricht die zusammenfassende Aussage über Erziehung am Ende dieses ersten von den fünf Artikeln des Credos: Das Individuum ist ein soziales Wesen, die Gesellschaft „eine organische Verbindung von Individuen". Diese Melodie wird im zweiten Artikel mächtig ausgespielt: Schule repräsentiert die Quintessenz des Gemeinschaftslebens, sie ist Element und Kulmination der Sozialität, ist deren institutionalisierte Vermittlung. Das gegenwärtige Leben der Schulgemeinschaft veranlaßt und bildet, worum sich alles andere dreht – Lernen, Stoff und Methode, Lehrerrolle, Disziplin und Notengebung. Die Artikel drei (Inhalt und Stoff der Erziehung) und vier (Die Natur der Methode) variieren das Leitmotiv des sozialen Lebens in der Gemeinschaft und fügen Details hinzu. Im Artikel fünf enthüllt Dewey seine Vorstellung von der Schulgemeinschaft als Kern und Kristallisationspunkt des Projekts des Fortschritts im Sinne einer gesellschaftlichen Rekonstruktion und der „richtigen sozialen Ordnung".[1] Er skiz-

---

1 Deweys Ausdrücke das „richtige soziale Leben" (the proper social life), „die richtige soziale Ordnung" (proper social order) und „das richtige soziale Wachstum" (the right social growth) scheinen dem Ausdruck „the right mind" analog zu sein, der in der Parabel vom Ochsenberg des Meng Tzu aus dem vierten bis dritten Jh. v. Chr. auftaucht. Der Vergleich zeigt die Gleichsinnigkeit der Grundidee: Dewey geht von der Möglichkeit aus, das „richtige soziale Leben" gewissermaßen mit den Bordmitteln der Fähigkeiten einzurichten, über

ziert damit die Schlüssel-Funktion der Schule für sämtliche sozialen Agenturen.

Die Frage ist, wie weit diese Sichtweise in der gegenwärtigen Situation berechtigt erscheint, wenn die Berechtigung einer Vision mit deren Relevanz für die gegebene Lage zusammenhängt: Was nützt die Idee unter den herrschenden Umständen? Der Versuch einer Antwort wäre der Fragestellung unangemessen, wenn die Schule mit ihren schulentwicklungsbezogenen, organisatorischen, curricularen, didaktischen und methodischen Aspekten als in sich geschlossenes Universum betrachtet würde. Ihre Funktion im Zusammenhang des gesellschaftlichen Ganzen bei deren Betrachtung abtrennen, hieße, die Überlegungen zur leeren Übung zu machen. Das sogenannte Schulleben beispielsweise mit seinen Versammlungen, Festen und Feiern mag ein noch so geeignetes Mittel sein, um einen *esprit de corps*, ein Zusammengehörigkeitsgefühl zu schaffen, das den Unterricht erleichtert und das Zusammenspiel des Kollegiums mit der Elternschaft erquicklicher werden läßt: Es bleibt für sich genommen eine von der weiteren sozialen Umwelt isolierte Angelegenheit, die vor allem dem Eigenleben der Schulgemeinde dient. Dewey hatte mehr und anderes im Auge. Ihm ging es um den Zusammenhang zwischen der Schulgemeinschaft und einer allmählich herbeizuführenden assoziierten Lebensform mit den Grundzügen einer partizipatorischen Demokratie.

Das Wort „Gemeinschaft" ist der vielleicht wichtigste Schlüssel zum Verständnis der Philosophie Deweys überhaupt.[2] Westbrooks Untersuchung

---

die die Leute selber verfügen. Interessant ist die Analogie vor allem unter Berücksichtigung des Kontextes: Meng Tzu vertrat gegenüber den sogenannten Legalisten im alten China, die in der Bevölkerung nur eine unselbständige und bösartige Masse sahen, eine Auslegung des Konfuzius, die von der eingeborenen guten Natur der Menschen ausgeht. In Übereinstimmung mit den Tendenzen des Universums, die durch die Kräfte des Nachtwindes immer wieder hervorgerufen werden, entwickeln Menschen den „rechten Sinn", der mit ihrer Kraft zu lieben korrespondiert. Im Zusammenleben in der Gesellschaft wird diese Kraft strapaziert, in den Aktionen des Alltags geht sie verloren, und der rechte Sinn droht abhanden zu kommen, kann aber durch beharrliche Mühen kultiviert werden (vgl. Merton 1989).

2 Das Wort „Erfahrung" (Experience), mit dem Dewey die beeinflußbare Wirklichkeit der gesellschaftlichen Interaktion und der Transaktionen mit der Natur bezeichnete, wird häufiger zur Charakterisierung des Deweyschen Instrumentalismus verwendet, so von Michael Eldridge in seiner Darstellung „Transforming Experience" (1995) oder von mir in der Einführung und Sammlung „Erziehung durch und für Erfahrung" (1986). Es steht auch im

(1991) von Deweys Verhältnis zur amerikanischen Demokratie beispielsweise kreist um Deweys Konzept der „Great Community“, das Westbrook bezeichnenderweise im Epilog seiner häufig zitierten und in Rezensionen gepriesenen Darstellung[3] als unabgegoltenen Anspruch des „Promised Land“ hervorhebt, also mit einem Zitat einer der für Dewey typischen religiösen oder quasi religiösen Wendungen: Das Land der Verheißung ist die Große Gemeinschaft.

Es zeigt sich, daß die Frage nach der Berechtigung oder Aktualität von Deweys Vorstellung zur Rolle der Schule von der Frage nicht zu trennen ist, wie weit Deweys Gemeinschafts-Utopie überhaupt noch vertretbar erscheint. Zwischen der ersten Publikation seines Credos im Jahre 1897 und den im vorliegenden Buch mehr als hundert Jahre später vorgetragenen Überlegungen liegt ja ein Zeitraum, in dem ein noch größeres Maß an Hoffnungen, Erwartungen, Träume und Pläne zuschanden geworden ist als in anderen Jahrhunderten. Die Spuren des Prozesses der Desillusionierung sind dem geistigen Leben der Gegenwart eingeschrieben.

Zweifel an der Möglichkeit von Gemeinschaft und Skepsis gegenüber der Möglichkeit von Fortschritt

Zumal in Deutschland ruft das Wort „Gemeinschaft“, sobald es ausgesprochen wird, eine Art Geisterspuk hervor. Es sind die Gespenster der „Vernutzung“ (Adorno) oder der „entehrten Begriffe“ (Horkheimer), von denen wir heimgesucht werden. Soll man deshalb besser auf den Gebrauch des Wortes verzichten?[4] „Community“ ist zwar kaum anders als mit dem Wort „Gemein-

---

Zentrum der ausführlichen Erörterung von Fritz Bohnsack (1976), deren erneute Lektüre im übrigen (vor allem, was das abschließende Kapitel angeht) die Fixierung des westdeutschen pädagogischen Diskurses der siebziger Jahre auf Spielarten der marxistischen Argumentation vor Augen führt, die nur eine Generation später in verblüffendem Ausmaß an Wert und Interesse verloren haben. Dewey selbst hat das Wort „experience“ in einer Reihe seiner Buchtitel angeführt. Die Ubiquität des Wortes wird allerdings durch den Mangel an Spezifität erkauft, im Vergleich scheint mir das Wort „Gemeinschaft“ ein kontroverseres und damit „grenzstärkeres“ Profil aufzuweisen.

3 Etwa Rorty 1991, Miller 1991, Oelkers 2000.

4 Wie der Basler Philosoph Henning Ottmann 1993 in der „Süddeutschen Zeitung“ persiflierend meint, rufe die bloße Nennung des Wortes „Gemeinschaft“ in Deutschland so et-

schaft“ ins Deutsche zu übersetzen, kann aber durch Umschreibungen wie „Gemeinsamkeit“ (Bohnsack) umgangen oder durch Relativierungen wie den bekannten, auf Tönnies zurückgeführten Unterschied zwischen „Gemeinschaft“ und „Gesellschaft“[5] gewissermaßen verwischt werden.

Möglicherweise könnte man sich auch auf den Gebrauch einer anderen, weniger belastet erscheinenden Vokabel verständigen, um einen ähnlichen Bedeutungsgehalt zu fassen, etwa „assoziiertes Leben“, ein Wort, das Dewey selbst öfters gebraucht hat, oder auch eine Konstruktion im Umfeld des häufiger als Etikett für eine bestimmte sozialtheoretische Auffassung verwandten ungeschlachten Ausdrucks „Kommunitarismus“ – im Sinne von Aussagen wie „Michael Walzer ist ein Kommunitarier“, oder „Robert Bellahs Buch ‚Gewohnheiten des Herzens‘ ist ein Beispiel für die kommunitaristische Sicht der Gesellschaft“. Aber es geht um mehr als den Austausch von Vokabeln, die Skepsis richtet sich genaugenommen auf die Möglichkeit des Zustandekommens einer Sache wie Gemeinschaft – unter welcher Bezeichnung sie auch immer ins Gespräch gebracht wird – inmitten der modernen Industriegesellschaft (möglicherweise noch verstärkt durch sogenannte postmoderne Tendenzen). Die unausgesprochene Frage, ob eine Form des Gemeinschaftslebens, welche nicht durch Propaganda usw. als Mittel zur Ausbeutung der Bevölkerung in Dienst genommen wird, unter den gegebenen Umständen überhaupt vorstellbar sei, ist nicht entschieden, und Skepsis erscheint jedenfalls angebracht.[6]

---

was wie einen Pawlowschen Reflex hervor, „den sofortigen Hinweis auf die Mißbrauchsgefahr, den schon geschehenen und wieder möglichen Mißbrauch, die Gefährdung der Freiheit durch die Erzeugung neuer-alter Integrations-Ideologie“ (Süddeutsche Zeitung, 20./21. Februar 1993).

5 Ferdinand Tönnies unterschied in „Gemeinschaft und Gesellschaft“ (1887) idealtypisch zwischen solchen Gruppen, deren Ziel in der gefühlsbetonten Beziehung der Gruppenmitglieder zueinander liegt („Gemeinschaften“) und solchen, die nach außen auf rational geregelte Weise gemeinsame Interessen verfolgen („Gesellschaften“); er postulierte im Verlauf der sozialen Entwicklung einen Bedeutungszuwachs der letzteren auf Kosten der ersteren. Wer die Unterscheidung zitiert, könnte unausgesprochen auf das Urteil von Tönnies anspielen, dem zufolge Gemeinschaften eher die Vergangenheit, Gesellschaften eher das soziale Leben der Zukunft bestimmen.

6 In seinem kurzen und tiefgründigen Beitrag zur Festschrift zu Deweys achtzigstem Geburtstag (Schilpp 1939) gibt Whitehead eine Bemerkung über die Rolle der Philosophie, die als ein „Abenteuer“ neue Horizonte erschließe, welche in der Folge von Skeptikern und

Mißtrauen gegenüber der Gemeinschafts-Idee ist zumal im pädagogischen Raum angesichts der deutschen historischen Erfahrung begründet. „Gemeinschaft" war eines der „magischen Wörter" der Weimarer Zeit. Heimatliebe, Deutschtum und Gemeinschaftsgesinnung bildeten damals eine Triade wechselseitiger Anspielungen und Abhängigkeiten im pädagogischen Diskurs, und der anschließende Wechsel zur Nazi-Ideologie erschien vielen nur folgerichtig.[7] Der Zynismus der Bio-Politik des Hitler-Staates gegen die eigene Bevölkerung trat schon vor dem Krieg zutage – man denke an die von Goebbels so bezeichnete „Reichskristallnacht" am 9. November 1938 –, enthüllte sich aber den meisten erst im Lauf der Eskalation von Vorgängen, zu deren Komplizen sie inzwischen geworden waren: Krieg und Holokaust[8] als deutsche Projekte, als Extensionen eines Pseudo-Gemeinschaftslebens, dessen Ziele den einzelnen durch Propaganda und Gruppenzwang gestellt wurden.

Die Skepsis gegenüber der Gemeinschafts-Idee in der zweiten Hälfte des zwanzigsten Jahrhunderts erweist sich unter dem Blickwinkel dieser Erfah-

---

Dogmatikern festgeschrieben werden, so daß ein weiterer Fortschritt des Denkens zunächst verhindert wird: „At this moment scientists and sceptics are the leading dogmatists. Advance in detail is admitted: fundamental novelty is barred. This dogmatic common sense is the death of philosophic adventure. The Universe is vast" (Whitehead 478).

7 Margareta Götz hat in ihrer Abhandlung (1989) den Schwall von Gemeinschaftsphrasen in der pädagogischen Literatur der zwanziger Jahre im einzelnen beschrieben: „Heimatgemeinschaft", „Lebensgemeinschaft" und „Volksgemeinschaft" wurden von damals offenbar maßgeblichen Pädagogen wie Hauptmann, Tecklenburg, Augst propagiert. Hier trifft die Gegenüberstellung zwischen den Ideen einer „romantischen Gemeinschaft" und einer „liberalen Gesellschaft" am ehesten zu, die Jürgen Oelkers (1993) als Grundmuster seiner Kritik deutscher Pädagogik anführt. In seinem Nachwort zur Neuauflage von Deweys „Demokratie und Erziehung" zeigt Oelkers zwar, daß er Dewey eher als Vertreter der „liberalen Gesellschafts-Idee" wahrnimmt, geht aber nicht auf die Tatsache ein, daß Dewey selbst dem Wort „Gemeinschaft" in einem „romantischen" Sinn den Vorzug vor der Wendung „liberale Gesellschaft" gibt. Meines Erachtens hätte Dewey mit dieser Wendung wenig verbinden können, das seiner Vision einer „Großen Gemeinschaft" nahegekommen wäre.

8 „Holokaust" ist ein griechisches Wort, das ursprünglich „vollkommen verbrannt" heißt und auf ein entsprechendes Brandopfer angewandt wurde. Die Übertragung als Bezeichnung des Vorgangs der Vernichtung der europäischen Juden in den Jahren 1941–45 ist auf Elie Wiesel zurückzuführen, der im amerikanischen Kontext zuerst in den frühen fünfziger Jahren das Wort „Holocaust" gebrauchte; im Griechischen ist der Buchstabe „c" nicht vorhanden, die Schreibweise „Holokaust" erscheint im Deutschen angemessen.

rung als Symptom der Abneigung gegen die mit ihr verbundene Fortschritts-Idee. Theodor Adorno formulierte 1966 den programmatischen Satz: „Die Forderung, daß Auschwitz nicht noch einmal sei, ist die allererste an Erziehung" (1966). Damit ist ein Thema angeschlagen worden, das in der deutschen Pädagogik dauerhaft wirksam blieb, auch wenn es nicht als beherrschend gelten kann. Verglichen mit den Fortschritts-Erwartungen, die seit den Zeiten der Aufklärung mit dem Erziehungsgeschäft verbunden worden sind, erscheint Adornos Programm eher bescheiden, ja als eine Art Umkehr der Blickrichtung: Statt die guten Kräfte der Menschen freizusetzen, begnügt es sich mit dem Versuch, ihre destruktiven Kräfte zu binden.

Ich habe an anderer Stelle und in anderem Zusammenhang gezeigt, wie durch den Holokaust nicht nur das in Frage gestellt worden ist, was Habermas als „das Projekt der Moderne" bezeichnet, sondern vor allem auch das dem Fortschrittsgedanken verpflichtete erzieherische Denken, also die Hoffnung, mit Hilfe des öffentlichen Erziehungswesens eine grundsätzliche Verbesserung menschlicher Verhältnisse herbeiführen zu können (Schreier 1995). Die Gründungsurkunde des modernen Schulwesens ist im Zeitalter der Aufklärung ausgestellt worden. Sie verpflichtet Pädagogik auf die Idee des Fortschritts. Unter dem damit vermittelten Blickwinkel, der das pädagogische Denken der westlichen Industriegesellschaften prägt, erscheint Auschwitz als Rückfall der Zivilisation in die Barbarei, als „Zivilisationsbruch". Ein durch den Fortschritt überwundener Zustand wird durch eine unglückliche Verkettung unglücklicher Umstände auf gleichsam atavistische Weise wieder hervorgerufen. Aber dieser Erklärungsansatz erscheint doch bei Lichte betrachtet unzureichend. Ist es nicht gerade die Anwendung der Mittel des Fortschritts – des wissenschaftlichen und technischen Fortschritts, der fortschrittlichen Methoden von Planung und Management in Wirtschaft und Verwaltung –, was als das Markenzeichen dieses Genozids stehen kann und ihn als planvolles Projekt etwa von den Pogromen des Mittelalters unterscheidet? Sobald die „fortschrittsgebundene" Seite des Holokaust in den Blick gerät – muß nicht auch ein Schatten auf den Glauben fallen, daß die fortschreitende Entwicklung der Potentiale von Wissenschaft, Technik usw. mit Notwendigkeit zur Heraufführung einer gerechteren, menschlicheren Gesellschaft beitragen werde? Das „Projekt der Moderne" könnte, wie es von einigen philosophischen Vertretern der „Postmoderne" in Frankreich behauptet wird, sein

Ende in Auschwitz gefunden haben. Derartige Zweifel können das Erziehungsgeschäft nicht unberührt lassen, da es sich unausgesprochen als Subunternehmen des Projekts der Moderne versteht. Ist nicht auch das Erziehungswesen in dem Maße, in dem der Gedanke des Fortschritts selber in Auschwitz an seine Grenzen gelangt ist, zu einer fragwürdigen Angelegenheit geworden?

Die Zuspitzung auf den Holokaust ist gemäß dieser Argumentationslinie eine Form, die Möglichkeit des Fortschritts durch Erziehung in Frage zu stellen, wie sie in Europa und zumal in Deutschland naheliegt. Das Beispiel läuft in unserem Zusammenhang auf eine bestimmte Frage hinaus: Dewey als Hauptvertreter einer stets optimistisch auf eine verbesserbare Zukunft gerichteten Vorstellung – ist er nicht einem naiven Fortschrittsglauben aufgesessen? Wird seine Erziehungsphilosophie im Zuge der Anwendung von Skepsis gegenüber dem Fortschrittsglauben nicht zu einer überholten und nicht recht ernst zu nehmenden Angelegenheit?

Der Erhalt der Möglichkeit von Fortschritt

Dewey selbst hat die Frage nach der Möglichkeit des Fortschritts in einer zynischen Welt angesprochen und im Zusammenhang mit der Wissenschaftskritik diskutiert, die sich unter den Intellektuellen Amerikas nach dem Abwurf der Atombomben auf Hiroshima und Nagasaki auszubreiten begann – in einer geistigen Situation, die durch Skepsis geprägt und durch moralische Argumentationsmuster bezeichnet war, nicht ohne Parallele zu der Reaktion der europäischen Intellektuellen auf Auschwitz. In der Einleitung zur Neuauflage von „Reconstruction in Philosophy“ wiederholt er im Jahre 1948 auf konzise Weise als Gegenargument eine Überlegung, die er bei früheren Gelegenheiten umrissen und entwickelt hatte:

Daß Naturwissenschaft und Technik für zerstörerische und menschenfeindliche Zwecke eingesetzt werden, ist ein untaugliches Argument gegen die Fortschrittshypothese. Es beweist weder die angeborene Bosheit des menschlichen Wesens, das deshalb auf Lenkung durch übergeordnete Autoritäten angewiesen bliebe (die, so wird von deren Vertretern jedenfalls unterstellt, über den Zugang zu zeitlosen Wahrheiten, Einsichten usw. verfügen), noch beweist es die prinzipielle Menschenfeindlichkeit von Naturwissenschaft und

Technik. Sobald man den Kontext dieser besonderen technischen Entwicklungen berücksichtigt – den Krieg –, wird deutlich, daß deren Einsatz durch überkommene Motive determiniert wurde, welche als Restbestände von Weltbildern und Weltverhältnissen gerade den dunklen, vom wissenschaftlichen Blick noch nicht erfaßten Teil des menschlichen Zusammenlebens repräsentieren. (Auf den Holokaust angewandt besagt dies Argument, daß Vorgänge, die manchmal als „Rückfall in die Barbarei" bezeichnet werden, darauf hindeuten, daß die „barbarischen" Verhaltensmuster als Dispositionen stets und immer noch vorhanden sind und innerhalb des Universums der verfügbaren politischen Optionen so lange abgerufen werden können, wie die komplexen Angelegenheiten des sozialen Lebens nicht mit Hilfe von Vernunft und Wissenschaft in einen Zustand höherer Ordnung überführt sind.)

Es ist die Aufgabe der Philosophie, die Anwendung dieses forschenden Blickes auf die unerforschte Seite des sozialen Lebens zu ermöglichen, indem sie die Konstruktion theoretischer Systeme durch die Formulierung von Hypothesen mittlerer Reichweite ersetzt und also den experimentellen Zugang zur Erkenntnis der sozialen Welt erleichtert.

Unsicherheiten, tastende Versuche, Probeläufe und vorsichtige Annahmen gehören im übrigen zum Inventar des Universums, die Natur selbst ist nicht frei von analogen Mustern und Formen, es gibt in ihr keine Erscheinung, der wir nach allem, was herausgefunden wurde, ewigen Bestand zusprechen könnten. Die Unsicherheiten und Ungewißheiten der menschlichen Existenz können nicht durch die Anbindung oder „Rückversicherung" an „höhere", überzeitlich wirksame Mächte und Größen überwunden werden. Die uns verfügbaren Mittel bestehen in genau dem, womit die Spezies bisher überlebt, ihr Leben gefristet und hier und da mit Freude gelebt hat: Erfahrung, Vorsicht, Geschick der Hände, Überlegung, Sorgfalt, Kommunikation, Erinnerung – allesamt Verhaltensmuster, die in der wissenschaftlichen Methode zusammenwirken und im Teilbereich der Naturwissenschaften jedenfalls zu einem machtvollen Instrument geworden sind. Das ist ein Indiz für die guten Chancen einer Anwendung analoger Sorgfalt im Rahmen sozialwissenschaftlicher und moralischer Zusammenhänge, es bedeutet aber nicht die Übertragbarkeit naturwissenschaftlicher Vorgehensweisen auf diese komplexen und zutiefst menschlichen Erscheinungen.

Deweys Fortschritt ist also nicht eine Extrapolation bestehender technischer Entwicklungen im Sinne einer technischen Utopie oder einer Science-Fiction-Erzählung. Was ihm vorschwebte, war die Freisetzung der Kräfte der Menschen zum Zwecke der Anwendung menschlicher Intelligenz in den kommenden Situationen mit ihren vielfältigen, verwickelten, subtilen Problemen. Der einzelne sollte in Stand geraten, durch die lernende Auseinandersetzung mit dem „investierten Kapital der Zivilisation", im freien Fluß des Austauschs mit anderen die Anwendung von Intelligenz zu praktizieren. Die Katastrophen des zwanzigsten Jahrhunderts zeigen, wie weit die Entwicklung von einer Form des Zusammenlebens entfernt ist, die der Utopie Deweys nahekommt. Auschwitz oder Hiroshima sind als Gegenbeispiele zur Möglichkeit seiner Idee einer „Großen Gemeinschaft" ungeeignet, denn die Anwendung der modernsten Verwaltungsmittel oder der technischen Spaltung des Atomkerns können nicht als repräsentativ für den Fortschritt Deweyscher Prägung in die Diskussion eingeführt werden. Die Entwicklung dieser Mittel ist vielmehr Teil einer Herrschaftsgeschichte, in der die Bevölkerung von der Teilhabe an der Entwicklung der Zwecksetzungen und Mittel, ja der eigenen Interessen ausgeschlossen blieb, die den Gang der Dinge bestimmen. Der Anspruch des Fortschritts Deweyscher Prägung ist noch völlig unabgegolten.

Eine der Formeln, auf die Deweys Philosophie in der historischen Darstellung gebracht wurde, ist die der Intellektualisierung von Praxis, also die Entfaltung und Verknüpfung der in der Erfahrung gegebenen Verbindungsmöglichkeiten.[9] Aber solchermaßen „intelligentes Handeln" ist nicht auf den einzelnen und seine Probleme bezogen, sondern geht stets von der sozialen Situation aus: Intelligentes Handeln setzt insofern ein assoziatives Gebilde voraus, dessen Mitglieder miteinander kooperieren. Insofern, als die Entbin-

[9] Michael Eldridge hebt in seiner polemischen Apologie der Philosophie Deweys, Transforming Experience. John Dewey's Cultural Instrumentalism (1998) die Intellektualisierung von Praxis als Essenz hervor. Er gibt zur Kennzeichnung des „Projektes Deweys" eine Anekdote wieder, bei der Dewey sich gegen die Kennzeichnung seiner Philosophie anläßlich seines achtzigsten Geburtstages durch den langjährigen Kollegen Montague zur Wehr setzte. Montague hatte gesagt, daß Dewey sich ein Leben lang darum bemühte, die Intelligenz praktisch zu machen. Dewey antwortete, es sei ihm im Gegenteil immer darum gegangen, die Praxis intelligent zu machen (Eldridge 5).

dung der Intelligenz für Dewey weniger von den einzelnen für sich als von den einzelnen als Teil eines sozialen Zusammenhangs abhängt, zielt das Projekt Deweys zunächst auf die Herstellung von Gemeinschaft. Insofern, als assoziiertes, partizipatorisches Sozialleben von Dewey auch als Übung der gemeinsamen Entfaltung und Anwendung von Intelligenz im Handeln beschrieben wird, mag es allerdings um eine Tautologie gehen, eine der vielen Medaillen mit zwei Seiten, die Dewey genannt hat, und der jeweilige Akzent der Darstellung seiner Philosophie gewinnt eher didaktische als konzeptionelle Bedeutung.

Es ist wichtig, den melioristischen Charakter von Deweys Fortschrittsvorstellung zu berücksichtigen: die graduelle Verbesserung der Situation nach Maßgabe dessen, was von denen als wünschenswert identifiziert worden ist, die an der Situation beteiligt, die in die zehntausend kleinen Situationen verwickelt sind. Der Meliorismus zielt nicht darauf ab, gewissermaßen mit einem Schlage perfekte Verhältnisse einzurichten, sondern auf die Anwendung von Intelligenz in einer gegebenen Problemlage zum Zwecke der Überwindung der Probleme, der Verbesserung der Lage usw.

> „Der Fortschritt", erklärte Dewey in China, „geschieht weder automatisch noch mit einem Schlag. Er geht kumulativ vor, ein Schritt nach vorn hier, ein bißchen Verbesserung da. Dies geschieht Tag für Tag, und zwar als Ergebnis der Art und Weise, in der sich einzelne Personen mit jeweils besonderen Situationen auseinandersetzen; es ist ein schrittweises Fortschreiten im Zuge des menschlichen Bemühens, hier etwas zu reparieren, da etwas zu verändern und dort einen kleinen Austausch vorzunehmen. Fortschritt ist Einzelhandel, kein Großhandel. Er wird stückchenweise geliefert oder er kommt andernfalls überhaupt nicht" (Lectures in China, 62, übers. H. S.).

Deweys Meliorismus entspringt nicht etwa einem Mangel an kühner Vorstellungskraft oder einer gewissen Verzagtheit angesichts der Aufgabe, die Lösung sämtlicher Probleme mit Hilfe einer Problemlösungs-Weltformel nach Art des Marxismus in Angriff zu nehmen, sondern aus der Einsicht, daß die gegebene Lage die Grenzen dessen bestimmt, was als Problem in den Horizont der Betroffenen tritt, und daß sie allein in der Position sind, das Wünschenswerte zu identifizieren und als erreichbares Ziel (*end-in-view)* zu formulieren. Deweys Vision ist zwar utopisch im Sinne der Skizze eines wünschenswerten gesellschaftlichen Zustandes, der nirgendwo gegeben ist, sie betrifft aber nicht Verhältnisse, die nur durch die Umwälzung alles Vorhandenen erreichbar wären oder jenseits des uns sichtbaren Horizonts lägen. Und sein Schrittchen-für-Schrittchen-Fortschritt kommt nicht von selber als Automatismus (etwa im Sinne einer Hegelschen „List der Vernunft") zustande, sondern durch die Absicht und Mühe, die Menschen auf seine Herbeiführung verwenden. Dewey erinnert uns daran, daß wir Spuren hinterlassen werden, so wie die, die vor uns da waren, Spuren hinterlassen haben. Wollte man den Fortschrittsglauben Deweys als Imperativ ausdrücken, so wäre vielleicht folgende Formulierung angemessen: Überlegt euch mit Sorgfalt, in welche Richtung ihr geht!

Daß die „richtige" Richtung das assoziierte Leben in Form einer partizipatorischen Demokratie ermöglichte, war Deweys „Botschaft". Er hat sie im Credo vertreten und im Lauf seines langen Lebens in der Philosophie entfaltet und in Projekten an verschiedenen Facetten der Öffentlichkeit exemplifiziert.

Demokratie und Gemeinschaft

In „Demokratie und Erziehung" (1916) hatte Dewey seinen Demokratie-Begriff als moralische Größe entwickelt:

„Eine Demokratie", schreibt er an einer bezeichnenden Passage, „ist mehr als eine Regierungsform; sie ist vor allem die assoziierte Lebensweise miteinander verbundener und kommunikativer Erfahrungen. Die räumliche Erweiterung der Zahl von Individuen, die an einem Interesse so teilhaben, daß jeder von ihnen seine eigene Handlung mit der von anderen in Bezug setzen muß und die Handlungen der anderen so zu sehen hat, daß diese seinem eigenen Handeln Richtung und Sinn verleihen, ist das Äquivalent der Beseitigung von Klassenschranken und Grenzen zwischen Nationen und Rassen, die Menschen daran hindern, die volle Bedeutung ihres Tuns wahrzunehmen. Die zahlreicheren und verschiedenartigeren Kontakte bezeichnen die größere Zahl der Stimuli, auf die der einzelne antworten muß; damit fördern sie ein breites Spektrum an Handlungsvarianten. Sie stellen sicher, daß diejenigen Kräfte freigesetzt werden, die unter einer lediglich partiellen Handlungsanregung unterdrückt bleiben, wie es in einer Gruppe der Fall ist, deren Exklusivität viele Interessen ausschließt" (Democracy and Education, 93, übers. H. S.).

Im Kapitel 7, das die „Demokratische Konzeption von Erziehung" darstellt, nennt er zwei Faktoren, die das bewirken, was er als „Demokratie" bezeichnet: den freien, nicht durch Herrschaftsansprüche und Klassenschranken behinderten Austausch zwischen den Mitgliedern einer Gruppe und eine

Tendenz zur Expansion oder zum Einbezug immer weiterer Kreise und Gruppen, die nicht als Fremde ausgegrenzt, sondern als Mitglieder der Menschheit einbezogen werden.[10]

Im Hinblick auf unser Interesse, Deweys Gemeinschafts-Idee zu prüfen, stellen seine Publikationen aus den zwanziger Jahren eine besonders aufschlußreiche Quelle dar.[11] Dewey war damals im siebten Jahrzehnt seines Lebens; der Erste Weltkrieg, den er als „Krieg, um alle Kriege zu beenden" nach anfänglichem Zögern als Parteigänger Präsident Wilsons unterstützt hatte, erschien im Lichte der Nachkriegsereignisse zunehmend als Summe zynischer und höchst menschenverachtender Vorgänge, und Dewey widmete einen Teil seiner Energien der Unterstützung des *Outlawry of War-Movement*, einer Bewegung zur Erklärung der juristischen Unrechtmäßigkeit von Kriegen.[12]

Innerhalb dieser Bewegung nahm Dewey gewissermaßen die Rolle des Cheftheoretikers ein, der die Angriffe von Journalisten und Wissenschaftlern abwehrte, die meist auf den Vorwurf der Naivität hinausliefen. Darüber hinaus verfolgte Dewey mit seinem Engagement auch eine eigene typische Agenda: Für ihn war *Outlawry* ein Hebel, um partizipatorische Demokratie zu

---

10 Ähnlich faßt Sidney Hook Deweys Kriterien der Demokratie zusammen: „The criteria are twofold – the degree of shared interests within the society and the freedom to develop new interests, both common and personal" (Hook, Introduction 1985, xi). Hook stellt in diesem Zusammenhang einen wesentlichen Unterschied von Deweys Idee einer partizipatorischen zur Staatsform der weithin praktizierten repräsentativen Demokratie heraus: Dewey habe das Recht der Mehrheit auf Herrschaft nie anerkannt. Er sei eher vom Bild einer Familie mit Kindern ganz unterschiedlicher „Begabung" und Neigung ausgegangen: Jede einzelne Person zähle moralisch für sich allein und für niemanden sonst. Der Wert von Mehrheitsbeschlüssen bleibe nach diesem Bilde an die Berücksichtigung der Interessen von Minderheiten gebunden.

11 Bei meiner Skizze dieser besonders interessanten Phase aus Deweys Leben und Werk bin ich Westbrooks Darstellung (1991) verpflichtet, vor allem dem Kapitel „Toward the Great Community (1918-1929)", pp. 229-373.

12 Das erste und fundamentale der drei (nach Dewey: vier) Ziele der Bewegung lautete: „That war be outlawed and declared a crime, under the law of nations, and that its use as a means of settlement of disputes be abolished" (vgl. Westbrook 263). Ziel der Bewegung war nicht die Abschaffung des Krieges, sondern – in Analogie zu den Gesetzen, die eine Strafe gegen Kapitalverbrechen festsetzen, ohne diese Verbrechen damit aus der Welt schaffen zu können – der Entzug der legalen Anerkennung von Kriegen als erster Schritt auf dem Wege zur Vermeidung von deren immer wieder erklärter „Unvermeidlichkeit".

etablieren. Er ging davon aus, daß in den Bevölkerungen der Länder der Welt eine tiefe Abneigung gegen Kriege herrschte – eine „Gemeinschaft moralischen Abscheus" –, die von den jeweiligen Kriegsinteressenten nur durch eine aufwendige Propaganda-Maschinerie überlagert werden konnte. Dewey hoffte, daß es möglich sein müsse, die Verhältnisse von dem gemeinsamen Interesse der Leute gegen Kriegführung her aufzurollen, vorausgesetzt, die Ungesetzlichkeit des Krieges werde von demokratischen Öffentlichkeiten – etwa über Plebiszit – zu deren eigener Angelegenheit gemacht. Die Mittel, um die Ungesetzlichkeit von Kriegen durchzusetzen, entsprachen den Mitteln zur Förderung eines demokratischen Bildungsprozesses, und der Zweck – die Rechtsentscheidungen einer einzurichtenden übergeordneten juristischen Körperschaft – würde wiederum die Mittel im Sinne der Ausbreitung von Demokratisierungsprozessen fördern.[13]

Die zwanziger Jahre hatten für Dewey und seine Familie mit einem zweijährigen Aufenthalt in China begonnen, das damals unter Kolonialmächten und korrupten Kriegsherren aufgeteilt war und dessen Intellektuelle den amerikanischen Pragmatisten als Träger ihrer Hoffnung auf eine bessere Zukunft enthusiastisch begrüßten. Die Vorträge, die Dewey in China vor großem Publikum hielt, und die in den Zeitungen abgedruckt wurden, zeichneten das Bild der partizipatorischen Demokratie mit der typischen Leuchtkraft von Utopien. Er gebraucht hier vor allem die sprachliche Wendung, die uns Deutschen vielleicht leichter über die Lippen geht als das Wort „Gemeinschaft": „associated living", assoziiertes Leben. Daß dies eine Umschreibung des

---

13 Das Engagement in der Outlawry-of-War-Bewegung war eines von zahlreichen Projekten, mit denen sich John Dewey auf die Politik einließ: Unter anderem hatte er eine Zeitung betrieben, die unter dem Namen „Thought News" den Akzent auf die intelligente Analyse von Problemen legen wollte, und eine politische Partei gegründet, die League for Independent Political Action (L.I.P.A.). Er führte Auseinandersetzungen mit den Gewerkschaften und fungierte als Vorsitzender des Komitees zur Untersuchung der Vorwürfe gegen Leon Trotzki. Wenn auch nicht alle dieser Projekte und Aktionen den angestrebten Erfolg brachten, so hinterließen sie doch alle ihre Spuren in Deweys Schriften. Er selbst hat diese Engagements in dem autobiographischen Teil des Buches seiner Tochter als eine Art Lernprozeß charakterisiert (Jane Dewey 1939, 44). In unserem pädagogischen Zusammenhang sind nicht zuletzt die Erfahrungen der Laborschule in Chicago als Teil des Fundaments in seine Erziehungstheorie eingegangen.

Wortes „community“ ist, wird angesichts einschlägiger Passagen sofort deutlich:

„Freie und offene Kommunikation, nichtselbstsüchtige und wechselseitige Beziehungen und jene Art der Interaktion, die zum allseitigen Vorteil beiträgt, sind wesentliche Faktoren des assoziierten Lebens“ (Lectures in China, 92).

Die partizipatorische Demokratie enthüllt ihre Gestalt als moralische Demokratie, ein Zusammenleben, bei dem das Gute für jeden zugleich das Gute für alle ist und der Erfolg des Ganzen die Erfüllung für jeden einzelnen bedeutet.[14]

Die Möglichkeit dieser Gemeinschaft beruht auf der Annahme, daß Männer und Frauen dazu in der Lage sind, die sie betreffenden Angelegenheiten selbst in die Hände zu nehmen und im Austausch miteinander auf eine Weise zu regeln, die dem Ziel einer Entfaltung des kooperativen Zusammenlebens und der Kräfte jeder einzelnen Person dienlich ist. Diese Annahme ist nicht unbedingt gleichbedeutend mit einem blinden und grenzenlosen Optimismus, wie ihn manche Kritiker Dewey unterstellt haben.[15] Aber sie setzt ein gewisses Maß an Vertrauen in die Entwicklungsmöglichkeit der Fähigkeiten voraus, die den Menschen gegeben sind, und es erachtet die meisten Personen als potentiell geschäftsfähige Mitglieder einer großen Gemeinschaft, die den zunehmend geordneten Reichtum des assoziierten Lebens verfolgt.

---

14 In einer Passage seiner häufig zitierten (von Horace Kallen verlesenen) Rede anläßlich seines achtzigsten Geburtstages, „Creative Democracy – The Task Before Us“, bringt Dewey die Wendung „ordered richness“ ins Spiel, die von Michael Eldridge (1998) als Schlüssel zur Interpretation von Deweys Demokratie-Ideal verwandt wird. Die Wendung ist allerdings von Dewey nicht auf der gleichen Ebene mit „associated living“ oder „moral democracy“ eingebracht worden, sondern als Voraussetzung des demokratischen Projekts und zugleich als dessen Konsequenz im Sinne einer idealen Zielvorstellung: „Democracy is belief in the ability of human experience to generate the aims and methods by which further experience will grow in ordered richness“ (John Dewey 1986, 230).

15 So etwa Morris Cohen in „American Thought“; eine Diskussion von Deweys Meliorismus und Optimismus bietet Campbell (1995) im Kapitel „Meliorism and Commitment“, 257-266; eine poetische und zugleich knappe Charakterisierung der Art Optimismus, den Dewey teilte, ist m. E. in der von William James zitierten Grabaufschrift eines antiken Seefahrers enthalten: „Ein untergegangener Seefahrer beschwört euch: Setzt Segel! Denn viele haben den Sturm überstanden, auch wenn wir untergegangen sind“ (A shipwrecked sailor, buried on this coast, Bids you set sail. Full many a gallant bark, when we were lost, Weathered the gale“ Pragmatism, 191).

Genau diese Prämisse wurde von Soziologen, Psychologen und Journalisten während der zwanziger Jahre in den Vereinigten Staaten in Frage gestellt – mit einer Radikalität, wie sie in einem Land ohne demokratische Identität wie Deutschland, das nach dem verlorenen Weltkrieg und dem Bankrott des Kaiserreiches sich zaghaft auf den Versuch einer parlamentarischen Demokratie eingelassen hatte, überraschend masochistisch hätte wirken müssen, hätte man sie zur Kenntnis genommen. (Andererseits blieb hier gerade die Akademikerschaft dem hergebrachten elitären Gesellschaftsbild verhaftet.)

Die amerikanischen Realdemokraten („democratic realists") der zwanziger Jahre betrachteten eine partizipatorische Demokratie, das Projekt der „Radikaldemokraten", angesichts der unausrottbaren Irrationalität der Masse der Bevölkerung als unklug und angesichts der Komplexität der Aufgaben der Staatsführung als unerwünscht. Soziologen wie Merriam, Gosnell und Lasswell zogen psychologische Untersuchungen heran, die beispielsweise belegten, daß die große Mehrzahl der für den Ersten Weltkrieg konskribierten Soldaten geistig defizient war[16], und sie stützten sich auf die beiden psychologischen Theorien, die damals das Menschenbild zu bestimmen begannen, den Behaviorismus, der menschliches Verhalten als mechanischen Reaktionsvorgang beschrieb, und die Psychoanalyse nach Sigmund Freud, die dem Unbewußten, dem Irrationalen und Instinkthaften einen entscheidenden Stellenwert für das menschliche Verhalten beimaß. Beide Prämissen schienen auf die Konsequenz hinauszulaufen, daß die Masse der Bevölkerung am besten von einer kleinen Gruppe aufgeklärter und weiser Staatsmänner geführt werde.

Dewey hatte im Jahre 1918 mit der Vorlesungsreihe „Human Nature and Conduct" auf die psychologische Herausforderung reagiert; er hatte das Wort „habit" – „Gewohnheit" – gewissermaßen als Leitwährung in seiner Erörterung eingeführt. Abweichend von der Bedeutung von „habit" in der Alltagskommunikation sah Dewey hier die kleinste Einheit einer der sozialen Funktionen, aus denen das menschliche Leben besteht. Er legte dar, wie das indi-

---

16 Die Auswertung des Intelligenztests, dem die US-Armee 1 700 000 Rekruten unterzogen hatte, ergab eine mentale Defizienzrate von zwischen 60 und 70 Prozent der Untersuchten. (Westbrook 282). Eine *Cause célèbre*, die damals häufiger angeführt wurde, um die Irrationalität der Mehrheitsmeinung zu belegen, war der *Scopes-Trial* des Jahres 1925, bei dem die Bevölkerung im Staate Tennessee per Gerichtsbeschluß durchsetzte, daß Darwins Evolutionstheorie aus dem Lehrplan der öffentlichen Schulen entfernt wurde.

viduelle Verhalten durch die Gebräuche des sozial eingespielten Verhaltens geprägt wurde. Dieser Tatsache entsprechend müsse die Sozialpsychologie bei der Analyse der sozialen Umwelt statt beim Individuum ansetzen. Impulse (in Deweys Sprache das, was bei Freud „Instinkte" heißt) seien zwar ursprüngliche, aber neutrale Potentiale oder Dispositionen, sie gewinnen Sinn und Richtung erst mit ihrer Umformung durch die vorherrschenden sozialen Bräuche und Gewohnheiten in bestimmte Habits. Aber es wohne ihnen die Möglichkeit des Neuen inne; vor allem in Zeiten, in denen zwischen einer veränderten sozialen Umwelt und den hergebrachten Habits eine Kluft erscheine – in Zeiten, die eine Rekonstruktion fordern –, können Impulse zu Hebeln der Reform werden, wenn es gelingt, sie zur Rekonstruktion neuer, noch nicht dagewesener Habits einzusetzen. In der Praxis deutet dies auf die Rekonstruktions-Agentur Schule, in der Kinder mit noch nicht fix und fertig ausgeformten Habits zusammenkommen, die den Embryo einer neuen Gesellschaft darstellen. Gegenüber dem behavioristischen Muster zeigte Dewey, daß die Verkettung von Stimulus und Respons nicht unbedingt automatisch bleiben mußte und unter bestimmten Bedingungen die Habitualisierung von Intelligenz vorstellbar war.

In der Mitte der zwanziger Jahre – während der Krise des demokratischen Gedankens unter den Intellektuellen Amerikas – kam es dann zu der Auseinandersetzung mit Walter Lippmann, deren Verlauf die vielleicht tiefsten und aktuellsten Vorstellungen Deweys zur Demokratie hervorbrachte. Lippmann erwies sich als besonders schwieriger Gegner, weil er in seiner brillanten Analyse der gegebenen Verhältnisse von jener Vermitteltheit aller Erfahrung ausging, die Dewey selber vertrat. Lippmann, der den Propaganda-Apparat des Ersten Weltkrieges auf der Grundlage eigener Mitarbeit kannte, beschrieb in seinem Buch „Public Opinion" (1922) den notwendig fiktiven Charakter des Bildes, das sich jeder von seiner Umwelt mache. Die „Umwelt aus zweiter Hand", die sich vermittelnd zwischen den einzelnen und die ihm tatsächlich zugängliche Welt stellt, wird dieser Darstellung zufolge von zwei Einflüssen verfälscht: Einerseits gibt es die beabsichtigten und unbeabsichtigten Entstellungen, Verzerrungen, Retuschen und Ausblendungen durch andere, vor allem in den Medien, in denen mit dem Ausgangspunkt aller Texte, „Nachrichten", die auf „Ereignisse" zurückgehen, anstelle von „Wahrheiten", die auf „Zusammenhänge" reflektieren, eine fundamentale Verzerrung codiert ist. Andererseits die stereotype Wahrnehmung der Welt, die jedem durch die Zugehörigkeit zu einer bestimmten Kultur mitgegeben ist und die entweder allüberformend hart auftreten kann oder – im Bewußtsein der Beschränktheit des eigenen Horizonts – als leichte und vorläufig angewandte Sicht. Eine solche Sicht der Dinge hält die Welt gewissermaßen in Schwebe, alles erscheint hypothetisch, es kommt zu einer Einstellung, die den Hebel zur Veränderung der Weltsicht enthält, und diese Haltung ist es, in der Lippmann die fundamentale Kompetenz für die Teilhabe am politischen Geschäft erblickte. Doch sei sie sehr selten, die Ignoranz der großen Mehrheit der Bevölkerung müsse als unausweichliche Tatsache akzeptiert werden.

Lippmann schlug vor, Experten einzubeziehen, um die Regierenden so zu beraten, daß sie die Vorgänge und Zusammenhänge verstehen, die sich in den Ereignissen (und den entsprechenden Nachrichten) äußern, und darauf zu reagieren in die Lage geraten. In „The Phantom Public" (1925) trat seine elitäre Auffassung noch deutlicher zutage. Er sprach der Masse der Bevölkerung ein Interesse an Selbstbestimmung ab – solange Wohlergehen und Unterhaltung gesichert seien – und reduzierte die demokratische Prozedur auf die plebiszitäre Unterstützung der Regierungspartei, solange die Dinge gut gehen, und der Oppositionspartei, wenn sie schlecht gehen.

Dewey antwortete auf die realdemokratische Herausforderung durch Lippmann mit der Untersuchung „The Public and its Problems" (1927). Er stimmte Lippmanns Analyse der gegebenen Verhältnisse zu, wandte sich aber gegen die Aufteilung der Bevölkerung in Experten und Stimmvolk – ein Vorschlag, der in Deweys Augen dem Verzicht auf Demokratie gleichkam. Dewey übernahm den Begriff „Great Society", mit dem Lippmann und andere Realdemokraten die Lage in den modernen Industriegesellschaften mit dem unüberschaubaren Geflecht unpersönlicher Interaktionen und Abhängigkeiten bezeichneten. Er zeichnete das Bild dieser zahlreichen unpersönlichen Wechselseitigkeiten der „Großen Gesellschaft", um eine historische Situation vor Augen zu führen, deren hoher Komplexitätsgrad die in ihr agierende Öffentlichkeit daran hinderte, sich selbst als Gemeinschaft zu identifizieren und sich so zu organisieren, daß sie Kontrolle über die Verhältnisse erhielt. Dem neuen Beziehungsgeflecht stehen immer noch die politischen Agenturen einer vergangenen Agrargesellschaft gegenüber. Die resultierende Eklipse der Öffentlichkeit ist die Folie, vor der die Realdemokraten ihre zutreffende

Diagnose vom Ausfall der öffentlichen Intelligenz stellen und ihre therapeutisch gemeinten Vorstellungen von einer Expertenregierung für das Volk entwickeln können. Der Zustand der Öffentlichkeit, den es anzustreben gilt, kann nur durch eine Transformation der „Großen Gesellschaft" hergestellt werden. Dewey nennt ihn „Die Große Gemeinschaft" (The Great Community). Der erste Schritt dieser Umwandlung würde darin bestehen, eine zersplitterte, vielschichtige, mobile Bevölkerung ihrer eigenen Interessen gewahr werden zu lassen. Die Folgen der wechselseitigen Verflochtenheiten müssen bei diesem Vorgang verstanden werden, es gilt, die Kommunikation so in Gang zu bringen, daß Prozesse der Willensbildung entstehen, die politisches Handeln nach sich ziehen: Die Große Gemeinschaft erfindet sich selber. Die Sozialwissenschaften, aus deren Disziplinen Lippmann die Experten zur Beratung der Regierenden rekrutiert sehen wollte, sollen den Identitätsbildungsprozeß der Öffentlichkeit unterstützen. Die Zeitungen sollen durch Analysen von Vorgängen die Anwendung der Intelligenz unterstützen. Und die Schulen sollen das Ihre beitragen, indem sie die Bildung des kritischen Verstandes der Schüler vorantreiben:

„Wenn die Lehrerschaft den Mut und die Unabhängigkeit aufbringen wird, auf der Erziehung als Bildung kritischen Denkvermögens zu insistieren, wird sie die Gewohnheiten des aufgeschobenen Urteils, der skeptischen Einstellung, des Bedürfnisses nach Beweisen, des Primats der Beobachtung vor dem Gefühl, der Diskussion anstelle des Vorurteils, der Untersuchung anstelle der idealisierten Konvention pflegen, und dann werden Schulen zu gefährlichen Vorposten der menschlichen Zivilisation und zu höchst interessanten Orten" (Education as Politics, 1922, zitiert nach Westbrook 313, übers. H. S.).

Der Zusammenhang zwischen Demokratie und Gemeinschaft bei Dewey entspricht, so hoffe ich gezeigt zu haben, einer mächtigen Vision, die nicht allein dem Erziehungswesen Sinn und Richtung zu geben vermag, sondern auch die vielen kleinen Tätigkeiten und Beschäftigungen des Alltags zu sinnvollen Handlungsströmen zusammenzufassen und zu orientieren vermag wie Eisenfeilspäne im Kraftfeld eines starken Magneten. Dies alles gilt zunächst für den Diskussionszusammenhang der geistigen Situation der Lebenszeit Deweys. Reichen diese Einflüsse aber auch über die Phasen der Umbrüche, der Weltkriege und des Kalten Krieges hinaus in unsere eigene Situation am Anfang eines neuen Jahrhunderts?

Folgen der Deweyschen „Gemeinschaft" für Schule und Unterricht

Welche Konsequenzen bringt die Vision Deweys für Schule und Unterricht in der gegebenen Situation mit sich?

Dewey hat es stets zur Frustration mancher seiner Leser vermieden, die konkrete Beschaffenheit des anzustrebenden gesellschaftlichen Zustandes zu skizzieren, dessen embryonische Gestalt in der Schule und in der Schulklasse zum Vorschein kommen sollte. Er entwickelte statt dessen allgemeine Prinzipien wie das von der Kontinuität und der Wechselwirkung aller Erfahrung als allgemeine Anhaltspunkte für erzieherisches Handeln (Erfahrung und Erziehung, 1938). Die Festlegung einer methodischen Schrittfolge – wie sie Kilpatrick für die Projektmethode vorgenommen hatte – ging ihm zu weit.[17] Es war ihm genug, die Richtung herauszuarbeiten, in die sich der Fortgang aus planvoller Überlegung und Arbeit bewegen sollte. Die Formulierung von allgemeinen Gesichtspunkten erleichtert denen, die Orientierung suchen, die Verbindung mit ihrer jeweils aktuellen Situation, und sie verleiht Deweys wie auch vagen Aussagen langfristige Geltung. Seine Hinweise sind keineswegs so undeutlich, daß es nicht möglich wäre, klare Konsequenzen zu erkennen.

Die Rekonstruktion der äußeren und inneren Struktur des Schulwesens ist eine erste ins Auge fallende Konsequenz. In einem Schulwesen wie dem deutschen, das die Aufteilung der Gesellschaft reflektiert und damit eine schmerzhafte und dauerhafte Wunde enthält, scheint die politische Umsetzung der Einheitsschule und die Überwindung der auf die Leistung des einzelnen fixierten Beurteilung und Auslese aussichtslos. Aber erinnern wir uns:

---

17 Kilpatricks Schrittfolge „Purposing – Planning – Executing – Judging" ist durch das von Peter Petersen herausgegebene Buch „Der Projektplan" (1935) in Deutschland bekannt geworden. Diese Publikation gab auch Anlaß zu Mißvorstellungen über Deweys Philosophie in Deutschland (vgl. meine Darstellung des Mißverständnisses 1994). Wie Michael Knoll inzwischen nachgewiesen hat, beruht auch das glänzende Beispiel, das in diesem Buch vorgestellt und immer wieder zitiert worden ist, das „Typhus-Projekt", zu entscheidenden Teilen auf einer Fiktion (Knoll 1992). Dewey, der sich zum Projekt als Unterrichtsmethode kaum je geäußert hat, obwohl er zumal in Deutschland immer wieder als „Vater der Projektmethode" apostrophiert zu werden pflegt, ist von dieser Detektivgeschichte nicht tangiert, wohl aber die Rezeption seiner Philosophie: Die Neigung von Praktikern zur Reifizierung didaktischer Maßnahmen darf den Blick auf die Vision nicht verstellen, um die es Dewey geht.

Deweys Rekonstruktion der Verhältnisse war stets melioristisch gedacht, und es gibt Indizien für die erneute Aktualität der Deweyschen Idee einer Schule als Gemeinschaft, die im Folgenden wenigstens angedeutet seien.

Es liegt auf der Hand, daß die Verwandtschaft der Bedeutung der Wörter „Demokratie" und „Gemeinschaft" die Überwindung von Klassenschranken und Trennungen bedeutet. Dies gilt für die Gesellschaft, aber ebenso für deren Spiegel und „Vorschein", die Welt der Schule. Zu dem demokratiebildenden Faktor „freier Austausch" (free interchange) etwa gibt Dewey folgende Erläuterung, die auf die gesellschaftliche Seite bezogen ist:

„Die Trennung in eine privilegierte und eine unterworfene Klasse verhindert soziale Endosmose. Die Übel, von denen die überlegene Klasse infolgedessen befallen wird, springen weniger ins Auge (sc. als die Übel, unter denen die unterlegene Klasse zu leiden hat), sind aber ebenso wirklich. Ihre Kultur stagniert, wird selbstbezogen; ihre Kunst verkommt zu Zurschaustellung und Künstlichkeit; ihr Wohlstand zu Luxus; ihr Wissen zur Überspezialisierung; ihre Verhaltensmuster zu Absurditäten statt zu menschlichen Formen" (Democracy and Education, 90).[18]

Das Äquivalent ist die Teilung der Schüler im Schulwesen:

„Die Schwächeren verlieren allmählich das Gefühl, etwas zu können, und akzeptieren eine Position der dauerhaften und durchgehenden Minderwertigkeit. Die Stärkeren nehmen zu an Siegesbewußtsein, aber sie wachsen nicht in ihrem tatsächlichen Vermögen, sondern allein in dem Gefühl, stärker zu sein als die andern."

An dieser Stelle tritt der Gegensatz zwischen Deweys Schul-Idee und der Praxis des deutschen Schulwesens offen zutage, in dem die Drei- oder Viergliedrigkeit (Haupt-, Real-, Gesamtschule und Gymnasium) der Öffentlichen Schule dazu beiträgt, die soziologische Schichtung der Bevölkerung vor allem nach Maßgabe unterschiedlicher Einkommensverhältnisse fortzusetzen. Berücksichtigt man, daß unter den Bedingungen der homogen zusammengesetzten Leistungsgruppen ein Leistungswettbewerb herrscht, der manchmal erbarmungslose Formen zeigt, so spitzt sich die Wirkung des in der Schule

18 Westbrook zeigt, wie Dewey diese Argumentationslinie bei seinen Vorträgen in China weiter verfolgt und entfaltet (247-249): Die Beschränkungen der Autonomie der Beherrschten spiegeln sich in den Beschränkungen des Horizonts der Herrschenden, und eine Gruppe, die durch ein derartig eingespieltes Herrschaftsverhältnis im Gleichgewicht bleibt, ist trotz ihres Erscheinungsbildes von „Gesetz und Ordnung" instabil und kaum integriert.

Erlernten auf die Verfestigung des nach Dewey gerade zu überwindenden Zustandes zu: Nicht nur, daß die Kooperation mit Menschen anderer Schichten und Ausdrucksweisen nicht erlernt wird, es wird erlernt das Denken in Abgrenzungen und Konkurrenzen.

Befürworter derartiger Formen pflegen auf das hinzuweisen, was sie als analoge Bedingungen innerhalb des Wirtschaftslebens wahrnehmen, dessen Erscheinungen von ihnen als ultimative, gewissermaßen nicht mehr hinterfragbare Instanzen vorgestellt werden. Das Syndrom aus „Leistung" und „Konkurrenz" ist im Kontext der Ökonomie aber selbst zweifelhaft geworden. Inzwischen setzen auch Kräfte in der Wirtschaftswelt eher eine Prämie auf Teamfähigkeit und Kooperationsvermögen[19] als auf das rücksichtslose Gegeneinander. Damit ist das in der Schule erlernte Konkurrenzstreben nicht nur pädagogisch ungerechtfertigt, sondern auch im Hinblick auf die Bedingungen der modernen Arbeitswelt unangemessen. Es könnte sein, daß ausgerechnet die Wirtschaftswelt auf eine Überwindung der hergebrachten Konkurrenz- und Aufteilungsfixierung des Schulwesens drängt. Wir stehen hier vor der erneuten Aktualität der Idee von Schule als Gemeinschaft. Sie bietet eine neue Aufgabe, die durch den Einsatz vielfältiger Kräfte bearbeitet sein muß. Sie entspricht der Freisetzung und Anwendung von pädagogischer Kreativität auf den Gebieten der Schulentwicklung und der Entfaltung didaktischer Phantasie.

Diese Überlegungen zur Rekonstruktion der Schule betreffen – in der knappen Sprache der Systemtheoretiker – die Codierung des Systems, an der die einzelnen im Schulwesen Tätigen wenig ändern können. Ihnen ist lediglich der Teil des Rekonstruktionsvorhabens zugänglich, der die Programmierung des Systems angeht, und die Programmierung kann die Codierung nicht

---

19 Als „Führungsstärke" gilt beispielsweise nicht die Durchsetzungskraft für eigene Vorstellungen, sondern die Fähigkeit, besondere Stärken der Mitarbeiter erkennen und ins Spiel bringen zu können. Interessant im betriebswirtschaftlichen Diskurs erscheint u. a. die Aktualität der konzeptuellen Wechselwirkung zwischen der Welt des Lernens, die (herkömmlicherweise) durch die Schule repräsentiert wurde, und der Arbeitswelt des Betriebes, die (herkömmlicherweise) durch eine Organisation mit fixierten Strukturen, Regeln usw. repräsentiert wurde. Vgl. Peter Senge 1996 und mit der Anwendung des Umkehrschlusses auf die Schule Michael Fullan 1999.

ändern. Ich möchte vier Punkte nennen, die mir als Anwendung der Deweyschen Vision auf den Unterricht besonders vielversprechend erscheinen:

- Die Übung der Fähigkeit der Lehrer, besondere Interessen von Schülern zu erkennen;
- die Beteiligung der Lernenden an der Unterrichtsplanung;
- die Betonung der gegenwärtigen Erfahrung;
- die Entwicklung einer Kultur des Gesprächs.

Diese Punkte werden hier nur skizziert. Jeder einzelne öffnet den Zugang zu einer Welt voller interessanter pädagogischer und didaktischer Entwicklungsmöglichkeiten, vor allem aber zu einer Welt interessanter Erfahrungen.

Die Übung der Fähigkeit, besondere Interessen zu erkennen

Vorgegebene Muster zur Kategorisierung der Schüler, stereotype Sichtweisen, die mit speziellen Begrifflichkeiten aus Psychologie (z. B. „Phase der konkreten Operation“) und Medizin belegt sind, bieten nicht nur eine Hilfe im schwierigen pädagogischen Geschäft, sondern verhindern manchmal auch den Blick auf den einzelnen Schüler mit seinen je spezifischen, einmaligen Möglichkeiten. Dewey erinnert immer wieder daran, daß es die entscheidend wichtige Aufgabe des Lehrers ist, die Neigungen und Fähigkeiten der einzelnen Schüler so einschätzen, daß deren potentiell konstruktiver Beitrag für das Ganze erkennbar wird und gefördert werden kann. Er betont nicht nur im Credo (1897), daß es darauf ankommt, die Kräfte der einzelnen so zu entfalten, daß sie miteinander in Interaktion geraten, sondern greift die Idee auch in „Erfahrung und Erziehung“ (1938) wieder auf:

> „Wenn er ein Erzieher ist, dann muß der Lehrer beurteilen können, welche Einstellungen eines Schülers tatsächlich dem weiteren Wachstum dienen und welche ihm abträglich sind. Er muß außerdem das mitfühlende Verständnis für Individuen als Individuen haben, das ihm eine Vorstellung davon gibt, was sich im Geiste der Lernenden abspielt“ (33, übers. H. S.).

Der Begriff des Interesses, der hier angesprochen wird, ist vielschichtig und vage. Es ist für Praktiker wichtig, im Auge zu behalten, daß es bei „Interesse“ weniger um das geht, was Kinder spontan und einer augenblicklichen Eingebung folgend selber als ihr Interesse angeben würden, als vielmehr um ihre besonderen Neigungen und Fähigkeiten, die in der Interaktion und bei Beobachtung über längere Zeiträume für diejenigen pädagogischen Praktiker in Erscheinung treten, die über einen in dieser Hinsicht geübten diagnostischen Blick verfügen. Es gibt für Lehrer kaum eine wichtigere Aufgabe als die, diese keimhaft sich andeutenden Interessen und Fähigkeiten so zu fördern und voranzubringen, daß sie mit den durch die Kultur tradierten Wissensbeständen in eine Wechselwirkung geraten, die den Erfahrungsreichtum des betreffenden Kindes oder Heranwachsenden entfaltet und einen Beitrag zum Gewinn für die Gemeinschaft vorbereitet.

Die Beteiligung der Lernenden an der Zielsetzung des Unterrichts

Eine zentral bedeutsame Entsprechung zwischen Schulgemeinschaft und Gemeinschaft als Kern der Demokratie ist die Analogie zwischen den Personen, die den Fortschritt durch ihr Handeln in kleinen Schritten ermöglichen, und denen, die in der Schule zusammenwirken. Es geht also nicht um die Elite, die Führenden, diejenigen, die manchmal allzu nachlässig als „die Verantwortlichen" bezeichnet werden: Verantwortlich können allein die in der Situation Handelnden sein, ganz gleich, welche Rolle sie in der jeweiligen Öffentlichkeit spielen. Die Analogie zur Schulsituation erscheint etwa in jener Passage in „Erfahrung und Erziehung" (1938), in der Dewey betont:

> „In der Theorie der fortschrittlichen Erziehung gibt es keinen wesentlicheren Punkt als den Wert, der auf die Teilhabe des Lernenden bei der Entwicklung der Zielvorstellungen gelegt wird, die seine Tätigkeit beim Lernprozeß steuern, ebenso wie umgekehrt kein Mangel der herkömmlichen Erziehung schwerer wiegt als das Versäumnis, die aktive Kooperation des Schülers bei der Konstruktion der Ziele seines Lernens zu gewinnen" (77f.).

Dewey sagt nichts über die spezifischen Formen und Methoden der Beteiligung, er propagiert weder den Projektunterricht noch die Umfrage unter den Schülern nach deren Wünschen, noch das Eingehen der Lehrer auf die von ihnen ermittelten Interessen der Schüler. Er überläßt die spezifischen Formen den in der gegebenen Lage Verantwortlichen, aber seine Stellungnahme ist gleichwohl klar und präzise. Die Beteiligung all derer, die in den Arbeitsprozeß involviert sind, an der Ermittlung des Sinnes ihrer Arbeit entspricht der

Teilhabe der Bevölkerung an der Entwicklung von Zielsetzungen in einem demokratischen Gemeinwesen.

Die Betonung der gegenwärtigen Erfahrung

Es ist das Verdienst von Fritz Bohnsack (1975), die Bedeutung der Deweyschen Schultheorie für die Erfüllung des gegenwärtigen Augenblicks herausgearbeitet zu haben. Daß Kinder ein Recht darauf haben, in der Gegenwart ein erfülltes Leben zu leben, und daß umgekehrt der Erzieher nicht das Recht hat, diesen Anspruch des gegenwärtigen Lebens den vermeintlichen Ansprüchen der Zukunft zu opfern (mit der vorgeblichen Rechtfertigung, auf zukünftige Ansprüche vorzubereiten), ist seit Schleiermacher ein immer wieder in Erinnerung gerufenes Prinzip pädagogischen Handelns in Deutschland gewesen.

Dewey geht einen Schritt weiter, indem er als die beste Vorbereitung auf die Zukunft die volle Beantwortung des gegenwärtigen Anspruches wahrnimmt. Wer sich auf die Ansprüche einläßt, die in der gegenwärtigen Situation gestellt sind, wer diesen gerecht zu werden sucht, wer auf sie eingeht, der tut alles, was getan werden kann, um sich auf eine Zukunft vorzubereiten, deren Ansprüche wiederum in Gestalt von spezifischen Situationen erscheinen.[20] Dewey schreibt 1938, in Kontinuität zu den gegenwartsbezogenen Sätzen aus dem Credo:

> „Wir leben stets nur in der Zeit, in der wir gerade am Leben sind, und nicht in einer anderen Zeit, und nur dadurch sind wir vorbereitet, etwas in der Zukunft zu tun, daß wir aus jedem gegenwärtigen Augenblick die volle Bedeutung jeder gegenwärtigen Erfahrung ausschöpfen" (Experience and Education, 49).

---

20 Bohnsack hat auf die Verwandtschaft dieser Vorstellung mit dem dialogischen Prinzip bei Martin Buber hingewiesen, der das Zusammenspiel von Anspruch und Antwort (Verantwortung) als religiöses Grundmuster der Existenz darstellte. Für Buber liegt die zu überschreitende Schwelle zwischen dem „Es" und dem „Du" – „Wo Es war, soll Du werden" – aus der Perspektive des je einzelnen, der – durch Wille und Gnade in einem – der Gegenwart des „Du" teilhaftig zu werden vermag. Dewey zeigt uns den einzelnen stets als einen unter anderen. Keiner ist eine Insel. Der Zusammenhang ist vorgängig, die Vereinzelung künstlich. Der einzelne wird eines Zusammenhanges inne, der als „Vorschein" oder Potential bereits da war, und der Vorgang der Bewußtwerdung ist erst der Anfang möglicher Herbeiführung von immer erfüllteren Gegenwärtigkeiten.

Das Hauptproblem des Umgangs mit der Zeit in der Schule scheint im übrigen in der Wahrnehmung von Zeit als einer externen Ressource zu liegen, die linear, gleichmäßig und unveränderlich abläuft und die es klug zu bewirtschaften gilt. Es ist jene seit Beginn der Neuzeit tradierte Vorstellung, die auf Newtons Zeitbegriff zurückgeht und die unter sozialer Perspektive zu einem Hauptmittel der Disziplinierung einer Bevölkerung eingesetzt wurde, die den Anforderungen der Industriearbeit unterworfen war. Norbert Elias hat diese herrschaftsförmige Seite des Zeitbegriffs in seiner Studie „Über die Zeit" (1984) mit vielen Einzelheiten dargestellt. In der Schule führt der Zwang zur Zeitbewirtschaftung bei allen Beteiligten zu Frustrationen in unterschiedlicher Gestalt. Die Schüler leiden unter der Langeweile des dauernden Auf-etwas-Warten-Müssens (vgl. Jackson 1975), die Lehrer beklagen die Überlastung der verfügbaren Zeit mit nichtpädagogischen Aufgaben und vergleichen den Schulbetrieb mit einem „Wettrennen" (Combe 1995), der Lehrplan ist in mehrfacher Hinsicht von Infarkten bedroht.[21] Die vermeintlichen Sachzwänge des Zeit-Management überformen die Prozesse des gemeinsamen Lernens.

In einer Auseinandersetzung mit dem Bericht der Nationalen Kommission zu Zeit und Lernen (US Government Printing Office 1994) hat Patrick Slattery (1995) darauf hingewiesen, daß die Grundlage der als externe Ressource vorstellbaren Zeit die von Isaac Newton entwickelte lineare Zeitkonzeption ist, die in der Physik spätestens mit Beginn des zwanzigsten Jahrhunderts fragwürdig wurde. Es ist hier nicht notwendig, die Modifikationen des Zeitbegriffes durch die Relativitätstheorie, die Quantentheorie und nicht zuletzt die Thermodynamik (Zweiter Hauptsatz – Pfeil der Zeit!) zu referieren, um zu sehen, daß der weithin noch vorherrschende Umgang mit der Zeit, die Zeitbewirtschaftung, auf einem überholten physikalischen Zeitverständnis beruht. Wie würde ein Umgang mit der Zeit beschaffen sein, der den neueren Vorstellungen eher entspräche? Vielleicht würde der regelmäßige, in Sekunden und Minuten unterteilte Zeitrhythmus aufgelöst in den Wechsel von

[21] Die permanente Expansion der Lehrpläne wegen des andauernden Prozesses der Anhäufung neuer Daten in jedem Fach führt zur Aufblähung, quer zu den Disziplinen dringen außerdem gesellschaftliche Probleme in Form neuer Themen ein, deren Bearbeitung der Schule zugewiesen wird. Eine Reihe von in Deutschland generierten didaktischen Ansätzen (das „Exemplarische", der „Mut zur Lücke", die „Didaktische Analyse") der letzten Jahrzehnte kann auch als Versuch zum Management des Lehrplans gedeutet werden.

intensiveren und ruhigeren Phasen, vielleicht wäre es statthaft, „Zeitatmosphären" im Sinne von Qualitäten herzustellen. Jedenfalls gewinnt auch Deweys Erinnerung an die all-einzige Bedeutung des Gegenwärtigen erneute Aktualität. Vielleicht ist es pädagogisch effektiver, um eine letzte Spekulation anzufügen, die proportionale Verteilung von Zeitanteilen durch die Suche nach der Tiefendimension des gegenwärtigen Augenblicks zu ersetzen.

Die Entwicklung einer Kultur des Gesprächs

In einem pluralistischen Universum, dessen Wahrheiten keine fix und fertig gegebenen, überzeitlich geltenden Größen sind, sondern Verhandlungsgegenstände von begrenztem Anspruch und eingeschränkter Dauer, verliert das Geschäft der Vermittlung von gegebenen Werten an Bedeutung, während die Künste von Verhandlungsführung und Gespräch an Bedeutung gewinnen. Gleichzeitig ist das Gespräch eine Form der Äußerung und Selbstdarstellung des Sinngehalts des Begriffes „Gemeinschaft". Wo eine Gesprächskultur gepflegt wird, und sei es nur am Rande des Unterrichts in Form regelmäßig stattfindender und regelgeleiteter Gesprächsrunden, stellt sich die Priorität der Gestalt des Gesprächs vor dem „Stoff" heraus. Das Gespräch generiert seine Thematik und transzendiert die Grenzen des Lehrplans. Diese dem Gespräch immanente Bewegung hängt mit dem Bedürfnis nach interessanten Themen zusammen; die Gesprächsteilnehmer begeben sich auf die Suche nach Fragen, auf die noch keine Antwort bekannt ist bzw. auf die sie selber noch keine Antwort kennen.

Eine Facette der Anwendung Deweyscher Prinzipien in Gestalt einer Gesprächskultur ist das „Philosophieren mit Kindern", eine Bewegung, die sich in den USA, aber auch in Deutschland ausbreitet (Matthews 1992, Schreier 1999). Die Methode besteht aus dem Prozeß der Themenfindung – einer schrittweisen Fokussierung auf bestimmte Fragen, rätselhafte Erscheinungen oder ähnliches – und dem regelgebundenen Gespräch, bei dem vor allem auf Begründungen und auf prosoziale Verhaltensweisen geachtet wird. Der Leiter des Gespräches – ein Lehrer oder Schüler – erteilt das Wort, achtet auf die Einhaltung der Regeln[22] und auf die Entwicklung von Gedankengängen. In

22 Verschiedene Varianten der Regeln für das philosophierende Gespräch mit Kindern sind entwickelt worden, vgl. Reed 2000. Es geht zunächst um die Engführung des Universums

der amerikanischen Literatur wird zur Darstellung derartiger Gespräche der von Peirce übernommene Ausdruck „Gemeinschaft von Forschenden" (community of inquiry) verwandt, den Peirce in seinem Text „Die Festlegung einer Überzeugung" entwickelt (Peirce, vgl. auch den letzten Abschnitt des Beitrags von John Shook in diesem Buch).

Für das Verständnis der zentralen Problematik des Philosophierens mit Kindern ist die Erinnerung an diesen Text hilfreich. Peirce hatte vier Methoden angeführt, unter denen die beiden letzten – die „Apriori-Methode" und die „wissenschaftliche Methode" – in diesem Zusammenhang besonders aktuell sind. Die Apriori-Methode läuft auf die Suche nach übereinstimmenden Meinungen unter Menschen hinaus, die ihre eigene Vernunft befragen, während die „wissenschaftliche Methode" in dem von Peirce entwickelten Sinn darüber hinaus die Realität systematisch zu erfassen sucht. Peirce hatte die Naturwissenschaften vor Augen, Dewey übertrug diese Methode auf die Untersuchung sozialer Zustände, sie entspricht in seiner Sprache der Anwendung von Intelligenz in einer Situation. In Analogie zu der Bedeutung, die Dewey dem Schulwesen für die Demokratie zuschreibt, kann das Philosophieren mit Kindern als zentraler Ansatz zur Förderung der Anwendung von Intelligenz gelten, wenn es der „wissenschaftlichen Methode" entspricht und nicht auf die wechselseitige Bestätigung der unter den Mitgliedern einer Gruppe herrschenden Vorurteile hinausläuft.

In Deutschland hat die im Grundgesetz verankerte Notwendigkeit der religiösen Unterweisung in der Schule bzw. eines entsprechenden Ersatzunterrichts nach der Wiedervereinigung im Lauf der neunziger Jahre mit Fächern wie „Ethik" (Sachsen) oder „Lebenskunde-Ethik-Religionskunde" (Brandenburg) oder „Philosophie" (Mecklenburg-Vorpommern) eine günstige Aus-

---

von Fragen auf eine, die als Diskussionsgrundlage vereinbart wird, etwa durch Sammeln von Fragen, die sich auf die narrative Darstellung einer problemhaltigen Situation (Roman, Kurzgeschichte, Zeitungsbericht, aber auch Film) beziehen. Die Rolle der Gesprächsleiterin ist derart transparent, daß sie mit Übung von allen Teilnehmenden eingenommen werden kann. Sie kontrolliert den Fluß der Beiträge solchermaßen, daß Brennpunkte hervorgehoben und planvoll verfolgt werden können. Meinungsäußerungen bedürfen der Begründung und sollten durch Beispiele, Analogien, Gedankenexperimente gestützt werden. Eine Atmosphäre der Freundlichkeit, Aufrichtigkeit, Heiterkeit ist (in Übereinstimmung mit den von Aristoteles in der Nikomachischen Ethik als wünschenswert bezeichneten Verhaltensweisen) anzustreben.

gangslage für das Einschleusen von Elementen des Philosophierens mit Kindern in die Lehrpläne zumindest der neuen Bundesländer mit sich gebracht. Da auch in den alten Bundesländern das Interesse an Gesprächsformen zugenommen hat, die freier und offener erscheinen als die hergebrachten, ist die Chance gestiegen, Elemente einer „Gemeinschaft von Forschenden“ (community of inquiry) in den Schulen zu verankern. Das Problem liegt weniger in der Entwicklung einer Gesprächskultur mit Regeln und Formen – obwohl auch das als ein Desiderat erscheint –, als in der Richtung der Zielvorstellung, die den hergebrachten Formen des Philosophieunterrichts mehr oder weniger verbunden ist: in der Unentschiedenheit zwischen dem, was Peirce „Apriori-Methode“ genannt hat, also der Herstellung einer Übereinstimmung gemäß den von den Gesprächsteilnehmern geteilten Stereotypen, und dem wie auch vorsichtigen Willen, sich auf das Abenteuer neuer und unbekannter Vorstellungen einzulassen und das Hauptgewicht der Untersuchung auf die Frage der öffentlich nachvollziehbaren Prüfung des Geltungsanspruches der Konzepte zu legen. Wer sich auf diesen Weg des Philosophierens mit Kindern begibt, wird wahrscheinlich die von Dewey vorgeschlagene Rekonstruktion der Philosophie für richtig erachten. Das Beispiel belegt die Notwendigkeit einer Auseinandersetzung mit dem Instrumentalismus Deweys in der Lehrerbildung.

Literatur

Adorno, Theodor W. : Erziehung nach Auschwitz. In: ders., Erziehung zur Mündigkeit. Frankfurt a. M.: Suhrkamp 1969, 88-104.

Bohnsack, Fritz: Erziehung zur Demokratie. John Deweys Pädagogik und ihre Bedeutung für die Reform unserer Schule. Ravensburg: Otto Maier Verlag 1976.

Campbell, James: Understanding John Dewey. Nature and Cooperative Intelligence. Chicago/LaSalle: Open Court 1995.

Clopton, Robert W., Tsuin-chen Ou (ed.), John Dewey: Lectures in China, 1919-1920. Honolulu: University Press of Hawaii 1973.

Combe, Arno: Pädagogische Professionalität. Frankfurt a. M.: Suhrkamp 1995

Dewey, Jane: Biography of John Dewey. In: Paul Arthur Schilpp (ed.), The Philosophy of John Dewey. New York: Tudor Publishing 1939, 1-45.

Dewey.John: The Public and its Problems. 1927). Later Works 2.

Ders.: Experience and Education. New York: The Macmillan Company 1948 (ursprgl. 1938).

Ders.: The Collected Works of John Dewey, 1882-1953, ed. Jo Ann Boydston. Carbondale: Southern Illinois University Press, 1969-1991. The Early Works 1881-1898; The Middle Works, 1899-1924; The Later Works, 1925-1953 (EW, MW, LW).
John Dewey on Democracy: The Task Before Us. In: Philosophical Profiles: Essays in a Pragmatic Mode. Philadelphia: University of Philadelphia Press 1986, 260-302.
Eldridge, Michael: Transforming Experience. John Dewey's Cultural Instrumentalism. Nashville/London: Vanderbilt University Press 1998.
Elias, Norbert: Über die Zeit. Frankfurt a. M.: Suhrkamp 1984.
Fullan, Michael: Die Schule als lernendes Unternehmen. Stuttgart: Klett-Cotta 1999.
Götz, Margareta: Die Heimatkunde im Spiegel der Lehrpläne der Weimarer Republik. Frankfurt a. M. u. a.: Lang 1989.
Jackson, Philip W.: Einübung in die bürokratische Gesellschaft. Zur Funktion der sozialen Verkehrsformen im Klassenzimmer. In: Jürgen Zinnecker (Hrsg.), Der heimliche Lehrplan. Weinheim/Basel: Beltz 1975, 19-34.
James, William: Pragmatism. New York: Meridian Books 1955 (Erstveröffentlichung 1907).
Knoll, Michael: Abschied von einer Fiktion. Ellsworth Collings und das „Typhusprojekt": In: „Neue Sammlung" 32 (Oktober 1992), 571-587.
Lippmann, Walter: Public Opinion. New York: Free Press 1965 (ursprgl. 1922).
Ders.: The Phantom Public. New York: Macmillan 1925.
Matthews, Gareth: Philosophische Gespräche mit Kindern. Berlin: Freese, 2. Aufl. 1993.
Merton, Thomas: Classic Chinese Thought. In: Ders.: Mystics and Zen Masters. New York: The Noonday Press, 5th printing 1989, 45-68.
Miller, James: The Common Faith (A Review of Westbrook's John Dewey and American Democracy). In: „The Nation", October 14, 1991.
Oelkers, Jürgen: Renaissance mit Verdrängung. Zur politischen Wahrnehmung der deutschen Reformpädagogik. In: „Grundschule", März 1993, 50-52.
Ders.: Nachwort zur Neuausgabe: Dewey in Deutschland – ein Mißverständnis. In: Dewey, Demokratie und Erziehung (Übersetzung Erich Hylla). Weinheim: Beltz 2000, 489-509.
Peirce, Charles Sanders: Die Festlegung einer Überzeugung. In: E. Martens (Hrsg.), Texte der Philosophie des Pragmatismus. Stuttgart: Reclam 1975, 61-98 (Original „The Fixation of Belief" 1877).
Petersen, Peter (Hrsg.), Der Projekt-Plan. Grundlegung und Praxis von John Dewey und William Heard Kilpatrick. Weimar: Böhlaus Nachfolger 1935.
Reed, Ronald F.: Friendship and Moral Education. Twin Pillars of Philosophy for Children. New York: Peter Lang 1999.
Rorty, Richard : Just One More Species Doing Its Best (A Review of Westbrook's John Dewey and American Democracy). In: „London Review of Books" 13, 1991.
Schreier, Helmut : John Dewey. Erziehung durch und für Erfahrung. Stuttgart: Klett-Cotta, 2. Aufl. 1994.
Ders.: Anmerkungen über das Sammeln von Überlegungen zur Erziehung nach Auschwitz. In: Helmut Schreier/Matthias Heyl (Hrsg.), „Daß Auschwitz nicht noch einmal sei ..." Zur Erziehung nach Auschwitz. Hamburg: Krämer 1995, 17-23.

Ders. (Hrsg.): Nachdenken mit Kindern. Aus der Praxis der Kinderphilosophie in der Grundschule. Bad Heilbrunn: Klinkhardt 1999.
Senge, Peter M.: Die fünfte Disziplin. Theorie und Kunst der lernenden Organisation. Stuttgart: Klett-Cotta 1996.
Shook, John R.: Dewey's Empirical Theory of Knowledge and Reality. Nashville: Vanderbilt Press 2000.
Slattery, Patrick: A Postmodern Vision of Time and Learning. A Response to the National Education Commission Report ‚Prisoners of Time'. In: „Harvard Educational Review", vol. 65, No. 4, Winter 1995, 612-633.
Tyler, Ralph: Basic Principles of Curriculum and Instruction. Chicago/London: The University of Chicago Press 1949.
US Government Printing Office: Prisoners of Time. Report on the National Commission on Time and Learning. Washington, D. C. 1994.
Westbrook, Robert B.: John Dewey and American Democracy. Ithaca/London: Cornell University Press 1991.
Whitehead, Alfred North: John Dewey and his Influence. In: Paul Arthur Schilpp (ed.), The Philosophy of John Dewey. New York: Tudor Publishing Co. 1939, 475-478.

Susanne Popp, Uwe Hameyer

John Dewey neu lesen – Überlegungen zur Polarisierungstendenz im reformpädagogischen Diskurs

In den neunziger Jahren hat das Werk von John Dewey in den USA eine beachtliche Neurezeption erfahren. Dazu trug der Abschluß der siebenunddreißigbändigen Werkausgabe (1992) bei, ebenso aber auch der Triumphzug des „linguistic turn" in der Philosophie und die Popularität Richard Rortys, der John Dewey neben Wittgenstein und Heidegger zu den „drei bedeutendsten Philosophen unseres Jahrhunderts" (Rorty 1981, 15) zählt. Rorty schreibt Deweys *philosophischem* Credo aus „Democracy and Education" (1916) eine herausragende Bedeutung für sein eigenes Denken zu:

„Philosophie wurde erkannt als eine Form des Denkens, die, wie alles Denken, ihren Ursprung hat in all dem, was im Erfahrungsinhalt unsicher ist, die darauf abzielt, die Art der Unsicherheiten und Schwierigkeiten festzustellen und Hypothesen für ihre Aufklärung zu entwerfen, die dann am wirklichen Handeln nachgeprüft werden müssen."[1]

Dabei sieht der prominente amerikanische Philosoph Deweys Rang vor allem darin begründet, daß dieser der Politik den Vorrang vor der Philosophie eingeräumt habe; Rorty bevorzugt den sozial-demokratischen Gesellschaftskritiker Dewey (vgl. Rorty 1992, 9).

Für den Teilbestand der neueren amerikanischen *pädagogischen* Werke zu Dewey,[2] die zumeist ohne sichtbare Zweifel darin fortfahren, Dewey ausschließlich als Pädagogen mit pragmatistischem Hintergrund wahrzunehmen und nicht in erster Linie als Philosophen, Demokraten, Sozialreformer und

---

1 Dewey [1916] 1930, 500. Dewey übrigens beklagte sich 1932 in seiner intellektuellen Autobiographie, daß jenes Buch, das „[...] viele Jahre lang dasjenige gewesen ist, in dem meine Philosophie, wie sie ist, am vollständigsten dargelegt war [...]" (Dewey in Suhr 1994, 205) zwar von Lehrer und Lehrerinnen als Beitrag zur (Reform-)Pädagogik, nicht aber von Philosophen und Philosophinnen als Philosophie wahrgenommen worden sei.

2 Z. B. Simpson/Jackson 1997, Tanner 1997, Boisvert 1998, Berube 2000.

Psychologen, der sich auch mit Pädagogik befaßte, scheint die Neurezeption vielfach mit einem Bedürfnis nach Orientierung in einer unübersichtlich gewordenen Schulverbesserungs-Landschaft verbunden. Diese reicht von der Modernisierung didaktischer Verfahren und Curricula über die Organisationsentwicklung bis hin zu nationalen Standards und vergleichenden Leistungstests.

Dewey wieder zu lesen – dies erscheint auch bei der Lektüre von „My Pedagogic Creed" (1897) unabweisbar – bedeutet, sich grundlegender mit dem Zusammenhang von Schule und Gesellschaft in sozial orientierten Demokratien zu befassen, als dies die gegenwärtig dominanten neoliberalen „Wettbewerbsfähigkeits"-Argumentationen zu tun pflegen. Simpson & Jackson etwa beschreiben die Situation, in der es sie nach Überprüfung der in den beiden vergangenen Dezennien gewonnenen „Schulverbesserungs"-Erfahrungen im Lichte eben von Deweys Denken verlangt, unter anderem so:

> „Vielen von uns mangelt es an einer öffentlichen Philosophie der Erziehung. Statt dessen halten wir uns oft an eine oberflächliche und eng begrenzte Auswahl von Glaubenssätzen, welche zuletzt nur anzeigt, daß wir unsere privaten und persönlichen Anliegen in den öffentlichen Schulen befördern wollen."[3]

> „Kurz gesagt, viele zeitgenössische Vorstellungen scheinen auf der Annahme zu beruhen, daß Schulen verbessert werden, indem man an ihrer internen Struktur herumflickt oder sie an ökonomische und gesellschaftliche Interessen und Standpunkte angleicht. Dewey meinte, daß sowohl Gesellschaft wie Schule reformiert werden sollten, indem man sie einem intelligenteren Verständnis der menschlichen Natur anpaßt."[4]

Tatsächlich hat Dewey eindringlicher, als man dies von der deutschen Reformpädagogik der ersten Hälfte des zwanzigsten Jahrhunderts kennt, über den Zusammenhang von Demokratie und gesellschaftlicher wie schulischer

---

3 „Many of us lack a public philosophy of education. Instead, we often hold a thinly layered and narrowly confined set of beliefs that ultimately indicate that we want to promote our private, personal agendas in public schools" (Simpson & Jackson 1997, xxi).

4 „Succinctly stated, much contemporary thinking appears to be based upon the supposition that schools can be improved by tinkering with their internal structure or adjusting them to reflect societal and economic interest and viewpoints. Dewey felt that both society and schools should be reformed by adapting them to a more intelligent understanding of the nature of the human beings" (Simpson & Jackson 1997, xxvi). – Vgl. auch Hameyer 1994, Ekholm/Hameyer 2000.

Reform nachgedacht. „Democracy“ erscheint bei ihm als gesellschaftlicher Zustand, in dem die traditionellen Barrieren für die sozial wie intellektuell uneingeschränkte „reconstruction of experience“ gefallen sind, die in traditionalen Gesellschaften in Form von unhinterfragten Konventionen, von Abhängigkeiten, Loyalitätszwängen, Privilegien und Ausschlüssen den „habit of inquiry“ hemmten. In der demokratischen Gesellschaft aber kann und soll jedes Mitglied der „community“ in gleich wirksamer Weise am sozialen und politischen Leben partizipieren, so daß die gesellschaftliche Verarbeitung von „Erfahrung“ die höchste Qualität eines permanenten „growth“ (im Sinne einer Fortschrittsentwicklung ohne immanente Teleologie) erreichen kann.[5]

Dewey konnte Demokratie nur als permanente Gesellschaftsreform denken, die die Qualität des sozialen Lebens fortlaufend verbessert. Dabei sollte die öffentliche Erziehung weniger die Gesellschaft verbessern,[6] als den Heranwachsenden jene Erfahrungen und Kompetenzen vermitteln, die ihnen helfen, Demokratie als „assoziierte Lebensweise und miteinander verbundene kommunikative Erfahrungen“ zu praktizieren („[...] mode of associated living, of conjoint communicated experience“ (Dewey 1916, 87)). Die Qualität des „mode of associated living“ der Gesellschaft entscheidet über das zukunftsgestaltende Potential der Schule.

Wenn Dewey in „Mein pädagogisches Credo“, wo der Begriff „democracy“ noch nicht erscheint, festhält, daß „Erziehung“ eine Regulation des Prozesses sei, in dem der einzelne am sozialen Bewußtsein partizipiert, und daß die Anpassung der individuellen Tätigkeit auf der Basis dieses sozialen Be-

5 Vgl. Schreier 1986, 47-88.

6 Dies wird nicht zuletzt in einem späten Text sehr deutlich, in dem Dewey – in vieler Hinsicht von der Entwicklung der amerikanischen Schule enttäuscht – Position zur Rolle der Lehrerschaft bezog: „Die Verantwortung liegt bei der Gemeinschaft. Wir können sie nicht auf die Lehrer abladen, sie sind Symptome, Produkte unserer eigenen Überzeugungen, Wünsche, Ideale und Ansprüche. Um herauszufinden, was mit den Schulen los ist, müssen wir die Lehrer überprüfen; um herauszufinden, was mit den Lehrern los ist, müssen wir uns selbst überprüfen.“ („The responsibility is found in the community; we cannot unload it on the teachers, they are symptoms, products of our own beliefs, desires, ideals, and what we are satisfied with. To find out what is the matter with the schools, we have to make an examination of teachers; to find out what is the matter with the teachers, we have to examine ourselves“ (Dewey [1927] 1984, 116f.)).

wußtseins die einzige sichere Methode sozialer Rekonstruktion sei,[7] und wenn er formuliert, daß „Erziehung“ die grundlegende Methode des sozialen Fortschritts und der Reform sei („[...] that education is the fundamental method of social progress and reform“ (Dewey [1897] 1972, 93)), so bezeichnet hier „education“ weniger einen pädagogischen Akt, mit dem Erwachsene Noch-nicht-Erwachsene „führen“, als einen Prozeß der fortwährenden gesellschaftlichen „reconstruction of experience“, in dem immer komplexere, angemessenere, umfassendere Auffassungen von „Sachverhalten“ (im weitesten Sinn) und „Problemen“ gewissermaßen aus der kollektiven Erfahrung „herausgezogen“ werden. Insofern ist Erziehung mit dem sozialen Fortschritt in demokratischen Gesellschaften identisch.

Auch in vielen anderen Hinsichten scheint Dewey gerade heute als interessanter Gesprächspartner. Die gegenwärtige Schulreform-Landschaft ähnelt in manchen Aspekten der „Progressive Era“, in der zwei „Brennpunkte“ der Modernisierungsanstrengung gemeinsam wirksam waren, wobei die Lager sich heftig voneinander abgrenzten. Neben dem „philosopher“ Dewey stand der „quantifier“ Thorndike, dem bekanntlich historisch bisher mehr Erfolg als jenem beschieden war. Neben „democracy and education“ wirkten eben auch „scientific management“ und „the cult of efficiency“ als Konzepte zur Reform von öffentlicher Bildung und Erziehung (vgl. Holt 1994). Vergleicht man wiederum die deutsche Reformpädagogik der ersten Hälfte des zwanzigsten Jahrhunderts, so scheint es, als habe man hierzulande in einigen Aspekten erst seit den sechziger Jahren Dewey einigermaßen „eingeholt“. Für ihn ergab aufgrund seines evolutionstheoretisch-pragmatistischen Ansatzes eine Mythisierung des Kindes (bzw. der „Natur des Kindes“), wie sie hierzulande heftig betrieben wurde, ebensowenig einen Sinn wie die These einer „autonomen“ Geschichte der Erziehung, die der geisteswissenschaftlichen Pädagogik so wichtig war. Auch stellte er bereits um die Jahrhundertwende (und damit die Entwicklungsdynamik der US-amerikanischen Verhältnisse reflektierend) ernsthaft und radikal (und nicht nur rhetorisch) die Frage, wie man zu einem angemessenen Begriff von Erziehung und Bildung gelangen

7 „[...] that education is a regulation of the process of coming to share in the social consciousness; and that the adjustment of individual activity on the basis of this social consciousness is the only sure method of social reconstruction“ (Dewey [1897] 1972, 93).

könne, wenn Umfang und Beschleunigung von gesellschaftlichem Wandel eine historisch neue Qualität erreicht haben und die Einsicht ermöglichen, daß diese permanente Dynamik kein immanentes Ziel habe (und schon gar kein von außen gesetztes). Mit dem Aufkommen der Demokratie und den Bedingungen der modernen Industriegesellschaft sei eine präzise Prognose unmöglich geworden, wie die Zivilisation in 20 Jahren aussehen wird (vgl. Dewey [1897] 1972, 86). Die pragmatistische Antwort lautete, Erziehung in dem Bewußtsein zu betreiben, daß die Ideen, Werte und Ziele, die Menschen für sich als verbindlich und „wahr“ ansehen, nicht als objektives Set gültiger Wahrheiten zu begreifen seien, sondern als Produkte und Instrumente einer unaufhörlich sich fortentwickelnden sozialen Praxis. Dies schließt an Deweys Kampf gegen spekulativ-idealistische Verabsolutierungen und Dichotomisierungsstrategien an, die den „habit of inquiry“ und die umfassende soziale „reconstruction of experience“ blockieren (vgl. auch Hameyer 2001).

Der von (reform-)pädagogischer Seite gepflegte Umgang mit John Dewey aber fühlte und fühlt sich keineswegs durchgängig verpflichtet, dessen pragmatistische Grundüberzeugungen zu berücksichtigen. So ist Dewey heute als Klassiker des modernen reformpädagogischen Denkens sowohl im Geschichtsbewußtsein wie auch der aktuellen Diskussion der Disziplin präsent, aber – und dies erheblich stärker – auch in dem oft schlagwortartig verkürzten Praxisdiskurs der „modernen“ und „schülerorientierten“ Unterrichtsgestaltung. Begriffe wie „learning by doing“, „Projektmethode“, „community life“, „Erfahrungslernen“ („experience“) sind mit der Assoziation „Dewey“ im allgemeinen ebenso fest verknüpft wie „KopfHerzHand“ mit „Pestalozzi“, „Hilfmiresselbstzutun“ mit „Montessori“ oder „ArbeitSpielFeier“ mit „Petersen“.

Ohne den Rang der hinter diesen „Merksprüchen“ liegenden pädagogischen Intentionen in Zweifel zu ziehen, sind doch Tendenzen zu erkennen, in denen der emphatische Gebrauch jener Formeln und die ausgemachte Zustimmung, auf die sie rechnen können, zu einem schnellen Überspringen widerständiger Nachdenklichkeit einladen. Damit verhindern sie eher einläßliche und (selbst-)kritische Reflexionen, anstatt sie zu provozieren: sie blockieren „inquiry“.

Zweifellos verführen viele reformpädagogische Texte mit ihrem suggestiv-appellativen Gestus dazu, aus ihnen hochrangig positiv besetzte Formeln zu destillieren, die beste pädagogische Ab- und Einsichten belegen und vor allem Überlegenheit gegen eine als defizitär erkannte herrschende Praxis der sogenannten „alten Schule“ signalisieren. So könnte man auch „My Pedagogic Creed“ als Arsenal von memorier- und zitierfähigen Argument-Leuchtkugeln verstehen, die Dewey vehement und selbstbewußt in den reformpädagogischen und philosophischen Diskussionshimmel schoß – nicht jedoch in der Absicht, sie dort als ewige „Sterne“ einer objektiven Wahrheit zu etablieren, wie nicht wenige reformpädagogisch Inspirierte dies gerne hätten, sondern damit sie als „Werkzeuge“ und „Instrumente“ eines unablässig fortgesetzten Bemühens um eine möglichst vielseitige, komplexe und kontroverse Situationsinterpretation wirksam werden.

Tendiert der Gebrauch von reformpädagogischen Leitgedanken zur Selbstbestätigung und -vergewisserung mit Hilfe feststehender Glaubenssätze, so verfehlt er genau jenen pragmatistischen „habit of inquiry“, der nach Deweys Auffassung als historische Errungenschaft Demokratie, Erziehung und humanen Fortschritt verbindet.

Das Konzept der „reconstruction of experience“ sollte leitend sein, wenn man Dewey heute in schul(reform)pädagogischem Kontext erneut liest. Dies bedeutet, daß man bewußt die Erfahrungen einbeziehen sollte, die in Anbetracht der tatsächlich erfolgten Entwicklung des Bildungswesens mit dem reformpädagogischen Diskurs des zwanzigsten Jahrhunderts verbunden waren und sind.

Die „kritische“ Historiographie der Reformpädagogik[8] – „kritisch“ erscheint sie insofern nur, weil eine parteiliche Historiographie nach wie vor den Standard zu bilden scheint – hat wiederholt darauf aufmerksam gemacht, wie selbstbezüglich (und möglicherweise sogar „systemstabilisierend“) eine Haltung sei, die im Habitus der überlegenen pädagogischen Einsicht konstant dieselben Argumente in fortgesetzter Institutionenblindheit gegen eine zwangsläufig „schlechte“ Praxis ausspielt und die Einsicht in die „soziale Tatsache der Erziehung“ (Durkheim) verweigert, daß es die je herrschende Gesellschaft ist, die sich hier zu reproduzieren sucht. Die (scheinbare) reformpädagogische Wirkungsohnmacht wiederum wird in wenig erhellender

8 Vgl. exemplarisch Oelkers 1989.

Weise nicht selten als „pädagogisches Problem“ beschrieben: Schwererziehbare Lehrkräfte, Ministerien und andere Verantwortliche widersetzen sich aus finsteren Gründen (vor allem „Trägheit“, „Saturiertheit“ oder „Tumbheit“) der Einsicht in das Gebotene.

So kritisiert der (reform-)pädagogische Diskurs die „real existierende“ Schule gerne so, als ob diese Institution eine genuin oder auch nur primär pädagogische sei, und blendet die Fülle der konkurrierenden Eigenlogiken (z. B. bürokratisch, ökonomisch, sozial) vornehm aus, die die Wirklichkeit dieser Institution bestimmen.

„Die Institution Schule ist nicht aus dem Zweck des Unterrichts gedacht und nicht als Verwirklichung solcher Gedanken entstanden, sondern ist da, vor der Didaktik und gegen sie. Sie entsteht aus dem wirtschaftlichen – ökonomischen, finanziellen – Zustand, aus politischen Tendenzen der Gesellschaft; aus den ideologischen und kulturellen Forderungen und Wertungen, die dem ökonomischen Zustand und seinen politischen Tendenzen entsprangen [...]. In welcher Richtung immer diese Kräfte wirken mögen, es ist von vornherein unwahrscheinlich, daß sie die Erreichung des didaktischen Zweckes garantieren [...]“ (Bernfeld [1925], 4. Aufl., 1981, 27).

Für Dewey, dies wird auch im Credo sichtbar, hat die demokratische Gesellschaft die Aufgabe zu entscheiden, in welchem Umfang tatsächlich Erziehung das Leitprinzip der Schule sein kann, aber wenn wir seine „Sätze“ von seinem Gesellschaftsverständnis lösen, verschwindet die Pointierung dieses Gedankens.

Der historiographische Typ einer „kritischen Dogmengeschichte“ der Reformpädagogik wiederum hat die Aufmerksamkeit auf die „anti-deweyanisch“ polarisierende Grundstruktur des typischen reformpädagogischen Diskurses gelenkt, der die „alte Schule“ in größtmöglicher Differenz zu den eigenen Ideen wahrnimmt und Kontinuitäten sowie Wechselwirkungen leugnet. Es wurde deutlich, wie wenig selbstreflexive Potenz man in der Frage entwickelt hatte, inwieweit die real erfolgte Entwicklung der Schule und die diesen Prozeß von dessen Beginn an begleitende reformpädagogische Kritik funktional aufeinander bezogene Kräfte in ein und demselben Systemzusammenhang bilden und sich gegenseitig definieren und generieren und bestätigen. Der konventionell polarisierende reformpädagogische Diskurs „kappt“ die Wahrnehmung systemischer Zusammenhänge nicht nur auf der synchronen Ebene („pädagogische“ vs. „verfehlte Schule“), sondern auch in diachroner Hinsicht. Indem man die „schlechte“ Pädagogik des öffentlichen Schulwesens als

„alte“ Pädagogik temporalisiert, verschließt man sich der Geschichte der eigenen Wiederholungen und beschreibt sich als immerfort „Neues“ und „Alternatives“. Eine eingehende Befassung mit dem von Dewey vertretenen Denktyp könnte dazu beitragen, die starren Grenzlinien zu verflüssigen, die zwischen der Selbstwahrnehmung des engagiert reformpädagogischen Denkens und einer Außenwahrnehmung bestehen, die jenes als Element eines umfassenden pädagogischen Systems historisch beschreiben kann.

Der *Systemtheorie* verdanken wir einen weiteren wichtigen Hinweis, den man beim Wiederlesen von reformpädagogischen Klassikern und insbesondere von Dewey beachten sollte, wenn man weder in die Verabsolutierung von Praxis-„Prinzipien“ verfallen will, die aus jeglichem Kontext isoliert sind, noch in die dichotomisierende Betrachtungsweise, die ein Selbst-Mißverständnis impliziert. Beide Varianten wären ohnehin für Deweys pragmatisches Denken unannehmbar. Luhmann und Schorr (1988) verwiesen darauf, daß für die Ausdifferenzierung der Erziehung als sozialem System, wie auch für andere Funktionssysteme der modernen Gesellschaft, eine binäre strukturierende Differenz entscheidend sei. Im Erziehungssystem lautet der „Code [...]: besser oder schlechter, bezogen auf die Chancen des Lebenslaufs“ (Luhmann/Schorr 1988, 464). Daraus folgt, daß Pädagogik im Grunde immer „Reformpädagogik“ ist, weil sie ihre Ergebnisse stets als „schlechtere“ im Hinblick auf potentiell „bessere“ wahrnimmt und ihren internen Gegebenheiten gemäß grundsätzlich bei keinem Perfektionszustand anlangen kann.

„Das System stimuliert sich selbst auf der Ebene seiner Programme durch rekursive Sequenzen von Reformen, Enttäuschungen, Reflexionen, semantischen Anpassungen und erneuten Reformen. [...] Das System kann seine Komplexität und damit seine Sensibilität vergrößern, aber nicht seine Exzellenz“ (Luhmann/Schorr 1988, 463).

So kann es beim Wiederlesen von Dewey auch nicht mehr darum gehen, wieder einen Import von einem neuen „alten“ Modemarkt zu vollziehen, sondern die Logik der rekursiven Sequenzen und ihrer Funktion selbst in Betracht zu ziehen.

Die Richtung der bisherigen Überlegungen zielte auf den Vorschlag, das Potential einer erneuten Lektüre von Dewey (am Beispiel des Credos) nicht ausschließlich auf die Erneuerung der bekannten reformpädagogischen Forderungen an die schulische Praxis zu richten, sondern gezielt auch auf bestimmte Merkmale des reformpädagogischen Diskurses, die möglicherweise dem „habit of inquiry" und der „reconstruction of experience" entgegenstehen. Galt Deweys philosophischer Kampf wesentlich jenen dualistischen Denkformen und -gewohnheiten, die in der Tradition spekulativ-idealistischer Philosopheme beheimatet sind, so zeigt sich ein nicht geringer Teil des Dewey-inspirierten reformpädagogischen Diskurses dafür im Grunde sehr empfänglich. Nicht gerade selten findet man Argumentationen, die bei entschiedener Berufung auf Dewey triviale Dichotomien und entsprechende „Feindbilder" konstruieren.

Ein Beispiel für ein Argumentationsmuster *innerhalb* des reformpädagogischen Lagers, das im Namen von Dewey in einer höchst polarisierenden Weise verfährt, bietet die Rezeptionsgeschichte des Daltonplans. Bei Helen Parkhursts (1886-1973) Konzept handelt es sich um einen der seltenen reformpädagogischen Beiträge, die explizit für die Sekundarschule und speziell die nicht-alternative „Normalschule" entwickelt wurden und dabei jenen Bereich des fachsystematischen Lernens ins Zentrum der Aufmerksamkeit rücken, wie er bis heute an konventionellen Sekundarschulen nach wie vor das inhaltliche und organisatorische Rückgrat bildet. Die „Schulförmigkeit" des Daltonplans sowie seine offene und betonte Zuwendung zu jener traditionellen Lerndimension der Schule, die schwerlich in ein „natürliches" Setting zurückzuverwandeln ist, rief erwartungsgemäß heftige reformpädagogische Kritik hervor, wobei sehr häufig mit Dewey gegen die „falsche" Reform argumentiert wurde.

Das Reformkonzept des Daltonplans besteht in seinem Kern in organisatorischen Maßnahmen. Anstatt fortlaufend traditionellen Fachstunden zu folgen, arbeiten die Lernenden in täglich stattfindenden Freiarbeitsphasen selbständig an schriftlich formulierten Wochen- oder Monats-Pensen. In den „assignments" (schriftliche Aufgaben) können die beteiligten Fächer additiv oder integriert erscheinen, die Freiarbeit kann im Klassenzimmer stattfinden oder in speziellen „Fachräumen" (sogenannte „laboratories"), in jedem Fall aber sollten die Varianten, wenn sie Parkhursts pädagogischen Intentionen gerecht werden wollen, ein verstärktes Maß an Individualisierung und innerer Differenzierung der didaktischen und pädagogischen Struktur sowie ein Mehr an Partizipation, Zuständigkeit und Selbstverantwortung für die Lernenden erbringen (vgl. Popp 1995, 1999). Diese organisatorischen Maßnahmen waren als erster Schritt zu einer Reform des schulischen Lernens gedacht, den jede konventionelle Schule vollziehen können sollte, und er war für den Bereich des Lernens entworfen, der absichtliches, gezieltes und systematisches Arbeiten und Üben verlangt.[9] Aber mit diesen Aspekten hielten sich die meisten dewey-inspirierten reformpädagogischen Kritiker in der Regel ebensowenig auf wie mit der Frage, wie denn fachliches Lernen in der Sekundarschule in jenem vom Daltonplan anvisierten Kern-Bereich des „Schullernens" anders zu sichern wäre. Auch daß dieses Minimalkonzept ohne weiteres mit projektorientierten Verfahren verbunden werden kann oder in ein Schulmodell integrierbar ist, das seinen Schwerpunkt etwa beim „community life" setzen würde, hat man zumeist ignoriert. Statt Differenzierung dominierte Polarisierung.

Während von John Dewey selbst allem Anschein nach keine Äußerungen über den Daltonplan oder die New Yorker „Dalton School" überliefert sind, wurde das für die amerikanische Daltonplan-Rezeption vernichtende Urteil von W. H. Kilpatrick (1871-1965) durchaus als repräsentativ für den Dewey-Flügel der „Progressive Education" wahrgenommen. In einem Beitrag zum 24. Jahrbuch der „National Society for the Study of Education" (NSSE; 1925) erklärte Kilpatrick, selbst dem vielgeschmähten Klassenunterricht den Vorzug vor dem nur scheinbar reformorientierten Daltonplan geben zu müssen. Er behauptete, daß der wesentliche Irrtum des Daltonplans darin bestehe, Kindheit als eine Zeit aufzufassen, in der man Lernvorräte speichert, um sie zu benutzen, wenn sie an einem fernen Tag im typischen Erwachsenenleben gefordert würden. Der Schaden sei unter dem mechanischen Setting des Daltonplans möglicherweise größer als im traditionellen Klassenunterricht.[10] Im selben Text steigerte sich Kilpatrick noch zu einem wütenden Generalangriff

[9] Die Praxis der in den zwanziger Jahren international bekannten „Dalton Schools, N. Y. C.", die Parkhurst von 1920 bis 1942 leitete, zeigt deutlich, daß Parkhursts persönliche reformpädagogischen Aspirationen weit über jenes Minimalkonzept hinausreichten. Vgl. hierzu Popp 1995, 1999.

[10] „The essential error of the Dalton plan, then, is, [...] that it accepts childhood as a time of storing up learnings to be used when called for at a remote day, typically in adult life. [...] the negative hurt, the loss of opportunities that a better régime would bring, is probably greater under the more mechanical setting of stints than under classroom régime" (Kilpatrick 1925, 278f.).

auf die reformpädagogische „Nachkriegsszene" in England, wo der Daltonplan wesentlich erfolgreicher war als die Kilpatricksche „Projektmethode":

„Wir brauchen nicht über die breite Akzeptanz des Daltonplans besonders unter jenen erstaunt zu sein, die weder das traditionelle Curriculum noch die gewöhnliche Auffassung in Frage stellen, daß das angemessene Ziel der Schule in der Bewältigung von Fachexamina bestehe. Englands Zuspruch zum Daltonplan ist ein anschauliches Beispiel."[11]

Dieses für inner-reformpädagogische Auseinandersetzungen durchaus nicht untypische Konstrukt eines hier auf- und dort abwertenden, jede Differenzierung verweigernden und mögliche Konvergenzen leugnenden Polaritätsprofils soll hier nicht kommentiert, sondern nur mit zwei ersten Hinweisen verbunden werden. Zum einen: Bei einem Überblick über die Daltonplan-Rezeption kann man leicht feststellen, daß es im Ergebnis keinen Unterschied macht, ob mit einem „pädagogischeren" Petersen, Kerschensteiner oder Dewey gegen den „schulförmigen" Daltonplan argumentiert wird; die polarisierende Intention macht die Vergleichsobjekte austauschbar. Zum anderen: Auch wenn Kilpatrick in seiner Kritik „seine" „project method" als „wahre" Umsetzung der Pädagogik Deweys gegen eine „falsche" Reformpädagogik von Parkhursts Seite in Stellung brachte, so war doch auch sein Vorschlag mitnichten trennscharf genug formuliert, als daß er nicht in den zwanziger Jahren im Sinne einer erfolgversprechenden Maßnahme des „social efficiency" interpretiert werden konnte,[12] also genau *auch* in jenem Verwendungszu-

---

11 „We need hardly be surprised at the wide acceptance of the Dalton plan, especially among those who do not question either the traditional curriculum or the usual conception that the proper aim of schooling is the examination-mastering of subject matter. England's acclaim of the Dalton plan is an illustration" (Kilpatrick 1925, 276).

12 Vgl. z. B. Holt 1994, 5-9. – Was die Rezeption der „Projektmethode" im Kontext des „cult of efficiency" anbelangt, so ist etwa die folgende Empfehlung in einer Fachzeitschrift der zwanziger Jahre kein Einzelfall: „Ist das Unternehmen erfolgreich begonnen, weiß der Lehrer, daß er gewinnen wird. Das Niveau seines Erfolgs kann durch geschicktes Management der verbleibenden Schritte erhöht werden." („The enterprise successfully initiated, the teacher knows he will win. The scale of his success may be somewhat increased by skilful management of the remaining steps" (zit. n. Holt 1994, 6)). [Die verbleibenden Schritte sind z. B. das Einsetzen eines Gruppensprechers bei der Präsentation der Projektergebnisse.]

sammenhang popularisiert wurde, den John Dewey selbst bereits in seinem Credo deutlich ablehnte.[13]

Auch in der deutschen Daltonplan-Rezeption vor 1933 und nach 1945[14] kann man gerade bei jenen Kritikern, die sich selbst als Reformpädagogen verstehen, jene polarisierende Konfrontation von „echter Reformpädagogik" und „falscher Modernisierung" finden. Dies gilt insbesondere für Vertreter der sog. „Landschulreform", die sich für den Daltonplan interessierten, weil sie die wenig gegliederte Dorfschule mit einem anspruchsvollen pädagogischen Konzept der „Selbstbildung" fortzuentwickeln bestrebt waren. Sie lehnten jedoch das amerikanische Modell in der Regel ab, weil, so das vorherrschende Urteil, die Gemeinschaftskomponente fehle und eine „Vernachlässigung der Gemütswerte" (so z. B. Strobel 1929, 423) gegeben sei.[15] Dewey dagegen glaubte, daß gleich nach Stumpfheit und Dumpfheit, Formalismus und Routine kein größeres Übel unsere Erziehung bedrohe als Gefühlsduseligkeit.[16]

Interessant an dieser ablehnenden Haltung erscheint der Umstand, daß man nicht selten mit Dewey (häufiger jedoch mit Petersen) reformpädagogisch argumentierte und zugleich eine Volksschuloberstufe meinte, die als Schule der „90 %" auf eine Theorie von drei „Begabungsrichtungen" aufbaute, welche eine bestimmte Schichtung der Gesellschaft sichern und legitimieren sollte und dafür viele Heranwachsende von weiterführenden Bildungsangeboten ausschloß. Daß in diesem sozialen Zusammenhang von Privilegierung hier und Ausschluß dort die pädagogischen Konzepte einer „volkstüm-

---

13 Vgl. zu Deweys Position z. B. „I believe that when society once recognizes the possibilities in this direction [Erziehung als höchstrangige demokratische Aufgabe], and the obligations which these possibilities impose, it is impossible to conceive of the resources of time, attention, and money which will be put at the disposal of the educator" (Dewey [1897] 1972, 94). („Ich glaube, daß es unmöglich ist, die Ressourcen an Zeit, Aufmerksamkeit und Geld sich vorzustellen, die dem Erzieher zur Verfügung gestellt werden, wenn eine Gesellschaft erst einmal die Möglichkeiten und Pflichten erkennt, die in dieser Richtung liegen.")

14 Vgl. hierzu und zum ganzen Ansatz Popp 1995, 206-221 sowie Popp 2001.

15 Dieser Vorwurf ist stets mit dem Odium der „intellektuellen Einseitigkeit" (z. B. Strobel 1929, 423) gekoppelt. Andere Kritikpunkte waren der Fachunterricht, das Gewicht der Schriftlichkeit, das „Tabellenunwesen" und der Lernvertrag.

16 „[...] next to deadness and dullness, formalism and routine, our education is threatened with no greater evil than sentimentalism" ([1897] 1972, 93).

lichen Bildung“[17], des „praktischen Tuns“, des „anschaulich“-konkreten Denkens sowie einer anti-individualistischen Gemeinschaftserziehung eine spezielle soziale Bedeutung erhalten, die für Deweys demokratische, soziale und pädagogische Orientierungen vollkommen unannehmbar war, drang nicht ins dieses reformpädagogische Bewußtsein. So blieb bis auf wenige Ausnahmen auch unbemerkt, daß Deweys „social occupations“ gerade nicht Kerschensteiners „Arbeit“ meinten und daß „learning by doing“ nicht vorrangig etwas „Praktisches“ meint, sondern den Test einer Theorie oder Hypothese im Zusammenhang des Handelns an Stelle beispielsweise von rein „scholastischen“ Überlegungen oder blinder Autoritätsgläubigkeit.

Dem Daltonplan wurde hierzulande im Grunde seine „Studien“-Konzeption, die nicht in das soziale Ordnungssystem paßte, zum Vorwurf gemacht; sie galt vielen als tendenziell „gymnasial“ und damit per se auch als non-reformpädagogisch.[18] Doch bei der Berufung auf Dewey hielt man sich keineswegs dabei auf, daß man mit jener Unterscheidung genau jene Opposition von Theorie und Praxis im Kopf hatte, die Dewey als sozial höchst relevanten Fall von unangemessenem und undemokratischem Dualismus kritisierte.[19]

Bemerkenswert in dem hier diskutierten Zusammenhang ist in zweifacher Hinsicht auch die erste Monographie, die über den Daltonplan publiziert wurde. Sie erschien knapp vor dem Buch von Helen Parkhurst und stammte aus dem unmittelbaren Umfeld John Deweys, von dessen Tochter und Mitarbeiterin, der Psychologin Evelyn Dewey (1889-1965). Diese führte mit dem

---

17 Vgl. hierzu z. B. Spranger 1955, 56: „Es ist [...] nicht leicht zu sagen, was das ‚Volkstümliche‘ ist. Jedenfalls wurzelt es in der Eigenwelt des Volkes. Das heißt: die abstrakten Trennungen und die neutralen Begriffe, die der Welt der Wissenschaft entstammen und die in einer rationalisierten Kultur schließlich das Übergewicht erhalten, sind ‚für‘ das eigentliche Volk nicht da.“ Und Spranger 1955, 9: „Wir haben heute [...] die Demokratie als Staatsform; wir haben die Einheitsschule [die vierjährige Grundschule] in den Grenzen, die sinnvoll sind und über die man nur zum Schaden des Volksganzen hinausgehen könnte.“

18 Vgl. hierzu z. B. folgende aktuelle Definition der Reformpädagogik: „Die Reformpädagogik ist zugleich eine heute noch weltweit lebendige Tradition, deren (a) methodische und (b) schulreformerische Phantasie sich gegen ein verkopftes, *gymnasialisiertes* Schullernen und gegen ein staatlich reglementiertes und bürokratisch verwaltetes öffentliches Schulwesen mobilisieren läßt. [...]“ (Ullrich 1990, 893; Hervorhg. SP).

19 Vgl. zur deutschen Dewey-Rezeption auch Bittner 2000a.

Werk „The Dalton Laboratory Plan" (1922) ein Projekt fort, das zeitgenössische amerikanische Schulexperimente als potentielle Beispiele für eine zukunftsträchtige Schule im Lichte Deweyscher Positionen beschrieb und diskutierte. 1915 war ihr „Schools of To-Morrow" (New York; zusammen mit J. Dewey) und 1919 „New Schools for Old. The Regeneration of the Porter School" (New York) erschienen. Gegenüber den später so stark ausgeprägten Polarisierungen ist hier festzustellen, daß Evelyn Dewey dem Daltonplan sämtliche Attribute zuschreibt, die als Merkmale einer genuinen dewey-orientierten Schulpädagogik gelten dürfen. Der Daltonplan als Sekundarschulmodell ermögliche z. B. „complete experiences", „community life", „character development" und fördere konsequent „the habit of inquiry".[20] Als „[...] einfache und ökonomische Reorganisation des schulischen Mechanismus, die der Schule eine Funktion als Gemeinschaft ermöglicht" (Dewey o. J. [1922], 6) könne das Modell zudem ebenso jenen Schulen empfohlen werden, die „nur" eine pädagogisch akzeptable „efficiency measure" suchten, wie anderen, welche erste Schritte zu weitergehenden Reformen planten (vgl. Dewey o. J. [1922], 7). Daß in der Daltonschule fachliches Lernen und – nach deutschen Maßstäben – „gymnasiales" Lernen stattfindet, galt hier offenbar als schulart- und schulstufenspezifisch; für das pädagogische Urteil war die Delegation von Gestaltungsaufgaben und Mitverantwortung an die Lernenden entscheidend.

Interessanter noch aber erscheint der Bruch in der bis dahin konstanten Bewertung auf den letzten sechs Seiten des Buches. Nach dem Hinweis, daß einige „leaders in progressive education" schulorganisatorische Reformmaßnahmen kritisierten, die auf „individual study and subject promotion"[21] gerichtet seien, bemüht die Autorin sich zunächst um einen ausgleichenden Standpunkt: „Vollständige Erfahrungen, individuelle Arbeit und Konzentration des Interesses sind Wesensbestandteile sowohl im Daltonplan als auch bei der Projektmethode, wenn sie theoretisch betrachtet werden."[22] Recht unvermittelt aber tauchen als Empfehlungen für die weitere Entwicklung des

---

20 Vgl. z. B. Dewey o. J. [1922], vi ff.

21 Dewey o. J. [1922], 169.

22 „Complete experiences, individual work and scope for interests are essentials in both, the Dalton Plan and the ‚project method', when either is explained in theoretical terms" (Dewey o. J. [1922], 172).

Daltonplans Vorschläge auf, die auf z. B. „shop, cooking" und Aktivitäten wie „to sew, cook, do wood work" (Dewey o. J. [1922], 171f.) zielen, ohne daß erläutert würde, wie denn ein Sekundarschul-Curriculum aus den elementaren Funktionen der alltäglichen Reproduktion zu entwickeln sei. Im Credo weist John Dewey den grundlegenden zivilisatorischen Tätigkeitstypen („fundamental types of activity which make civilization what it is") ausdrücklich den Status einer Phase *vor* der Einführung in die verstärkt formalen Fächer des Curriculums zu („the child's introduction into the more formal subjects of the curriculum" (Dewey [1897] 1972, 90)).

Hier wechselt die Autorin, die vorher so präzise das spezielle Anliegen und die Schulstufe des Daltonplans beachtet hat, unvermittelt einerseits zu jenen universalen Prinzipien, wie sie John Deweys Auffassungen von der Genese und Funktion von Wissen im allgemeinen kennzeichnen, und andererseits zur Übergeneralisierung von Aspekten, die, als konkret schulbezogene aufgefaßt, grundschulspezifisch sind. Deren vergleichsweise stärkere pädagogische Orientierung wird sodann (hier: verhalten) kritisch gegen die „Schulförmigkeit" des Daltonplans gewendet, wobei kaum unterschieden wird, ob nun der Daltonplan oder die Sekundarschule gemeint ist. Dieser Typ von Ungenauigkeit ist in der reformpädagogischen Diskussion vergleichsweise häufig anzutreffen.

Hier gilt es nun zu erinnern, daß die unterrichtspraktischen Vorstellungen, die der reformpädagogisch orientierte praxisnahe Diskurs vielfach mit „Dewey" verknüpft, überwiegend unzutreffend sind. Knoll hat längst über die Mythenbildung um die Kilpatricksche „Projektmethode" aufgeklärt und dargelegt, daß sie keineswegs als „Musterfall" einer dewey-orientierten Schul- und Unterrichtsgestaltung gelten kann – gerade auch nicht in Form des berühmten „Typhus"-Beispiels (vgl. Knoll 1992a, b), das übrigens in seiner narrativen Struktur jenen Problemlösungen sehr nahe kommt, die die berühmten Entenhausener Neffen, von denen einer in der amerikanischen Version auch noch „Dewey" heißt, in jeder „Donald"-Heft-Episode praktizieren. Stefan Bittner wiederum kann zeigen, wie wenig Anlaß es dafür gibt, auf eine dewey-typische oder gar originär auf Dewey fußende Unterrichtstheorie zu rekurrieren. Dessen Vorstellungen von schulischer Bildung und Erziehung waren in vieler Hinsicht deutlich konservativer, als viele, die sich auf Dewey berufen, meinen (vgl. Bittner 2000b).

Dies bestätigen neben den Lehrplänen für die Sekundarschüler und Sekundarschülerinnen (10 bis 14 Jahre; vgl. Boggs 1901) tendenziell auch die obligatorischen Wochenberichte („weekly reports") der Lehrkräfte an Deweys „Laboratory School", die als Archivalien erhalten sind und von der Curriculum-Expertin Laurel N. Tanner ausgewertet wurden (vgl. Tanner 1997). Obwohl es nicht viel besagt, mag es für manch einen doch überraschend wirken, daß an dieser Schule nicht nur Fachlehrer und Fachlehrerinnen wirkten, sondern auch die „weekly reports" bereits für die Primarschul-Gruppen aus fachlicher Perspektive verfaßt wurden. Es ist des weiteren ein Irrtum zu glauben, daß die „Laboratory School" das Lernen als eine Abfolge von Projekten organisiert oder daß die Projektmethode dominiert habe.[23] Dewey, so resümiert Tanner, suchte sowohl konzeptuelles Fachwissen wie auch ein integriertes Curriculum. Es habe ein organisierendes Thema gegeben, das vertikal durch das Curriculum lief, in Deweys Fall: „social occupations". Die Lehrerberichte aber zeigen, daß nur zwei Wochenstunden diesem Thema selbst gewidmet waren.[24] In einer Richtlinie von John Dewey zur Abfassung der „weekly reports" heißt es bezeichnenderweise:

„Soweit als möglich sollte die Art und Weise des Themenzugangs angegeben werden. [...] In Naturwissenschaften, Geschichte und Geographie sollten alle instruktiven und expressiven Tätigkeiten, die aus dem Fachunterricht erwachsen, verzeichnet werden. [...] Das Schreibpensum in jedem Fach sollte verzeichnet werden, und ob es an der Tafel oder auf Papier geschieht; im Klassenunterricht oder in der Studienzeit; ob die Arbeitsergebnisse aufgezeichnet wurden, die Diskussionsergebnisse oder eher originäre Kompositionen."[25]

---

23 „[It] is widely believed that the curriculum in Dewey's school consisted of a series of projects. It didn't. The reports show very clearly that the teachers used a number of approaches – including discussion, field trips, writing, laboratory experiments, and experiences in the practical and fine arts" (Tanner 1997, 64).

24 „Dewey sought both conceptual knowledge in the subject fields and an integrated curriculum. [...] It was an organizing theme that ran vertically through the school – in the case of Dewey's school, social occupations. From the teachers' reports, we learn that only 2 hours a week were devoted to work on the theme itself" (Tanner 1997, 46f.).

25 „So far as possible the mode of getting at the topic should be indicated. [...] In science, history and geography all instruction and expression work growing out of the subject matter should be stated [...]. The amount of writing in each subject should be stated, and whether done on blackboard or on paper; in class or study hour; whether record of work

In Hinsicht auf den bemerkenswerten Schwenk, den Evelyn Dewey am Ende ihres Daltonplan-Buches vollzog, zeigt uns die Überlieferung der „Laboratory School“ sehr deutlich, daß es eigentlich wenig Anlaß gab, sich von der „Schulförmigkeit“ des Daltonplans zu distanzieren; die „Laboratory School“ wies diese in den Sekundarklassen ebenso auf. Die Curricula-Konzepte zeigen beispielsweise, daß bereits mit dem 6. Schuljahr die im weiteren Sinne hauswirtschaftlich, handwerklich, industriell oder musisch orientierten praktischen Tätigkeiten weitgehend von der symbolisch vermittelten Welt des Fachunterrichts zurückgedrängt waren bzw. sein sollten und daß im 7. Schuljahr

> „[...] als handwerkliche Tätigkeit mit vier Wochenstunden nur das technische Zeichnen übrig bleibt, während die ‚symbolischen' Lehrfächer wie griechische und römische Geschichte, Geographie, Steuer- und Bankrechnungswesen, Geometrie, Architektur, Theorie der griechischen Webkunst und Fremdsprachen 21 Wochenstunden ausmachen“ (Bittner 2000b, 8)[26].

Darüber hinaus kann man Bohnsacks Ausführungen zum „Sozialkunde“-Unterricht („social science“) an der „Laboratory School“ entnehmen, daß die Schüler und Schülerinnen etwa im Alter von neun oder zehn Jahren an die fachsystematische Auseinandersetzung mit den Gegenständen herangeführt und beispielsweise politische Zusammenhänge der europäischen und nordamerikanischen Geschichte weniger thematisch als in chronologischer Abfolge behandelt wurden (vgl. Bohnsack 1976, 287-292). Wenn die Schüler und Schülerinnen, die Dewey hier vor Augen hatte, den Übergang „von der unmittelbaren Einheit der ‚Eigenwelt' des Kindes [zur] bewußten, reflektierten Einheit der Welt des Erwachsenen“ (Bohnsack 1976, 132) vollzogen haben, dann haben wir auch jene Schüler und Schülerinnen vor uns, für die der Daltonplan konzipiert ist.

Ein letztes Beispiel soll darauf hinweisen, wie ungenau das reformpädagogische Denken wird, wenn es in der einen Hinsicht abstrakt, prinzipiell und emphatisch pädagogische Prinzipien feiert, für die Dewey einsteht oder herhalten soll, und auf der anderen Seite „schulförmige“ Umsetzungen mißbil-

---

done, summary of discussions or more original composition“ (Laboratory Schools Work Reports, Addenda, October 1898, zit. n. Tanner 1997, 74).

26 Mit Bezug auf Boggs 1901. – Wir danken an dieser Stelle Stefan Bittner herzlich dafür, daß er uns Einblick in das Vortragsmanuskript gewährte.

ligt, und dies nicht selten anhand von wenig aussagekräftigen Oberflächenphänomenen, die nur nicht in die kanonisierten Erwartungen einer reformpädagogischen „Ästhetik" passen.

Dem Daltonplan wurden vielfach die schriftlichen „assignments" als Ausdruck des lebensfernen und fachsystematischen „Schul-Lernens" vorgeworfen. In der Tat gibt es viele Beispiele, wo diese nichts anderes zeigen als Aufgabennummern, sortiert nach Fächern – keine pädagogischen Ideen, kein didaktischer Gestaltungswille leuchten aus ihnen hervor. Doch man muß sich bewußt bleiben, daß Aussagen über deren pädagogische und didaktische Qualität – entgegen allem Augenschein – erst möglich werden, wenn man das Konzept und die Referenzmaterialien kennt, auf die sie sich beziehen, und den Stellenwert einschätzen kann, den die damit angewiesenen Arbeiten in der gesamten Unterrichtsgestaltung und im Schulleben haben. Immerhin sah selbst W. H. Kilpatrick in seinem Konzept der „project method" das „Lernprojekt" als eine von vier Projektformen vor, bei dem die Schüler und Schülerinnen z. B. unregelmäßige französische Verben oder Rechenoperationen üben sollten (vgl. Kilpatrick 1935, 176f.). Bezeichnenderweise ist dieses Detail kaum im allgemeinen reformpädagogischen Bewußtsein präsent.

Liest man aber beispielsweise die folgenden, keineswegs untypischen Auszüge aus den „weekly reports" der „Laboratory School", so kann man sich eine Umsetzung in entsprechende „assignments" sehr leicht vorstellen, wie überhaupt die Differenzen zwischen dem Unterricht einer Daltonschule und dem einer „Dewey"-Sekundarschule sich aufzulösen beginnen.

> Beispiel 1. „Gruppe IV und V (Sieben- bis Elfjährige) haben Chicago in der Geographie gewählt und arbeiten in zwei Richtungen: eine Gruppe lokalisiert Orte in Chicago, wobei sie von ihrem Wohnort und dem Schulhaus ausgeht, die andere setzt Chicago zu anderen Orten der Vereinigten Staaten in Verbindung ... Das Zeichnen einer Maßstabskarte führt in das lineare Messen ein, und Multiplikationsübungen finden in Verbindung mit Zoll, Fuß, Schritt und Klafter statt."[27]

---

27 „Groups IV and V (ages 7-11) have taken Chicago as the center of work in Geography and are working in two directions; one, the location of points within Chicago itself, starting from their own home and the school house as centers, and the other in placing Chicago with reference to important localities of the United States ... The drawing of a map to scale introduces linear measurement, and practice in multiplication is given in connection with inches, feet, yards and rods" („School Record", 1896b, 460, zit. n. Tanner 1997, 48).

Beispiel 2. Französisch-Unterricht bei Zehnjährigen: „Der Wortschatz wurde ihnen in so vielen verschiedenen Weisen präsentiert, wie es praktikabel und geeignet war, einen lebendigen Eindruck hervorzurufen. Sie besuchten die Küche, um die verschiedenen Zubehörteile und Utensilien zu sehen, die Wörter gesprochen zu hören und sie laut von der Tafel zu lesen. [...] Am nächsten Tag wurden sie gefragt, was sie am Tag zuvor getan hätten, und es wurde ihnen beigebracht, wie sie zu antworten hatten. Diese Konversation wurde an die Tafel geschrieben, sie mußten sie laut lesen und zum Lernen für zu Hause abschreiben."[28]

Das Beispiel jener Kritik am Daltonplan, die häufig, wenn auch vage genug oder gar mit falschen Vorstellungen, Dewey als Maßstab „anrief", verrät sehr viel von einer allgegenwärtigen Neigung zu übertriebenen Polarisierungen und wenig von selbst- und sachkritischem Impetus. Jene Neigung wiederum scheint einerseits auf bestimmte Identitätsbedürfnisse zu verweisen, andererseits aber auch auf Schwierigkeiten mit definitorischen Klärungen. Es ist leichter, sich vom „schlechten Beispiel" abzugrenzen, als positiv zu setzen, was man meint.

Auch wenn in der sogenannten „kritischen" Historiographie bereits Wesentliches geleistet wurde, so ist es doch im praxisnahen reformpädagogischen Diskurs noch erforderlich, präziser zwischen den Selbstkonzepten und Eigenbeschreibungen der reformpädagogischen Richtungen und einer systematisierenden Betrachterperspektive zu unterscheiden. Jene gehorchen der Intention, den je „eigenen" Veränderungsvorschlag möglichst überzeugend, motivierend und konkurrenzfähig zu vertreten; sie betonen die Differenz zu anderem und befassen sich wenig mit dem institutionell gegebenen „Normalen", wie es vergleichsweise ähnlich überall dort sich einstellt, wo Schule stattfindet. Daß Helen Parkhurst ohne irgendwelche Abmilderungen das schulische Lernen in seiner herkömmlichen Form als Ausgangspunkt für die Reform der „Normal"-Sekundarschule ins Zentrum ihres Vorschlags gerückt hat – ohne es deswegen für erstrebenswert oder unveränderlich zu erklären –,

---

[28] „The vocabulary was presented to them in as many different ways as was practicable and calculated to make a vivid impression. ‚They visited the kitchen to see the various appurtenances and utensils, heard the words pronounced and read them aloud from the board. [...] The next day they were questioned about what they had done the day before and taught how to answer. This conversation was written on the board, and they were asked to read it aloud and copy it to take home" („Laboratory Schools Work Reports" 1898-1899, 26-37, zit. n. Tanner 1997, 76f.).

ist für reformpädagogische Verhältnisse eher ungewöhnlich – und wahrscheinlich auch sehr mutig, denn damit riskierte und provozierte sie unweigerlich einen Großteil der Vorbehalte gerade von reformpädagogischer Seite.

Um ein letztes Mal das Beispiel „Daltonplan“ zu zitieren: Womit immer man ihn vergleicht, sei dies die „project method“ oder „laboratory school“, der Jenaplan oder die Montessori-Pädagogik, immer gilt – wie für jeden systematisierenden Vergleich –, daß auf die Stimmigkeit der Vergleichsobjekte zu achten ist. Wenn der Daltonplan ein Reformkonzept für die eher traditionelle Sekundarschule darstellt, so macht es nur wenig Sinn, ihn *allgemein* mit der Montessori-Methode zu vergleichen, ohne dabei zu berücksichtigen, daß diese einerseits auf das Kindesalter bezogen ist und andererseits weniger auf Schule und Unterricht als auf Erziehung. Zu fragen wäre vielmehr nach dem Sekundarschul-Konzept, das die Montessori-Pädagogik bereitstellt, und wie damit vergleichsweise die Probleme gelöst werden, die für eine „Normal“-Sekundarschule typisch sind (auch: Berechtigungswesen und Abschlüsse).

Ein anderer Aspekt betrifft die Unterscheidung von obligatorischen und fakultativen Elementen in den jeweiligen Konzepten sowie von kompatiblen und sich ausschließenden Faktoren im Konzeptvergleich. Man mag sich, auch wenn es nicht zutrifft, die „Laboratory School“ als Serie von Projekten vorstellen, aber man muß dann auch fragen, wie jene systematische Lernarbeit organisiert wird, ohne die auch die Projektmethode nicht auskommt. Und wenn man sich den Daltonplan vor allem als selbständiges „Abarbeiten“ von herkömmlichen Lernpensen vorstellt, dann ist immer noch offen, welchen Stellenwert dies im Ganzen des Schulkonzepts einnimmt. Grundsätzlich haben solche Vergleiche nicht von den Punkten aus zu erfolgen, die die Konzepte selbst als typisch oder zentral darstellen, sondern auf der Grundlage einer formalen Matrix, in der alle Aspekte und Funktionen von Schule ausgewiesen sind, so daß man sich zunächst darüber verständigen kann, welche Kriterien von einem jeweiligen Konzept überhaupt besetzt sind und wo die Eigenbeschreibung „Leerstellen“ aufweist.

„Wir wundern uns zu wenig über die Sicherheit, mit welcher das pädagogische Urteil in uns erscheint. Die subjektive Überzeugungskraft, mit der es sich uns präsentiert, schreiben wir seiner objektiven Gültigkeit zu“, beklagte Siegfried Bernfeld (1892-1953) in seinem „Sisyphos“ ([1925] 1981, 145) und formulierte damit ein Postulat, das jedes „Wiederlesen" reformpädagogischer Klassiker und alle affirmativen Bezugnahmen darauf begleiten sollte. Jene Selbstsicherheit, die ohne Rücksicht auf historische Distanzen Übereinstimmung zwischen den Ideen der Klassiker und „uns" annimmt, nur weil das Vokabular passend, zudem alltagssprachlich vertraut ist und aus emphatisch besetzten Begriffen besteht, muß grundsätzliches Mißtrauen auslösen, gerade auch, wenn man den Pragmatisten Dewey ernst nehmen will, der jede „Wahrheit" nur in Hinsicht die problemlösende Bewährung in Handlungszusammenhängen gelten lassen will.

Daß auch bei dem, was der praxisnahe Reformdiskurs „Dewey" nennt, die Bereitschaft sehr hoch ist, in letztlich hohle (aber: prüf- und bewertbare) Praxis-Choreographien zu pressen, was als kritisches Reflexionsinstrument gedacht war und untrennbar auf den philosophisch-pragmatistischen Hintergrund bezogen ist, zeigen nicht zuletzt die Konjunkturen der Projektmethode und des „learning by doing", wobei Dewey mehr als Etikett dienen muß, als daß er ernsthaftes Interesse findet.

Die forschende Rückkehr zu Deweys Credo kann sehr fruchtbar sein, wenn dies in (selbst-)kritischer Weise auch den Reformdiskurs selbst und den schlagwortartig verkürzten Umgang mit reformpädagogisch „geadelten" „Prinzipien" einbezieht. Darüber hinaus bietet die Auseinandersetzung mit Dewey kräftige Impulse für eine neuerliche Standortbestimmung angesichts der Fülle höchst unterschiedlicher Innovationsprojekte, die das System Schule derzeit auf allen Systemebenen, aber eben zumeist nur mit partiellen und nicht immer konfliktfreien Ansprüchen beschäftigen. Schließlich kann Deweys global gedachter Ansatz auch die Aufmerksamkeit wieder stärker auf Fragen lenken, die die potentielle Zukunft dieser wie auch der Welt-Gesellschaft betreffen: den Erhalt und die Fortentwicklung von Demokratie, sozialer Kohäsion und friedlichem Zusammenleben. Denn die Fragen und Herausforderungen einer gelingenden sozialen Integration auf allen Ebenen vom Lokalen bis zum Globalen werden immer dringlicher und die möglichen Auswirkungen von Fehlentwicklungen für alle fataler.

Nicht der zu brauchbarer Münze kleingeschmolzene Dewey, nicht der uns in unseren guten pädagogischen Absichten bestätigende Dewey sollte uns vorrangig interessieren, sondern derjenige, über den Rorty sagt: „Sein Versuch, uns zu helfen, die verschiedenen Arten von philosophischem Gottesersatz zu überwinden, die Verehrung der Natur, der Vernunft, der Wahrheit oder der Macht, und ausschließlich an uns selbst zu glauben, war kein Symptom der Einfalt. Deweys ‚kosmische Gottlosigkeit' war das Produkt einer kühneren philosophischen Vorstellungskraft und einer leidenschaftlicheren sozialen Hoffnung als die seiner einstigen und heutigen Kritiker" (Rorty 1992, 16).

Literatur

Bernfeld, Siegfried: Sisyphos oder die Grenzen der Erziehung [1925]. 4. Aufl., Frankfurt a. M. 1981.

Berube, Maurice R.: Eminent Educators. Studies in Intellectual Influence. Westport, Conn. u. a. 2000.

Bittner, Stefan: German Readers of Dewey – Before 1933 and After 1945. In: Studies in Philosophy and Education 19 (2000), 83-108 (Bittner 2000a).

Bittner, Stefan: John Deweys Unterrichtstheorie – Archivalie oder Chance? (Unveröff. Vortragsmanuskript 2000, 17 Seiten. (Bittner 2000b).

Boggs, Lucinda Pearl: Über John Deweys Theorie des Interesses und seine Anwendung in der Pädagogik. Diss. Halle 1901 (Ref.: Alois Riehl).

Bohnsack, Fritz: Erziehung zur Demokratie. John Deweys Pädagogik und ihre Bedeutung für die Reform unserer Schule. Ravensburg 1976.

Boisvert, Raymond D.: John Dewey. Rethinking Our Time. Albany, N. Y. 1998.

Dewey, Evenlyn: New Schools for Old. The Regeneration of the Porter School. New York: E. P. Dutton & Co 1919.

Dewey, Evelyn: The Dalton Laboratory Plan. New York o. J. [1922].

Dewey, John/Dewey, Evelyn: Schools of To-Morrow [1915]. New York 1962 (TB-Ausabe nach der Erstausgabe New York 1915).

Dewey, John: My Pedagogic Creed [1897]. In: Boydston, Jo Ann (Hrsg.): The Early Works of John Dewey. 1882-1898, Bd. 5: 1895-1898, Carbondale, South Illinois 1972, 84-95.

Dewey, John: Democracy and Education. New York 1916.

Dewey, John: What Is the Matter with Teaching? [1927] In: Boydston, Jo Ann (Hrsg.): Dewey, John: The Later Works, 1925-1953, Bd. 2: 1925-1927. Carbondale, South Illinois 1984, 116-124.

Dewey, John: Demokratie und Erziehung [1916]. Breslau 1930.

Dewey, John: Mein pädagogischer Glaube. Ausgewählte Passagen – übersetzt und kommentiert von Helmut Schreier. In: Grundschule H. 10, 2000, 56-58.

Ekholm, Mats/Hameyer, Uwe: Wie können wir unsere Schulentwicklung tragfähig machen? In: Grundschule, H. 6, 2000, 29-33.

Hameyer, Uwe: Discovery learning in the primary school. Using what we know about sustained curriculum renewal in four countries. In: Brinkman, F. G./van der Schee, J.

A./Schouten-Van Parreren, M. C. (Hrsg.): Curriculum research: different disciplines and common goals. Amsterdam 1994, 203-232.
Hameyer, Uwe: Entdeckende Lerntätigkeit. In: Hameyer, Uwe/Schlichting, Frank (Hrsg.): Entdeckendes Lernen. Kiel 2001 (im Druck).
Holt, Mara: Dewey and the „Cult of Efficiency": Competing Ideologies in Collaborative Pedagogies of the 1920s. In: JAC online 14.1 (1994), 12 S.
Kilpatrick, William H.: An Effort at Appraisal. In: Whipple, Guy M. (Hrsg.): The Twenty-Fourth Yearbook of the National Society for the Study of Education, Bloomington, Ill. 1925, 273-286.
Kilpatrick, William H.: Die Projekt-Methode. Die Anwendung zweckvollen Handelns im pädagogischen Prozeß [1918]. In: Dewey, John/Kilpatrick, William H.: Der Projekt-Plan. Grundlegung und Praxis. Weimar 1935, 161-179.
Knoll, Michael: Abschied von einer Fiktion. Ellsworth Collings und das „Typhusprojekt". In: Neue Sammlung 32 (1992), 571-587 (Knoll [vgl. Bei Bittner] 1992a)).
Knoll, Michael: John Dewey und die Projektmethode. Zur Aufklärung eines Mißverständnisses. In: Bildung und Erziehung 45 (1992), 89-109. (Knoll 1992b).
Luhmann, Niklas/Schorr, Karl Eberhard: Strukturelle Bedingungen von Reformpädagogik. Soziologische Analysen zur Pädagogik der Moderne. In: Zeitschrift für Pädagogik 34 (1988), 463-480.
Mayhew, Catherine C./Edwards, Anna C.: The Dewey School. The Laboratory School of the University of Chicago. 1896-1903. New York 1936.
Oelkers, Jürgen: Reformpädagogik. Eine kritische Dogmengeschichte, Weinheim/München 1989.
Parkhurst, Helen: Education on the Dalton Plan. New York/London 1922.
Popp, Susanne: Der Daltonplan in Theorie und Praxis. Bad Heilbrunn 1995. 2., völlig überarb. und aktualis. Aufl., Innsbruck, Wien 1999.
Popp, Susanne: Mythen und Realität. Aspekte der Rezeptions- und Wirkungsgeschichte eines reformpädagogischen Modells am Beispiel des Daltonplans. In: Eicherlberger, Harald (Hrsg.): Der Daltonplan. Innsbruck vorauss. Juli 2001, 104-146.
Rorty, Richard: Der Spiegel der Natur. Frankfurt a. M. 1981.
Rorty, Richard: Auch nur eine Spezies, die ihr Bestes tut. In: Merkur 46 (1992), 1-16.
Schreier, Helmut: John Dewey 1859-1952: Einige Aspekte zu Biographie und Wirkungsgeschichte. In: Dewey, John: Erziehung durch und für Erfahrung, eingeleitet, ausgewählt und kommentiert von Helmut Schreier, Stuttgart 1986, 9-20.
Simpson, Douglas J./Jackson, Michael J.: Educational Reform. A Deweyan Perspective. New York u. a. 1997.
Spranger, Eduard: Der Eigengeist der Volksschule. Heidelberg 1955.
Strobel, Anton: Das Konzentrationsprinzip in der einklassigen Landschule. In: Bayerisches Bildungswesen 3 (1929), 420-435.
Suhr, Martin: John Dewey zur Einführung. Hamburg 1994.
Tanner, Laurel N.: Dewey's Laboratory School. Lessons for Today. New York, London 1997.
Ullrich, Heiner: Die Reformpädagogik. Modernisierung der Erziehung oder Weg aus der Moderne? In: Zeitschrift für Pädagogik 36 (1990), 893-918.

Rupert Vierlinger

Die Schulwirklichkeit im Spiegel der Deweyschen Glaubenssätze

Lehrerbildung[1]

Die Lehrerbildung ist in Deutschland nach dem Modell der Zweiphasigkeit organisiert. An die Phase des „Studiums" an der Universität (und zum Teil noch an der Pädagogischen Hochschule) schließt das Referendariat, die Phase der „Praxis". Wohl ist dies eine vergröbernde Redeweise, denn auch die Universitäten schicken die Lehramtsstudenten für einige Zeit in die Praktikumsschulen – und im Seminar (Referendariat) geschieht nicht nur Einführung in die Praxis, sondern es wird auch wieder Theorie vorgetragen und abgeprüft. Gleichwohl handelt es sich in beiden Institutionen mehr um ein Nebeneinander von Theorie und Praxis – bei durchaus unterschiedlicher Gewichtung – als um ein Ineinander.

Das tradierte Selbstverständnis der meisten „Theoretiker" der Pädagogik hätte bis an die Schwelle der Gegenwart eine Verschränkung der beiden Handlungsfelder gar nicht zugelassen. Noch 1965 hat es in den Empfehlungen und Gutachten des Deutschen Ausschusses für das Erziehungs- und Bildungswesen geheißen, daß „der Eigencharakter und die Gründlichkeit des erziehungswissenschaftlichen Studiums (...) nicht durch vorzeitige praktische Exerzitien beeinträchtigt werden" dürfen (37). Ein halbes Jahrhundert vorher hatte Ernst Troeltsch dieses Separieren von Theorie und Praxis noch vehementer verteidigt: Auf der 1917 in Berlin abgehaltenen Konferenz des Preußischen Ministeriums für geistige Angelegenheiten und solche des Unterrichts forderte er für die Lehrerbildung an der Philosophischen Fakultät eine „rein theoretische Wissenschaft" und verbannte „alles Andere" in die Seminare und Novizenausbildung" (Lenzen/Haller 1977, 153). Dieses Denken steht in der von den Alten Griechen begründeten Tradition, gemäß der Theorie mit

1 Ich stelle den Abschnitt über Lehrerbildung voran, weil er Gelegenheit bietet, Deweys erkenntnistheoretische Position zu skizzieren, die für die weiteren Aussagen Leitbildfunktion haben.

Wesensschau identisch ist. Die Vernunft (Nus) hatte die ewigen Wahrheiten zu ergründen, die als denknotwendig und unveränderlich – eben ewig – angesehen wurden. Die subalterne Praxis hatte es dagegen mit dem Vordergründigen zu tun, mit der Welt des bloßen Scheins, in der Wandel und Veränderung herrschen. Was aber der Veränderung bedarf, kann nicht vollkommen sein und daher auch nicht wahr. Was Wunder, wenn die Beschäftigung mit diesen Dingen nicht angesehen war.

Die Erkenntnistheorie des John Dewey rechnet mit dieser Sichtweise ab und initiiert eine Art Kopernikanische Wende. Er ist mit Charles S. Peirce, dem philosophischen Wegbereiter des Pragmatismus, der Überzeugung, daß „die einzige Idee eines Gegenstandes in den Konsequenzen (besteht), die sich ergeben, wenn in einer bestimmten Weise auf diesen Gegenstand (handelnd) eingewirkt wird“ (Dewey 1998, 117)[2]. Erfahrung ist immer die Erfahrung des Vollzugs einer Handlung und der daraus sich ergebenden Konsequenzen.[3] Authentische und verläßliche Erfahrung kann nur erlangt werden, wenn die Trennung von Erkenntnis und Tun sowie ihre unterschiedliche Wertigkeit vollständig aufgegeben werden (82). Erkenntnis ist ein Fall speziell gerichteter Aktivität und nicht etwas von der Praxis Getrenntes (205).

Auf die Prozesse der Erziehung bezogen beklagt Dewey, daß sie immer noch eher vom Einimpfen eines Pakets fester Schlußfolgerungen (etwa im Sinne von Definitionen) beherrscht werden als von „zielgerichteten Operationen des Forschens“ (200), welche für ihn den Sinn der Intelligenz ausmachen.

„Das Speichern abstrakter Informationen auf der einen Seite und die Hingabe an die Ausbildung technischer und mechanischer Fertigkeiten auf der anderen ist für jemanden, der die Zeichen zu erkennen vermag, eine beinahe perfekte Illustration der Bedeutsamkeit der historischen Trennung von Erkennen und Handeln, Theorie und Praxis. Solange die Isolierung von Erkennen und Praxis besteht, wird diese Spaltung

---

2 Für alle weiteren Zitate aus diesem Werk werden in diesem Kapitel nur noch die Seitenzahlen angegeben.

3 Deweys programmatischer Satz „Learning by doing“ (by inquiring, by doing research) ist identisch mit seinem Postulat, daß das Denken mit dem Handeln (dem äußeren wie dem verinnerlichten) vereinigt werden muß (44). Er nennt diese Position „pragmatischen Instrumentalismus“ (41).

der Ziele und die Verschwendung von Energie andauern, für die der Zustand der Erziehung typisch ist" (252).

Aus dem „Studienbetrieb" einer einphasigen Lehrerbildung

Die zwingende Konsequenz aus der von Deweys Pragmatismus vorgetragenen Erkenntnistheorie für die Lehrerbildung ist die Integration der zweiten Phase in die erste, und das mit allen persönlichen und institutionellen Ressourcen. In einer solcherart reich ausgestatteten Pädagogischen Fakultät als Bildungsstätte für Lehrer stehen genügend Schul-Kliniken wie auch Mentoren zur Verfügung, um die Studierenden die Probleme des Unterrichtens und der Erziehung „erfahren" zu lassen. In spiralig kreisender Aufwärtsbewegung können sie sich vom pädagogischen Feld in die Diskussionsrunde des Studienseminars begeben, von dort in die Bibliothek und an den Studiertisch – und selbstverständlich immer wieder auch in den Hörsaal. Bei den Kindern sind sie einem Problem begegnet; in den vom unmittelbaren Handlungsdruck entlasteten Räumen entwerfen sie Handlungskonzepte, angereichert mit Hypothesen über mögliche Wirkzusammenhänge; mit diesen Konzepten kehren sie zurück an den Ort der Verifikation oder Falsifikation. Weil die Schüler nie zu bloßen „Versuchskaninchen" degradiert werden dürfen, weil alles Handeln in der Schulklasse immer Ernstcharakter hat, ist es notwendig, daß Mentoren zugegen sind, die das Probierhandeln der Novizen behutsam begleiten. Daß deren analytischer Zugriff gleichsam an Ort und Stelle eine deutlich größere Wirkung erzielt als die zeitliche Trennung von Belehrung und Erprobung im traditionellen System, möchte ich mit einem jüngst protokollierten Fall zu belegen versuchen:

Ein Student des Lehramtes Mathematik/Physik muß vor Fünfzehnjährigen das Thema „Beschleunigte Bewegung" behandeln. Er ist ein versierter Jongleur und hat drei Bälle mitgenommen. Sozusagen außer Programm widerfährt ihm fürs erste eine Erfahrung im Bereich der Motivation: In einem langen Schulleben sozialisiert, wie die Lehramtsanwärter nun einmal sind, meint er, die Aufmerksamkeit durch eine verbale Mahnung herbeizwingen zu sollen: „Alle müssen einmal hersehen!" – In der Nachbesprechung rate ich ihm, er möge doch bei einer Wiederholung seines „Auftrittes" in der Parallelklasse gar nichts sagen. Vielmehr möge er die Pose des Jongleurs einnehmen, die Bälle wurfbereit halten und einfach zuwarten... Im Zweitversuch ist er freudig überrascht, als sich die Schüler gewissermaßen selbst disziplinieren und schließlich in gespannter Erwartung vor ihm sitzen. – Als er dann zunächst einen Ball, dann zwei und schließlich drei Bälle in rascher Folge in die Luft wirft und in rhythmischem Spiel stets aufs Neue „beschleunigt", hat er sie für sein Thema gefangengenommen. Sie sind bereit, in das Bemühen einzusteigen, der Gesetzmäßigkeit auf die Spur zu kommen, die hinter dem Aufstieg und dem Fall eines jeden Balles steht. Viele zeigen auf. Als er einen ruft und dieser seine Meinung äußert, beginnt er mit ihm sofort ein Zwiegespräch über Sinn und Unsinn von dessen Auffassung. Mit zwei, drei Schülern verfährt er ebenso. Die Schüler äußern durchaus interessante und ausbaufähige Ansätze. Aber der junge Lehrer blickt gebannt auf deren Differenz zur angezielten Formel und nötigt seinem jeweiligen Gegenüber seine eigene (systematisch abgestützte) Denkrichtung auf. – Die anderen werden unwillig, beginnen ihre Meinungen „privat" auszutauschen, so daß die disziplinäre Ordnung zerfällt. – Er habe ein Schülergespräch vorgehabt, meint er in der Nachbesprechung, aber die Schüler seien dazu nicht bereit gewesen. – Ich gebe ihm folgenden Rat: „Stellen Sie in der Parallelklasse die Sitzordnung um. Lassen Sie einen Kreis bilden. Vor allem aber warten Sie mit ihren Korrekturen, bis alle diejenigen gesprochen haben, die zu dem aufgeworfenen Argument Stellung beziehen wollen. Erst dann lassen Sie ein neues Argument auftischen und verfahren ähnlich. Den jeweiligen Erkenntnisgewinn der Diskutanten halten Sie an der Tafel mit Stichwörtern und/oder Skizzen fest und geben, wenn es notwendig ist, den einen oder anderen klärenden Zusatz..." – So leicht ist es nun freilich nicht, im Ansturm der Schülerbeiträge den Überblick zu behalten oder zu gewinnen und in Gelassenheit das Gespräch zu steuern, als daß dem Adepten der Didaktik bereits in der Parallelklasse der volle Erfolg beschieden hätte sein können. Aber die Richtung hatte er „leibhaftig" erfahren, die Richtung, in welche er die Übungssequenzen zu lenken hatte.

Die ständig angebotene Chance zum Transfer ins Alltagshandeln mit der von dort zurückgemeldeten Kontrolle und Korrektur stellt für die Pädagogen dasjenige bereit, was den Medizinern die Erfahrung des Klinikums ist. Ohne sie „erfährt man keine verläßliche Kasuistik vom Gelingen und Scheitern, erlebt keine realitätsgerechten Entwürfe von Schule und Unterricht und entwickelt vermutlich eher Distanz zum Beruf, als daß man sich auf ihn vorbereiten würde" (Oelkers 1995, 45).

Sekundarstufe I

Das gegliederte Schulsystem – ein Relikt aus vordemokratischer Zeit

Der Appell an die soziale Verantwortung der Schule und ihrer Lehrer durchzieht wie ein roter Faden die pädagogischen Schriften John Deweys und insbesondere auch sein pädagogisches Credo. Darin, daß der Lehrer mit dem Auftrag im Dienste der Gemeinschaft steht, die richtige soziale Ordnung zu erhalten und das richtige soziale Wachstum zu sichern, sieht Dewey die eigentliche Würde des Lehrberufes (CREDO, Artikel 5). „Richtig" wird von ihm mit denjenigen Intentionen gleichgesetzt, die das demokratische Bewußtsein fördern und damit die demokratische Verfaßtheit des Zusammenlebens im Staat. Schließlich ist Dewey nach Fritz Bohnsack (1979, 85) „der Philosoph und Pädagoge der Demokratie"! Die Kräfte, die Interessen und Verhaltensweisen des Kindes „müssen in Begriffe ihrer sozialen Äquivalente übertragen werden, in Begriffe, die ihr Potential im Hinblick auf den Dienst an der Gemeinschaft ausdrücken" (CREDO, Artikel 1, Abs. 4). In diesem Dienst an der Gemeinschaft wächst das Individuum, bildet sich sein Charakter: „Nicht am individuellen Begriff, Beispiel oder Aufruf" ereignet sich Charakterbildung, „sondern durch den Einfluß einer bestimmten Form des institutionellen oder Gemeinschaftslebens auf das Individuum".

Die gemeinsame Grundschule ist mittlerweile verwirklicht, die gemeinsame Mittelstufe (Sekundarstufe I) aber nicht. Eine amerikanische Erziehungskommission wollte nach dem Zusammenbruch der nationalsozialistischen Diktatur die Restauration des gegliederten Schulsystems der ehemaligen Ständischen Gesellschaft verhindern. Geschult in den Denkformen des John Dewey haben die Mitglieder dieser Kommission dem Schulaufbau in Deutschland vorgeworfen, daß er den Klassengeist betone:

„Schon im Alter von zehn Jahren sieht sich ein Kind eingruppiert oder klassifiziert durch Faktoren, auf die es keinen Einfluß hat, wobei diese Einstufung fast unvermeidlich seine Stellung für das ganze Leben bestimmt. Dieses System hat bei einer kleinen Gruppe eine überlegene Haltung und bei der Mehrzahl der Deutschen ein Minderwertigkeitsgefühl entwickelt, das jene Unterwürfigkeit und jenen Mangel an Selbstbestimmung möglich machte, auf denen das autoritäre Führerprinzip gedieh. (...) Daher müssen wir auf die Minderung der Klassen- und Glaubensgegensätze dringen. Es muß sich die Auffassung durchsetzen, daß die Schule ein Hauptfaktor für die innere Demokratisierung Deutschlands ist“ (zit. nach Herz 1987, 13).

Den in Bedrängnis geratenen Verteidigern des alten Systems kam aber der rasch ausbrechende „kalte Krieg“ zupaß. Deutschland wurde als Verbündeter des Westens bzw. als Vorposten gegen den kommunistischen Machtblock wichtig, und dieses Machtkalkül hat die idealistischen Bestrebungen einer radikal-demokratischen Schulpolitik in den Hintergrund gedrängt. Das Beharrungsvermögen des traditionellen Stufungssystems (gegliedertes Schulsystem) war in den allermeisten Ländern der Bundesrepublik so stark, daß trotz aller reformerischen Attacken nach wie vor bereits die Zehnjährigen sortiert werden.

Wenn ich auf reformerische Attacken verweise, möchte ich nicht in dem Sinne mißverstanden werden, als meinte ich damit die Gründungswelle der sogenannten Integrierten Gesamtschule (IGS) in den 70er und auch noch in den 80er Jahren. Mit ihren Leistungskursen in den stundenreichen und prestigeträchtigen Gegenständen Deutsch, Englisch, Mathematik und zum Teil auch in Physik/Chemie ist sie ebenso der Selektion verhaftet wie das traditionelle System und frönt demselben Prinzip: Wegen ihrer leistungsmäßigen Verschiedenheit müssen die Kinder in homogene Riegen auseinanderdividiert werden, um effizienten Unterricht landen zu können.

Selektion hilft weder den Starken noch den Schwachen

Daß ihnen die Trennung von den bisherigen Mitschülern leid tut und Sorgen bereitet, haben schon die Elfjährigen einer Hauptschulklasse zum Ausdruck gebracht. Ich hatte sie im Verlaufe des ersten Semesters gefragt, ob es für sie von Vorteil sei oder nicht, daß sie nun unter sich seien und die besseren Schüler aus der vierten Klasse Grundschule im Gymnasium säßen. Alle 29 Kinder der befragten Klasse gaben die schriftliche Auskunft, daß es ihnen lieber wäre, wenn sie beisammen bleiben hätten können. „Natürlich können sie besser rechnen“, heißt es in den Begründungen, „aber sie sind ein Vorbild!“ „Der Martin hat mir immer sehr gut geholfen!“ „Man kann von ihnen ganz viel lernen!“ – Auch eine siebente Klasse habe ich befragt, wie sie den im Sommer erfolgten Weggang der Realschüler einschätzten. Auch hier waren alle 24 Schüler der Meinung, daß die Trennung nachteilig sei. „Sie sind genauso genommen worden wie wir“, meinte einer und wollte wahrscheinlich zum Ausdruck bringen, daß die nunmehrigen Realschüler nicht bevorzugt worden sind. „Ich war sehr traurig; von denen hat man was lernen können!“, bestätigte einer die Funktion des Vorbildlernens, gegenüber der die Strategien der Sortierungsideologie einen blinden Fleck zu haben scheinen. Und schließlich beklagte einer den Verlust einer Freundschaft: „Ich weiß jetzt nicht mehr, wie wir uns treffen können; wenn ich Zeit habe, hat er keine Zeit und umgekehrt.“

In einer sechsten Gymnasialklasse (12/13jährige) sah das Ergebnis der Befragung entschieden anders aus. Mehrheitlich bestätigten sie die Richtigkeit der Trennung: „Es wäre ein Nachteil, weil der Stoff wäre nicht so durchgenommen worden.“ (Die vorangegangenen Stunden waren freilich im Frage-Antwort-Geklapper abgelaufen wie in vielen Hauptschulklassen auch.) „Überhaupt, das Thema wäre nichts für die anderen!“ „Sie gehen nicht umsonst (er will wohl sagen: absichtslos); sie wissen ja selbst, daß es nicht so schwer ist in der Hauptschule“. – Es gab aber auch zweifelnde Stellungnahmen: „Wir haben intensiver gearbeitet früher.“ „Vielleicht ist es ein Vorteil, wenn man hört, wie die anderen lernen.“ Ahnen diese Zweifler denn etwas von den Gefahren für die soziale Qualität der Persönlichkeit, die von der schulischen Selektion der zukünftigen Staatsbürger ausgeht? Es ist die Zeit, in der sie noch alle zum Schulbesuch verpflichtet sind, in der sie im wesentlichen noch mit den gleichen Lehrplänen konfrontiert werden, in der also noch keine Berufsorientierung getrennte Wege gebietet. Die gut Eingestuften lernen dabei ein Verhalten gegenüber den Schwachen, befürchtet Elisabeth Höhn, das später einmal auch „ihre Haltung gegenüber den Kranken, den Schwachsinnigen oder gegenüber den im Alter Leistungsunfähigen beeinflussen“ wird (Höhn 1977, 7).

Viele der schulisch Tüchtigen werden einmal zu den sogenannten Eliten gehören. Sie werden über die Kompetenz verfügen, durch ihre wissenschaftlich kreativen Arbeiten auf den verschiedensten Kulturgebieten den Mitmenschen Heil oder Unheil zu bringen. Was benötigen sie dringender als soziale Verantwortung? Was bewahrt sie andererseits selbst am besten vor der Exzentrik und Neuroseanfälligkeit, die nicht selten mit Spezialbegabungen einhergeht, als die Begegnung mit der legeren Natürlichkeit, mit der die „Runden“ und „Bulligeren“ das Leben meistern? (Vgl. Vierlinger 1993, 39-42.)

Selbstverständlich gebietet es der Respekt vor der intellektuellen Tüchtigkeit, daß sie nicht zu Schaden kommen darf. Daß dies nicht zu befürchten ist, gehört zur Weisheit seit Seneca, der die Bedeutung des neuerdings wieder entdeckten „peer tutorings" in das prägnante Wortpaar gekleidet hat: „Docendo discimus". Gut eineinhalb Jahrtausende später hat Comenius die Einsicht von der Bedeutung der lehrenden Weitergabe des Gelernten für das eigene Verstehen in die Worte gekleidet:

> „Wer in seinen Studien gut vorwärts kommen will, möge sich Schüler suchen, die er täglich lehren kann – und müßte er sie sich mit Geld erkaufen. Denn es ist besser, man versagt sich etwas von seinen Glücksgütern, wenn man nur Leute hat, die zuhören wollen, wenn man lehrt, das heißt selber vorwärts kommt" (Comenius 1970, 117).

Ergebnisse der empirisch forschenden Erziehungswissenschaft haben in den vergangenen Jahrzehnten diesen Tatbestand der Alltagserfahrung erhärtet: Sowohl in Hauptschulen als auch an Gymnasien wurde dasselbe Phänomen festgestellt, nämlich, daß es zu mehr Nivellierung kommt, je gleichartiger die Schülergruppe ist. Treiber und Weinert schreiben, daß sich in leistungsegalisierten Klassen (also in homogenen Klassen des gestuften Systems bzw. auch in den Leistungskursen der fälschlich als Gesamtschule bezeichneten Institution) die Leistungsentwicklung besserer Schüler verschlechtert, ohne daß sich die schwächeren Mitschüler verbessern. „Die Schüler mit hohem Begabungsniveau werden in leistungsdivergenten (also heterogenen) Klassen besonders gefördert. Dabei erzielen aber auch die schwachen Schüler mindestens gleiche Leistungen wie in konvergenten bzw. egalisierten Klassen" (Treiber/Weinert 1985, 151). Baumert, Roeder und andere sind von der Annahme ausgegangen, daß es am Gymnasium keinen „die Varianz der Schülerleistungen reduzierenden Unterricht" gäbe; gehört es doch zur Selbstdarstellung des Gymnasiums, für die Besten da zu sein und sie zur Hochschulreife zu führen. Die Untersuchung von 427 Gymnasialklassen hat diese Vermutung aber nicht bestätigt. In bis zu zwei Dritteln der untersuchten Klassen herrschte streuungsmindernder, also egalisierender – um nicht zu sagen gleichschaltender – Unterricht vor, „und das insbesondere auch in den traditionellen Hauptfächern". Disparitätsminderung und Leistungszuwachs verhalten sich aber in jeder Klasse gegenläufig:

> „Bei divergenz-mindernder Klassenführung (zu der die vermeintliche Homogenität der Schüler nun einmal verleitet – R. V.) sinken die Testwerte im oberen Leistungs-

drittel beträchtlich, ohne daß Schüler im unteren Drittel Gewinne zu verzeichnen hätten.“ (Baumert u. a. o. J., 28f.).

Zu diesen alarmierenden Erkenntnissen gesellt sich die „Summe“, die Johnson & Johnson aus ihren neun eigenen über 15 Jahre sich erstreckenden Untersuchungen und zahlreichen anderen Arbeiten US-amerikanischer Forscher ziehen: Wenn die Begabten in das (Be-)Lehren anderer involviert werden (Diskussion der Probleme in der Gruppe, Hilfestellung...), ergreifen sie Strategien auf höherer kognitiver Ebene, als wenn sie für das Bestehen ihrer Tests lernen. Das Erklären für andere erhöht nicht nur die eigene Leistung im Denken, sondern auch das Ausmaß des Behaltens. Gleiches gilt für das Überprüfen der Genauigkeit und Stimmigkeit der Erklärungen anderer. Kognitives Wachstum ist nun einmal ganz wesentlich an soziale Interaktionen, an den Austausch verschiedener Meinungen gebunden. Durch nichts werden gelangweilte und uninteressierte gescheite Schüler mehr motiviert, als wenn sie zum Lernen anderer beitragen dürfen: Sie können das Gefühl haben, für das Erreichen eines gemeinsamen bedeutsamen Zieles verantwortlich gewesen zu sein und das Leben des anderen besser gemacht zu haben. Im homogenen Verband werden Schüler, die sich besonders hervortun wollen, als „Streber“ und „Schweinchen schlau“ etikettiert und bei den Lehrern denunziert. Darunter leidet ihr Selbstwertgefühl und sie lassen sich daher nicht selten „nivellieren“. Im heterogenen Verband werden sie dagegen als Helfer und Förderer akzeptiert und können auf ihre schulischen Talente und Leistungen stolz sein. Die abschließende Empfehlung der Autoren an die Gesellschaft klingt wie eine späte Rechtfertigung des John Dewey: „Um sicherzustellen, daß hochbegabte Schüler erfolgreich sein können, soll sie die Schule zu Kompetenz und harter Arbeit im Dienste der Gemeinschaft führen, aber nicht zum Besiegen anderer“ (Johnson & Johnson 1992, 44-47).

Wen wundert es, daß diejenigen, auf die ständig ein scharfer Scheinwerferkegel der Abwertung gerichtet ist, von den Mitschülern nicht mehr für wert befunden werden, daß man mit ihnen verkehre? Nichts anderes hat die Untersuchung von Rothschedl an 3369 österreichischen Hauptschülern erbracht, die nach dem Modell der IGS organisiert sind: Diejenigen Schüler, die in allen drei Hauptgegenständen im dritten Leistungskurs „gestrandet“ sind, werden von den anderen extrem abgelehnt (Rothschedl 1991)! Nun kann aber niemand ohne Anerkennung leben. Es ist daher verständlich, wenn sich Leidensgenossen verbinden und sich auf Merkmale besinnen, die unabhängig sind von sogenannter Leistung. Unter anderem bieten sich hier auch Chiffren an wie Volk und Rasse, denen man ohne eigenes Zutun angehört.

Lehrpläne

Wenn Kritik an der Schule laut wird, reagiert die staatliche Schulverwaltung zumeist mit einer Revision der Lehrpläne. Sie gelten als eine Art Bibel, um nicht zu sagen „Heilslehre", mit der die Schule kuriert werden könne.

John Dewey denkt das genaue Gegenteil! Zentral verordnete Lehrpläne sind für ihn eine Ursache schulischer Mißstände. Die „von außen her gesetzten Ziele" nennt er einen „Übelstand": Die Lehrer übernehmen sie von höheren Stellen, und von den Lehrern werden sie den Kindern „auferlegt". Als erste Folge ergibt sich,

„daß die Intelligenz der Lehrer gefesselt wird. (...) Allzu selten nur steht der einzelne Lehrer den Anordnungen der Schulaufsicht, den Lehrbüchern, den Methoden, den vorgeschriebenen Lehrplänen etc. innerlich so frei gegenüber, daß er sein eigenes Denken in innige Berührung mit dem des Schülers und mit dem Bildungsgut bringen kann. Das Mißtrauen der höheren Stellen gegenüber der Erfahrung des Lehrers spiegelt sich dann wider in einem Mangel an Vertrauen des Lehrers zu den Schülern. Die letzten empfangen ihre Ziele aus zweiter oder dritter Hand und werden beständig verwirrt durch den Konflikt zwischen denjenigen Zielen, die zu einer gegebenen Zeit der Natur ihrer eigenen Erfahrung gemäß sind und denen, mit denen man sie sich abzufinden lehrt" (Dewey 1964, 149).

Daß die Intelligenz des Lehrers gefesselt würde, mag in den Ohren der Lehrplanfreaks wie eine bösartige Unterstellung klingen. Daß dem nicht so ist, belegt die Reaktion einer Lehrerin in ihrem Unterricht vor 13jährigen Schülern zum Thema „Entdeckungszeitalter". Von Christoph Columbus hat sie erzählt und seinen Schwierigkeiten, ein Schiff zu bekommen, von der drohenden Meuterei und endlich vom Ruf: „Land in Sicht!" In großen Zügen hat sie dann von denjenigen Seefahrern berichtet, die auch um das Kap Hoorn gefahren sind, den Stillen Ozean und den Indischen Ozean durchquert haben und „von der anderen Seite der Erde zurückgekommen" sind. „Und damit", fügte sie hinzu und wollte diesen Abschnitt beenden, „war bewiesen, daß die Erde eine Kugel ist und nicht, wie man vorher gemeint hatte, eine Scheibe". Da meldete sich einer und gab zu bedenken: „Aber damit, Frau Lehrerin, daß einer von der anderen Seite der Erde zurückgekehrt ist, ist noch lange nicht bewiesen, daß die Erde eine Kugel ist, denn man kann ja auch auf einer Scheibe rundherum fahren, neue Erdteile entdecken und von der anderen Seite wieder zurückkommen." – Die Lehrerin blickte verwirrt auf ihr Konzept, das für den Rest der Stunde noch gerüstet war, und entgegnete unwirsch: „Du hättest besser aufpassen sollen; ich kann dir das nicht noch einmal erklären; sei jetzt still!" Die Befangenheit, die von der Schrittfolge der geplanten Inhalte ausging, hatte sie in eine Denkblockade versetzt, die ihr nicht gestattete, die didaktische Chance dieses Einwandes zu sehen und zu nutzen. Ihre Äußerung brachte eine interessante Wellenbewegung in Gang. Der kritische Schüler senkte sein Haupt und zog sich gleichsam (in sich) zurück. In der Runde war ein hämisches Gekicher zu hören über die Abfuhr, die ihm zuteil geworden war. Der Lehrerin schien auch nicht ganz wohl zumute zu sein, war sie doch unterbrochen und gestört worden, und das noch dazu mit einem Signal, dem zu entnehmen war, daß sie zumindest bei diesem einen ihr Teil-Lehrziel nicht erreicht hatte. Aber was soll's, schien sie gedacht zu haben, der Lehrplan drängt weiter, das offizielle Plansoll muß erfüllt werden; was bedeutet demgegenüber der Einwand eines lästigen Fragers? –

In der nachfolgenden Stunde hatte ich Gelegenheit, mit dieser Klasse zu arbeiten. Ich knüpfte an das Ereignis an und bat den Querdenker, seine Auffassung nochmals darzulegen. Seine Kontrahenten, die schadenfrohen Lacher von vorhin, legten sich nun aber auch ins Zeug und suchten Gegenargumente: „Wenn sie weiter als bisher hinausgefahren wären, also beispielsweise über das Nordkap hinaus, dann wären sie doch im Packeis steckengeblieben!" Andere wendeten aber ein, daß man dies nicht hätte wissen können, wenn man sich noch nie in diese Regionen vorgewagt habe. Schließlich verwies einer auf den Sternenhimmel, an dem die Seefahrer die Kugelgestalt der Erde hatten merken müssen, „denn die Sternbilder auf der südlichen Halbkugel schauen anders aus als auf der nördlichen"! „Si tacuisses, philosophus mansisses!", fuhr es mir durch den Sinn, denn ich war auf diesem Gebiet nicht kundig genug, um den Schüler mit Beispielen unterstützen zu können. (Im Atlas würden wir sie schon gefunden haben. Waren es wieder Zeitgründe, die uns nicht haben suchen lassen ...?) Die Angst des Lehrers vor der Peinlichkeit des Überfragtseins ist wahrscheinlich kein unwesentlicher Grund für die Scheu vor dem Verlassen der genormten curricularen Geleise, das die Schüler so frappierend ungeschützte Fragen stellen läßt. Schließlich stellte ich mich einem Schüler in der einen Ecke der Klasse diagonal gegenüber und lud die Klasse ein, sich vorzustellen, daß er auf geradem Boden mehrere Kilometer entfernt wäre. Sie waren sich einig, daß ich ihn dann nur noch als Punkt sehen würde. „Wären in diesem Punkt“, so fragte ich, „sowohl seine Füße als auch sein Kopf enthalten?“ Die Schüler bejahten es. Dann ging ich zur Tafel und skizzierte eine gekrümmte Linie, das Meer, und an ihrem Ende eine Erhebung, die Küste. Auf dieser ließ ich eine Frau erwartungsvoll aufs Meer hinausblicken. Ein Schiff tauchte auf – zunächst als Punkt. Die Schüler entnahmen der Skizze mit ihren geraden „Sehstrahlen“, daß in diesem Punkt nur die Spitze des Mastes enthalten sein konnte und nicht auch der Rumpf des Segelschiffes. Erst allmählich „tauchte“ gewissermaßen das ganze Schiff auf... – Daß diese Erscheinung nur auf einer gekrümmten Fläche möglich ist, war den Kindern durchaus einsichtig. Aber es verwunderte sie sehr, daß diese doch so logische Erkenntnis von der Kugelgestalt der Erde den Menschen nicht früher gekommen sei, „denn dieses Auftauchen hat man doch schon immer beobachten können“. Ich versuchte nun ihre Aufmerksamkeit auf die Vorurteile zu lenken, die unser Wahrnehmen und Denken vernebeln können: „Wie ist das eigentlich mit den nordamerikanischen Kindern der schwarzen Rasse?“, fragte ich mit einer Entschuldigung für den vermeintlichen Themenwechsel. „Sind sie gleich gescheit wie die Weißen? Können sie gleich gut singen? Werden sie von den Eltern in gleicher Weise geliebt wie ihr?“ Auf alle diese Fragen geben die Schüler bejahende Antworten. „Warum gibt es dann aber doch so große Schwierigkeiten, wenn sie in derselben Schulklasse sitzen?“ Die Schüler ergänzten meinen Hinweis mit zahlreichen Beispielen aus ihrer Lebenswelt: „Ich darf auch nicht mit den Kindern aus dem Asylantenheim spielen...“ Sie hatten sich der Erkenntnis geöffnet, daß unsere Auffassungen von der Welt, insbesondere von der sozialen, keineswegs immer mit der Realität übereinstimmen, die sich bei kritischer Prüfung herausschält, sondern daß wir ständig in der Gefahr leben, von Vorurteilen verführt zu werden.

Das Kanondenken übersieht die Interessen der Schüler

Dewey bezweifelt, daß es in einem idealen Lehrgang eine festgesetzte Reihenfolge von Studiengängen gäbe, die eo ipso das Fortschreiten des geistigen Wachstums gewährleisten könne. Der Fortschritt wird vielmehr mit der Entwicklung neuer Haltungen und Interessen gegenüber der Erfahrung gesichert. Das von außen gesteuerte Setzen der Zwecke des Erziehungsprozesses, mit dem diesem ein Maß und ein Ziel vorgegeben werden soll, raubt dem Erziehungsprozeß seine Bedeutung und führt dazu, daß wir uns beim Umgang mit Kindern auf äußerliche und falsche Anregungen verlassen. Ein Unterricht, der die Themen gemäß einer von außen aufoktroyierten Vorschreibung aufgreift, unterdrückt nach Dewey die Interessen des Kindes und setzt die der Erwachsenen an ihre Stelle. Er schwächt damit die Neugier des Intellekts und die Aufgewecktheit und lähmt den Zugriff auf die Welt.

Wer mit Lehrern über Lehrpläne diskutiert und dafür plädiert, daß ihre Lehrziel-Listen nachrangig sein sollten gegenüber den Interessenschwerpunkten der Schüler oder daß sie zumindest in Richtung auf diese hin umdefiniert werden mögen, erntet zumeist Kritik: Es wird darauf hingewiesen, daß die Gesellschaft ein Recht und der in ihrem Sold stehende Lehrer die Pflicht habe, den Heranwachsenden zu „sozialisieren“. Das bedeute nun einmal das Gegenteil von „individualisieren“ und sei nicht anders als durch einen unter Umständen auch zwanghaften Anpassungsprozeß an den gegebenen Zustand der Zivilisation zu bewerkstelligen. – Diese Argumentationsfigur bedenkt nicht, daß das Kind kein Fremdling ist in der umgebenden Lebenswelt, sondern nur ein „Neuling“, daß es von klein auf vom Atem der je spezifischen Kultursprache, dem technischen Umfeld der Lebenserhaltung sowie von Sitte und Brauchtum des sozialen Zusammenlebens umgeben ist. Das ganz Andere kann es kaum einbringen; kräftige Variationen, welche die Gesellschaft bereichern, sollen neugierig begrüßt werden!

Lehrpläne treten mit Imponiergehabe auf; hinter ihnen wird der Sachverstand von Experten vermutet, die ihrerseits vom Sachverstand anderer Experten in die entsprechenden Gremien dekretiert worden sind. Das Ergebnis schlägt sich in staatlich sanktionierten Druckwerken nieder, in denen schwarz auf weiß geschrieben steht, was Bildung ist. Lehrbücher, deren Autoren häufig mit den Plänemachern identisch sind, setzen das gremiale Planungskonstrukt in Lehrquanten um, wohl bemessen, um die Jahresarbeit zeitlich präzise portionieren zu können. Dieser geballten und mit hoheitlichen Attributen versehenen Planungskompetenz gegenüber soll nun der Lehrer Standfestigkeit genug haben, um die Gewichte nach der eigenen Kulturbeflissenheit und den Interessenschwerpunkten seiner Schüler neu zu verteilen? Nicht einmal die auserlesene Schar der Praktikumslehrer hat Abstand genug, um mit Gelassenheit auswählen zu können; und wenn sie es dennoch tut, dann hat sie ein schlechtes Gewissen. Die Praktikumslehrer weisen einesteils auf den „klaffenden Gegensatz zwischen dem Anspruch des Kindes und der Forderung der Institution" hin und vermuten Zusammenhänge zwischen der Schulunlust etwa der Hauptschüler und der fehlenden Berücksichtigung ihrer Interessenlage. Andererseits aber verweisen sie resigniert auf ein Gefühl der Ohnmacht bzw. auf die Nötigung zur Unterwerfung unter die Dienstpflicht (Kunert 1983, 54). Durch „Großcurricula" wird die Schule zu einer „Kinder-Verarbeitungs-Anstalt", schreibt Hartmut von Hentig. Wenn Lehrpläne mehr sein wollen als einfache Orientierungshilfen und Modelle für die eigene (kollegiale) Planungsarbeit, wenn sie als Vorschrift verstanden werden müssen, werden sie „vermutlich zu einem Unglück!", fährt von Hentig fort. „Gerade das brillante Curriculum schüchtert entweder ein oder verführt zum Nachbuchstabieren" (Hentig 1982, 26). Auch für dieses Einschüchtern sei ein Ausschnitt aus einem Unterrichtsprotokoll zitiert:

Dreizehnjährige hatten nach vorgegebenem Muster Fabeln zu dichten. Zu der Geschichte von der Gans, die buchstäblich im Maul des Fuchses noch schnell goldene Eier legte und damit den Fuchs von sich ablenkte, sollte ein Sinnspruch, die Moral von der Geschichte, gefunden werden. Unter Mithilfe des in der Gruppe mitarbeitenden Mentors schrieben die Schüler: Wer allzu habgierig auf Geld und Besitz starrt, übersieht die übrige Welt. Der Lehrer las im Anschluß an den Vortrag dieses Gruppenergebnisses den Spruch aus dem Original, der Fabel von Äsop: „Habsucht verwirkt, was fest verbürgt!" und fragte, ob die beiden Sprüche Gleiches aussagten. Die Schüler rieten hin und her, fanden aber den rechten Zugang nicht. „Ja, jetzt bist du auf dem richtigen Weg!", meinte der Lehrer, auf einen Schülerbeitrag hin feststellen zu können. Aber der (Ariadne-)Faden riß wieder und die Arbeit kam ins Stokken. Der Lehrer wiederholte stereotyp fragend die Formel: „Habsucht verwirkt...". Schließlich griff der Mentor ein und räumte die Barriere des unverstandenen Begriffes „verbürgt" aus dem Weg, indem er ein kleines Rollenspiel zur Bürgschaft bei der Kreditaufnahme zum Hausbau inszenierte. – In der Nachbesprechung wurde vom Praktikumslehrer die Erklärungshilfe zwar für gut befunden, für den normalen Unterricht aber als unmöglich hingestellt, weil man auf diese Weise „das Lehrziel in der vorgegebenen Stunde nicht erreichen“ könne. Wer mit dem Lehrplan als Ganzem nicht in Verzug geraten wolle, dürfe es auch nicht in der einzelnen Unterrichtsstunde...

Unterricht, das sei abschließend betont, ist ein Prototyp für geplantes Handeln. Aber wenn er am Interesse des Kindes vorbeigeplant wird, kann kaum etwas geschehen, was wert wäre, Bildung genannt zu werden. Das ist das eigentliche Dilemma der „letzten Säulen eines hoffnungslosen Glaubens an Universalität und Totalität der Bildung“, als welche Heinrich Roth seinerzeit die zentral verordneten Lehrpläne gebrandmarkt hat (Roth 1957, 97): Notgedrungen können sie nur in größter Ferne von den Interessen der je unverwechselbaren Kinder eines bestimmten Lehrers konzipiert sein. Gelingt es dem Lehrer, sich von den Plänen gebührend zu distanzieren – wozu braucht er sie dann in der Dichte und Zeilenfülle, mit der sie über einen Angebotsrahmen weit hinausgehen? Gelingt es ihm nicht, dann distanzieren sich die Kinder von ihm und seinem Unterricht. „Das Gesetz des Interesses ist der Angelpunkt, um den sich das ganze System drehen muß“, hat Claparede als einer der Väter der sogenannten „neuen Erziehung“ schon sehr früh gesagt (zit. nach Piaget 1987, 125). Sich offenzuhalten gegenüber den kindlichen Zugriffen auf die Welt, die immer eine Welt des Geistes (der geistigen Verarbeitung) ist, zählt zu den vornehmsten Aufgaben des Lehrers; sich bereitzumachen für das Beantworten ihrer Fragen ist ein Wesensmerkmal seiner Vorbereitung. Gerade weil er sich gewissenhaft, aber eben in offener Manier vorbereitet, wird er kreativ – und das heißt ganz wesentlich auch flexibel – auf die Denkverwegenheiten der Schüler antworten können und sich nicht ängstlich abwehrend in ein enges Korsett zwängen.

Der unterrichtliche Alltag

Selbsttätigkeit als Potemkinsches Dorf

Die Forderung nach dem „learning by doing“ ist geradezu zum Markenzeichen für Deweys Pädagogik geworden. Sinngemäß ist diese Parole bereits in seinem Credo von 1897 zu lesen; sie durchsäuert sein pädagogisches Standardwerk „Demokratie und Erziehung“ von 1916; sie hat in der „Suche nach Gewißheit“ 1929 ihre erkenntnistheoretische Gußform erhalten. Als Dewey aber im hohen Alter von 79 Jahren (1938) auf die überlieferte Schulerziehung zurückblickte, stellte er Fragen, die sehr nach Resignation klingen:

Wie viele Schüler wurden abgestumpft gegenüber Ideen und wie viele verloren jede Lust zum Lernen durch die Art, wie sie das Lernen erfahren mußten?
Wie viele erwarben fertige Reaktionsschemata durch automatischen Drill, so daß ihre Urteilskraft und ihre Fähigkeit, in neuen Situationen vernünftig zu handeln, beeinträchtigt wurden?
Wie viele mußten das Lernen insgesamt als langweilig und stumpfsinnig erleben, so daß sie nichts damit anfangen konnten?
Wie vielen wurde gute Lektüre durch stumpfsinnige Paukerei so verleidet, daß sie sich nur an seichte Lesestoffe gewöhnten? (Dewey 1974, 255.)

Dewey kannte auch zahlreiche positive Beispiele – und das nicht nur in seiner Laboratory School zur Zeit der Jahrhundertwende. Ob sie mittlerweile häufiger geworden sind, wollen wir hoffen, aber beurteilen können wir es nicht, weil uns die Vergleichsmaßstäbe fehlen. Tatsache ist, daß die kasuistisch orientierte Unterrichtsforschung nicht in Verlegenheit kommt, wenn sie Belegstücke für die monierten Defizite beibringen soll.

Bereits in seinem pädagogischen Credo beklagt Dewey, daß unsere Kinder in eine „passive, rezeptive, rein aufnehmende Haltung gezwungen“ werden. Solches auch heute noch zu tun ist in der erziehungswissenschaftlichen Rhetorik, mit der heutige Lehramtsstudenten vertraut gemacht werden, selbstverständlich längst verpönt. In der Schulwirklichkeit läßt sich aber nachweisen, daß die Verurteilung zur Rezeptivität mitunter sogar dort gegeben ist, wo ausdrücklich vom Erarbeiten gesprochen wird: Schüler und Schülerinnen einer 9. Klasse sollen ein Bewerbungsschreiben „erarbeiten“, um sich damit einen Ausbildungsplatz zu verschaffen. Der Lehrer hat sich folgende Einleitung zurechtgelegt:

L.: „Du hast dich nun schon vor einiger Zeit für einen Beruf entschieden. Einige von euch wollen Koch werden. Diese richten daheim schon Speisen aller Art her; zu besonderen Anlässen verzieren sie belegte Brötchen und freuen sich, wenn es allen gut schmeckt. Nun nehmen wir an, alle hätten diesen Berufswunsch. Es fehlt nur noch der richtige Ausbildungsplatz. Da fällt dir im Anzeigenteil der (Tageszeitung wird genannt) folgendes Inserat auf: ‚Erstklassiges Hotel sucht zwei Kochlehrlinge. Beste Bezahlung sowie Unterkunft und Verpflegung werden geboten. Schriftliche Bewerbungen an ... (Adresse ist angegeben)‘.“ Das Inserat wird via Overhead-Projektor präsentiert.
L.: „Da ist die Annonce, die du schon lange gesucht hast. Du mußt nun ein Bewerbungsschreiben aufsetzen. Wir wollen dies gemeinsam tun.“

Nachdem das notwendige Accessoire eines Bewerbungsschreibens an der Hafttafel notiert worden ist (Briefkopf, Anschrift, Betreff etc.), schreitet der Lehrer an das eigentliche „Erarbeiten" des Textes.
L.: „Nach langen Überlegungen, nach der Aussprache mit dem Berufsberater, den Lehrern, Eltern, nach der Besichtigung von Betrieben hast du dich für deinen Beruf entschieden. Warum willst du Koch werden?"

Zum modus procedendi sind in der Vorbereitung Stichwörter vorgesehen wie „Suchen der Begründung – alle Schüler helfen dabei; treffende Ergebnisse werden verwertet" etc. Auf diese Weise entsteht folgender Text:

„Im Anzeigenteil der ..... lese ich, daß Sie Kochlehrlinge suchen. Ich bewerbe mich daher um eine der ausgeschriebenen Stellen. Es ist schon immer mein Wunsch gewesen, Koch zu werden, weil ich gerne geschmackvolle Speisen aller Art zubereite und garniere. Ich freue mich, wenn ich den Gast zufriedenstellen und seine Wünsche erfüllen kann. Außerdem bin ich gesund, vertrage langes Stehen und liebe Ordnung und Sauberkeit. Ich verspreche, mich sehr zu bemühen, um ihre Zufriedenheit zu erwerben."

So weit – so gut.

Nun ist aber noch hinzuzufügen, daß dieses Bewerbungsschreiben mit demselben Wortlaut und deckungsgleich bis in alle Einzelheiten bereits in der Vorbereitung des Lehrers zu lesen war. Das „Erarbeiten" bestand in einem geschickten Lenkungsmanöver, die Antworten der Schüler waren nichts als blinde Reaktionen auf gängelnde Frageketten, und ihre sogenannte Aktivität war lediglich eine durch clevere Manipulation angestoßene mechanische Reproduktion.

Solches Lernen rückt Unterricht der hypnotischen Suggestion verdächtig nahe, eine Analogie, auf die Emil Durkheim hingewiesen hat: „Der Zustand, in dem der Hypnotisierte angetroffen wird, ist durch eine außergewöhnliche Passivität charakterisiert. Im Bewußtsein ist eine Art von Leere entstanden. Der Wille ist gleichsam gelähmt. Auf diese Weise kann sich die suggerierte Idee, da sie kaum eine Gegenidee antrifft, mit einem Minimum von Widerstand etablieren. Da aber trotzdem die Leere niemals vollständig ist, muß der Hypnotiseur im Befehlston mit Autorität sprechen. Er muß sagen, ich will! Dies bedeutet, daß Gehorsamsverweigerung nicht einmal vorgesehen ist, daß das Handeln vollzogen werden muß, daß die Sache gesehen werden muß, wie sie dargestellt wird, daß sie gar nicht anders sein kann" (Durkheim 1972, 44).

Jean Piaget mag Unterrichtssequenzen wie diese im Auge gehabt haben, als er seine Sorge um die Erziehung des autonom verantwortlich handelnden Staatsbürgers zum Ausdruck gebracht hat: Man kann Menschen

„nicht zu moralisch selbständigen Persönlichkeiten erziehen, wenn man sie gleichzeitig einem geistigen Zwang unterwirft, sie also beispielsweise nötigt, nur das zu lernen, was man ihnen vorschreibt, ohne ihnen Gelegenheit zu geben, selbst hinter die Wahrheit zu kommen. Wer geistig passiv ist, kann moralisch nicht frei sein, wie umgekehrt derjenige, dessen Moral ausschließlich in der Unterordnung unter die Autorität der Erwachsenen besteht (...), keine echte geistige Aktivität zu entfalten vermag" (Piaget 1975, 46).

Interesse und Disziplin sind siamesische Zwillinge

Wenn das Kind in eine passive Haltung gezwungen wird, wenn an seinen Interessen vorbei unterrichtet wird, dann ist nach Dewey das Ergebnis „Reibung und Verschwendung". Die nicht von schulisch wünschenswerten Aktivitäten gebundene Energie entlädt sich in diversen Störmanövern, die zu Konflikten in der Gruppe und mit den Lehrern führen. Von der Disziplinlosigkeit, über die vielerorts heftig geklagt wird, würde Dewey also sagen, daß sie weithin „hausgemacht" ist. Das habe ich in einer Untersuchung bestätigen können, die in einer zweiten Klasse Grundschule in Wien durchgeführt worden ist (Vierlinger 1990):

Das Forschungsdesign wurde aus den Erfahrungen entwickelt, die ich seinerzeit als klassenführender Lehrer in einer sogenannten Übungsschule (Modellschule) gewinnen konnte. Wöchentlich kamen kleine Gruppen von Lehramtsstudenten zu meinen Schülern, um ihre Probelektionen zu geben. Es zeigte sich, daß bei dem einen Novizen die Klasse „gesittet" arbeitete, während beim anderen nach wenigen Minuten ein regelrechtes Chaos ausbrach. In meinem Feldexperiment wurden gleichsam die Bedingungen aus der Modellschule nachgestellt, um die dort beobachteten Phänomene kontrollieren zu können. Vier Lehrer unterrichteten hintereinander vor ein und derselben Schulklasse zu sachkundlichen Themen, die vom klassenführenden Lehrer vorgegeben worden waren. Nachdem der erste Lehrer (LA) fünf Wochen hindurch je eine Stunde vorgeführt hatte, tat dies nach einer mehrwöchigen Pause auch ein anderer Lehrer (LB). Die zwei weiteren Lehrer unterrichteten jeweils nur eine Stunde. Sie wurden vor allem deswegen eingesetzt, um eventuelle Novitäts- und Positionseffekte dingfest machen zu können, welche die

Ergebnisse des Vergleichs von LB mit LA hätten verfälschen können. Die Sorge war deswegen berechtigt, weil LA schließlich der klassenführende Lehrer war, während LB den Kindern fremd war.

Es ist hier nicht der Platz, um die methodologischen Fragen zu diskutieren, die zu einem relativ diffizilen Aufnahme-Arrangement mit Tonband und drei Beobachtern geführt haben. Das Arrangement hat die „Komposition" einer Unterrichtspartitur ermöglicht, die alle für die Fragestellung wesentlichen Informationen enthielt: die gesamte Sprachkommunikation, die nonverbalen Unterrichtshandlungen des Lehrers und der Schüler, die Aufmerksamkeit und das Störverhalten einzelner Kinder wie auch des Kollektivs sowie die disziplinären Sanktionen von seiten des Lehrers – und dies alles in peinlich genauer Zeitfolge (vgl. Vierlinger 1990, 63-98).

Das Lehrkonzept von Lehrer A läßt sich im Gefolge von Hugo Gaudig als Impulsunterricht charakterisieren. In der Stunde von den Weihnachtsbräuchen hieß es etwa: „Wenn ihr in diesen Tagen von der Schule nach Hause kommt, riecht es schon bei der Wohnungstür so eigenartig!" Waren die diesbezüglichen Assoziationen „ausgelaugt", versuchte der Lehrer, die Kinder mit einem neuen Impuls aufzuputschen. Das Durchspielen von sprachlichen Etüden war insgesamt wichtiger als die Sachklärung, was sich darin zeigte, daß es auch bei einschlägigen Sachfragen der Kinder kaum zu grundsätzlichen Erörterungen kam. Wegen des Zuwartens auf die freien Assoziationen der Kinder schien es ihm nicht besonders ratsam zu sein, Anschauungsmittel, Demonstrationsobjekte oder szenische Darstellungsformen etc. in größerem Umfang (vgl. LB) einzusetzen. Auf diese Weise kamen seine Schüler sozusagen über den Status von „Mundwerks- Gesellen" kaum hinaus (verglichen mit dem von „Handwerks-Gesellen" oder „learning by doing-fellows" in des Wortes vordergründiger Bedeutung).

Das Lehrkonzept von Lehrer B stand den didaktischen Denkformen des John Dewey nahe. In der Stunde von den Osterbräuchen zeigte er beispielsweise das Bild von einem Osterstrauch, an dem bemalte Eier hingen. Er nahm ein Ei aus der Tasche und fragte die Kinder, wie man dieses wohl an einem Faden befestigen könne, um es an den Strauch zu hängen. Die Schüler überboten sich im Erstellen von Hypothesen ... Der Lehrer ließ sich dirigieren und bohrte ein Loch in das Ei. Welch ein Staunen, daß zunächst nichts herausfloß ... ! Die Abfolge der methodischen Schritte glich weithin einer

Kette von geistigen Provokationen im Dienste der Sachklärung. Jeder Gegenstand wurde auf eine Weise offeriert, welche die ihm innewohnende Faszination möglichst packend zur Geltung kommen ließ. Entsprechend unterschiedlich waren die Ergebnisse der Vergleichsstudie im Hinblick auf die disziplinären Gegebenheiten:

Allein schon der in Abständen von einer Minute gemessene Aufmerksamkeitspegel unterschied sich hoch signifikant. Bei LB erstreckte sich die gute Aufmerksamkeit[4] auf 59,3 % der gesamten Unterrichtszeit und die schlechte[5] auf 3,8 %. LA kam auf 40,2 % gute, aber 10,2 % schlechte Aufmerksamkeit. In der restlichen Zeit war sie bei beiden mittelmäßig. Die rein quantitative Betrachtung des Erscheinungsbildes der Klasse hat – das muß noch hinzugefügt werden – das Ergebnis zuungunsten von LB verzeichnet: Wer in der Gesamtpartitur seiner fünf Unterrichtsverläufe nachliest, erfährt, daß die wenigen Minuten schlechter Aufmerksamkeit nicht auf Desinteresse der Schüler zurückzuführen sind, sondern auf interessiertes Aufgewühltsein. Dazu ein Beispiel: Als in der Stunde vom Einkaufen das Sensitivtraining „Abwiegen mit der Hand“ (Schätzen des Gewichtes der in der Hand gehaltenen Ware mit nachfolgender Kontrolle auf der Waage) beendet wird, applaudieren die Schüler exzessiv und laut schreiend den erfolgreichen Mitschülern und haben Mühe, wieder in geordnete Bahnen zurückzufinden. Der aufgestaute Wunsch, auch selbst dranzukommen, trägt ein Übriges zur Erregung bei. Der Protokollant aber notiert die Unruhe...

Bemerkenswert ist darüber hinaus der Trendverlauf der Aufmerksamkeit während der einzelnen Stunden. Bei LA kommt es in den aufeinander folgenden Situationen der jeweiligen Stunde zu einem kontinuierlichen Absinken der Aufmerksamkeitsspannung. Bei LB hingegen wird dieses Schema durchbrochen: Die Aufmerksamkeit ist in den einzelnen Situationen durchaus auch verschieden hoch – und zwar je nach dem von der Thematik ausgehenden Anreiz –, aber die Höchstmarken werden nicht selten auch in den letzten Situationen erzielt.

---

4 Höchstens zwei von den 34 Schülern waren nicht dem Unterrichtsgeschehen zugewandt. (Einer der drei Beobachter hatte nach jeder Minute ein entsprechendes Symbol zu setzen gehabt.)

5 Mehr als acht Schüler waren nicht dem Unterrichtsgeschehen zugewandt.

Daß es keine „magischen Ausstrahlungen" der Persönlichkeit des LB sind, die ihm besondere Aufmerksamkeit sichern, zeigt sich dort, wo er Fehler macht und die Schüler auch ihm sofort entgleiten: In der Stunde vom Kaufmann will er sie Preise berechnen lassen. Ohne zu bedenken, daß die Schüler nicht an ihren angestammten Plätzen sitzen, heißt er sie Bleistifte holen. Als sie durcheinander laufen, nimmt er den Befehl zurück („Wir sind gute Kaufmannslehrlinge und rechnen im Kopf!") und löst damit lautstarken Protest aus ...

Die Auswirkungen der unterschiedlichen Lehrkonzepte auf das disziplinäre Verhalten der Schüler konnten auch der Häufung von individuellen und kollektiven Störaktionen abgelesen werden. Das individuelle Stören wurde bei LA pro Stunde mit einem Mittelwert von 106 aufgezeichnet, bei LB betrug er lediglich 70. Werden die Ermahnungen eliminiert, die wegen der überbordenden Reaktionen auf faszinierende Geschehnisse im Unterricht notwendig geworden sind, dann lauten die Zahlenverhältnisse 72 (LA) zu 27 (LB). Ergänzend muß hinzugefügt werden, daß bei einer geringen Zahl von Störaktionen (vgl. LB) kaum eine übersehen worden ist, in epidemischen Verläufen (LA) aber ziemlich viele. Die kollektiven Störaktionen traten bei LA 105mal auf, bei LB aber nur 39mal. Auf Grund dieser Gegebenheiten war LA mehr als dreimal so oft mit Sanktionen befaßt wie LB (Mittelwerte pro Stunde: 36,4 zu 11,1), was sich naturgemäß schädlich auf die Qualität des Unterrichtes auswirkte.

Für die Hypothese, daß es ganz wesentlich der faszinierende Unterricht ist, der die Disziplin zu stützen vermag, spricht übrigens auch die Tatsache, daß LA ja eigentlich einen Bonus besessen hätte: Er kannte als Klassenlehrer nicht nur die Namen der Kinder, sondern auch ihre Lebensumstände; er wußte um ihre Gefährdungen und Verführbarkeiten in der Gruppe und konnte vorbeugen. Dennoch herrschten in den Stunden von LB deutlich ansprechendere Verhältnisse.

„Interest and discipline are connected, not opposed!", heißt es bei John Dewey (Dewey 1916, 129). Wenn eine Sache die Kinder nicht berührt, sie nichts angeht, sind sie nicht „bei der Sache".

„Das Interesse ist der Maßstab für die Kraft, mit der die vorweggenommenen Ziele den Menschen zum Handeln im Dienste ihrer Verwirklichung antreiben – oder richtiger: das Interesse ist identisch mit dieser Kraft. (...) Das Problem des Unterrichtes besteht also darin, einen Stoff zu finden, der den Schüler zu Betätigungen veranlaßt, die einen von ihm als bedeutsam anerkannten Zweck, ein Interesse für ihn haben, so daß die Objekte nicht als ‚Turngeräte des Geistes', sondern als Mittel zur Erreichung von Zielen behandelt werden" (Dewey 1964, 175 und 178).

Das Leben und das Kind als Gefangene hinter didaktischen Gittern

Eine der fundamentalsten Überzeugungen Deweys ist die, daß die Schulbildung an die Probleme des Lebens anschließen und die Interessen des Kindes berücksichtigen soll, die in seinem Lebenskreis wurzeln (CREDO, Artikel 2).

In unseren Schulen aber werden die Schüler weithin mit Problemen konfrontiert, die zuerst Probleme des Lehrers oder des Lehrbuches sind, aber nicht des Kindes. Daß die Ereignisse, Schwierigkeiten und offenen Fragen des gesellschaftlichen Lebens, in welchem die Schüler heranwachsen, im regulären Unterricht nicht immer in Projektthemen umgemünzt werden können, ist verständlich. Eines aber bleibt unabdingbar: Die schulischen Inhalte müssen so modelliert werden, daß sie in den Horizont der kindlichen Aufmerksamkeit kommen. Die Schule jedoch benimmt sich mancherorts so, als befände sie sich in einer Art Gefangenschaft, gefangen hinter didaktischen Gittern, die ihr die Freiheit zum lebens- und kindnahen Umgang mit den Themenstellungen nehmen:

Ein Lehrer hat in einer 6. Klasse Hauptschule das Thema „Nutzen und Schaden von Insekten" durchgenommen. In der Nachbesprechung hat er sich dafür entschuldigt, daß für das „Nachspiel" keine Zeit mehr geblieben sei: In diesem hätten die Insekten vor dem König der Tiere angeklagt werden sollen. – Bei genauerem Zusehen ist aber nun leicht zu erkennen, daß die dramaturgische Ausgestaltung der gesamten Unterrichtsstunde als Gerichtsverhandlung viel interessanter und ertragreicher hätte werden können als die traditionelle Abfolge von Lehrerfragen bzw. Impulsen und Schülerantworten, die den Unterricht im wesentlichen strukturiert hatten. In einem ersten Zugang hätten die Situation, die Akteure und der Ablauf einer Gerichtsverhandlung erklärt werden können – daß die Angeklagten eben einen Ankläger wie einen Verteidiger haben etc. Anhand der Bilder von den Insekten hätten nun gleichsam die Angeklagten vorgestellt werden können. Die Schüler hätten sich als Partner oder Gruppen zusammengetan, um sich entweder auf die Rolle des Anklägers (Staatsanwalt) oder auf die des Verteidigers des jeweiligen Insekts vorzubereiten. Um die Pro- und Kontra-Argumente finden zu können, hätten die eigenen Erfahrungen nicht gereicht. Ein intensives Studium aus dem Schulbuch wie aus anderen Quellen wäre als selbstverständliche Voraussetzung hingenommen oder vielleicht sogar gesucht worden. Ob die Gerichtsverhandlung nun günstiger zu jedem einzelnen – über das Bild repräsentierten – Angeklagten oder zu mehreren gemeinsam durchzuspielen gewesen wäre, darüber soll hier nicht entschieden werden. Fest steht, daß die dyadische Beziehung zwischen Nutzen und Schaden im Gesamtsystem der Ökologie über die Plädoyers der kundigen Anwälte hervorragend verdeutlicht worden wäre. Die wichtigsten Protokollsätze der Verhandlung hätten als Merkstoff „aktenmäßig" festgehalten werden können...

In der Antwort auf die die Frage der Studenten, warum der Lehrer diesem unterrichtsdramaturgisch so faszinierenden Einfall nicht den Vorrang gegeben habe, war die Rede von verschiedenen Unsicherheiten, die sich einschleichen würden, wenn der sichere Pfad verlassen und der schwankende Boden des methodischen Experiments betreten würde. Das Vorangehen entlang einer Kette von Lehrerfragen usw. verbürge eine Limitierung der einzelnen Unterrichtsabschnitte und damit auch die Erreichung des Zieles. Die Zahl der vorgesehenen Insekten müsse nicht reduziert werden, der Merkstoff werde in der zugehörigen Stunde eingetragen. Außerdem müsse bedacht werden, daß der Lehrer verantwortlich sei für das, was als Merkstoff festgehalten werden soll, so daß er sich nicht darauf verlassen dürfe, was die Schüler in den Plädoyers aus dem Gerichtssaal als bemerkenswert fänden...

Falsch verstandene Wissenschaftlichkeit als didaktischer Störenfried

Ein Dämon falsch verstandener Wissenschaftlichkeit macht manche Schule danach süchtig, die Welt möglichst früh und ausschließlich in die systematische Ordnung abstrakter Begriffe und Formeln zu bringen. Daten, Dogmen und Definitionen, die drei großen D der Schule, laufen viel zu früh den sinnlich erfahrbaren Phänomenen den Rang ab. Das zeigt sich besonders deutlich in den mathematisch-naturwissenschaftlichen Disziplinen, wenn der qualitative Umgang mit den Problemen vorzeitig verlassen und zur quantitativen bzw. mathematischen Formulierung fortgeschritten wird. Würden die einfachen logischen Folgerungen ohne die sofortige Einführung von Zahlenverhältnissen vor allem bei den schwachen Schülern länger beibehalten, dann würden diese Disziplinen längst nicht mehr für so viele Schüler Horrorfächer sein, wie sie es derzeit sind.

Die hybride (und vor allem voreilige) Vorliebe der Schule zur abstrakten Formelhaftigkeit schlägt sich naturgemäß auch in den Arbeitsbüchern für die Schüler nieder. Horst Rumpf zitiert in seiner Schrift über die übergangene Sinnlichkeit den Fall eines Lehrbuches für Physik und Chemie bei den 12/13jährigen, das von der Approbationsbehörde abgelehnt worden war, „weil die sprachliche Gestaltung des Werkes an einer gewiß gutgemeinten, doch nicht vertretbaren Popularisierung leidet, die den Schülern den Zugang zur wissenschaftlichen Begrifflichkeit eher zu verstellen droht". Das Lehrbuch führte in das Phänomen „Wasserdampf" ein, indem über ein Loch im Korken die Blasen aus dem siedenden Wasser in einem Luftballon eingefangen wurden. Im Darstellungstext hieß es etwa: „Der Ballon schwillt tatsächlich an. Er ist beängstigend heiß geworden. Also müssen wir ihn kühlen, sonst platzt er. Er bekommt eine Dusche kalten Wassers... Der Ballon ist vor Schreck ganz zusammengeschnurrt." Solch eine Sprache scheint den Schulaufsehern nach Rumpf ein „Rückfall in vorwissenschaftliche Zeiten" zu sein. Sie „verletzt offenbar ein Tabu, denn die Grenzen zwischen Kognition und Affekt dürfen keine porösen Stellen aufweisen", auch wenn „es sich (erst) um 11/12jährige handelt, die ja nun in ihren Beschreibungen und Beobachtungen keineswegs die Askese der affekt- und beziehungs-gereinigten Begrifflichkeit gelernt haben" (Rumpf 1981, 125).

In einer Physikstunde zum Thema „Reihen- und Parallelschaltung" hatten die Schüler auf den vom Lehrer vorgespurten Denkbahnen ihre Beiträge zum Tafelbild eingebracht und waren nun mit dem Eintragen desselben beschäftigt. Mich als Gast im Raum verwunderte es, daß die auffallendste Erscheinung, daß nämlich das eine Mal (bei Reihenschaltung) die Lämpchen nur schwach glühten und das andere Mal (bei Parallelschaltung) hell erstrahlten, nicht zur Sprache gebracht worden war. „Das war nicht vorgesehen", antwortete der Lehrer, „denn das hat mit der Spannung zu tun, und die kommt erst im nächsten Jahr dran". Er hat mir dann aber doch gestattet, auf diese Absonderlichkeit hinzuweisen. Beim Bemühen, dem Geheimnis auf die Spur zu kommen, habe ich die Schüler unter anderem gefragt, welche von zwei neuen Batterien wohl zuerst leer sein würde: die eine, welche die Lämpchen in der Parallelschaltung zu speisen hätte, oder die bei der Reihenschaltung. Etwa die Hälfte der Klasse war der Meinung, daß bei der Reihenschaltung die Batterie schneller leer sei. Nach eindringlicher Aufklärungsarbeit über diesen „guten"

– weil doch so aufschlußreichen – Fehler wurde klar, woher sie ihre Modellvorstellung nahmen: Eine Feuerstelle, die nur noch glost, wird schneller erkalten als eine, die noch lichterloh brennt... Ein weiterer Erklärungsansatz, der die ganze Vagheit der kindlichen Vorstellung über die täglich genutzte Energie aufdeckte, kam in der Behauptung zum Ausdruck, daß der Strom bei der Reihenschaltung wieder zurückflösse und aufbereitet würde...

Welchen Wert können die sachlich korrekten, aber vom Kind lediglich memorierten Formeln über einen Teil der Grundlagen, Voraussetzungen, über einzelne Elemente sowie über erste Begriffe haben, wenn sie nicht dazu führen (können), die naiven Erklärungsmuster der Kinder aufzubrechen und neue aufzubauen? Für den Didaktiker mag etwas leichter und einfacher sein, wenn es leicht und einfach anzuordnen und aufzugliedern ist. Für das Kind aber wird das sogenannte Einfache nicht selten zum Komplizierten und Undurchschaubaren, das sogenannte Leichte zum eigentlich Schwierigen und Unverstehbaren, weil ihm die elementarisierende Zergliederung und Isolierung fremd und unzugänglich bleiben. Der Lehrer, der dem Kind „schonungsvoll" simple Teile in die Hand gibt und ihm nicht gestattet, das Ganze auf seine Weise zu ergründen, mag an einem bedeutsamen Puzzle bauen. Aber es bleibt sein eigenes und das der Lehrplanbastler, in deren Sold er steht. Mit diesem Vorgehen erweist er der Gesellschaft einen schlechten Dienst, weil er mißachtet, daß Kinder nur dort gut lernen, wo sie ganzheitlich denken und erleben dürfen.

Nach Dewey ist ein „wesentlicher Grund für das Nicht-zur-Verfügung-Stehen des Gelernten der, daß der betreffende Lehrstoff isoliert gelernt" worden ist (Dewey 1974, 268). Er spricht damit nicht nur die gemeinsame Überzeugung aller Entwicklungspsychologen an, daß nämlich Kinder ganzheitlich denken und erleben, er fordert die Ganzheitlichkeit als notwendige Sinnstiftung auch für die Weltbegegnung des Erwachsenen:

„Eine gespaltene Welt, eine Welt, deren Teile und Aspekte nicht zusammenhängen, ist nicht nur ein Zeichen, sondern auch eine Ursache für eine gespaltene Persönlichkeit. (...) Eine voll integrierte Persönlichkeit gibt es nur dort, wo die aufeinanderfolgenden Erfahrungen integriert sind. Dies läßt sich nur dadurch erreichen, daß eine Welt der zusammenhängenden Gegenstände aufgebaut wird" (Dewey 1974, 265).

Leistungsbeurteilung als rechtmäßig erlittenes Unrecht

Am obigen Beispiel von der Reihen- und Parallelschaltung möchte ich abschließend noch ein weiteres Problemfeld der Schule ansprechen, auf dem die Diskrepanz zwischen ihren Ritualen und Deweys Vorgaben besonders groß ist. Wäre beim zuletzt genannten Unterrichtsbeispiel das vorgefaßte didaktische Schema nicht aufgebrochen worden, dann wäre es nicht zum Erkunden der kognitiven Landkarte der Kinder gekommen. Ohne solche „Kunde“ aber ereignet sich beim Lehrer keine Einstellungsveränderung gegenüber Fehlern in den diversen Leistungsbereichen der Schüler. Er wird sie weiterhin schlichtweg benoten bzw. „brandmarken“,[6] statt daß er sie als Möglichkeit sieht, der Ursache des Scheiterns auf den Grund zu gehen, die verworrenen Denkpfade des Schülers zu ordnen und Klarheit zu schaffen. Für Dewey besteht die Sinnhaftigkeit von Prüfungen nicht zuletzt darin, die Stellen ausfindig zu machen, an denen das individuelle Kind die meiste Hilfe braucht.

Unsere Schule aber verwendet ein Beurteilungsinstrumentarium, welches an der Individualnorm vorbei konstruiert worden ist und mit dieser prinzipiell nicht kompatibel ist. Vielmehr mißt es den einzelnen an der Norm des Kollektivs und versündigt sich dabei nicht nur an der Gerechtigkeit, sondern stört auch den höchst verletzlichen Prozeß der Gemeinschaftsbildung.

Daß mit der Ziffernnote keine Gerechtigkeit zu erzielen ist, beweisen alle Untersuchungen, die in unserem Jahrhundert über die Gütekriterien Objektivität, Reliabilität und Validität durchgeführt worden sind. Sie sind in ihrer Aussage alle negativ, und das in einer Einhelligkeit, wie sie in den Sozialwissenschaften sehr selten zu finden ist (vgl. das Standardwerk von Ingenkamp und andere Arbeiten zur Leistungsbeurteilung).

Die Verfechter der Ziffernnote haben auf diese katastrophalen Befunde nur die eine Antwort, daß es nämlich nichts Besseres gäbe. Mit dieser Aussage haben sie freilich nur dann nicht ganz unrecht, wenn sie an Alternativen im system-konformen Paradigma denken, wie verbale Beurteilung, Entwicklungsberichte, Lernberichte und ähnliche Varianten der Pensenbücher einer Maria Montessori. In all diesen Formen ist der Lehrer wie bei der Ziffernnote Vormund der Adressaten: Er allein bekommt die Schülerleistung zu Gesicht, nicht aber die Firmenchefs oder die weiterführenden Schulen und andere Interessenten. Der Lehrer verschlüsselt die Leistung nach seinem Gutdünken

6 „Nota“ hat u. a. auch die Konnotation von Brandmal!

in ein Zeichensystem, und sie müssen sich auf die von ihm gewählte Chiffre verlassen. – Mittlerweile breitet sich aber eine systemsprengende Variante aus: die direkte Leistungsvorlage, auch Portfolio-System genannt. Dabei legt der Absolvent eine Mappe mit Proben seiner Leistung vor (vgl. den Bewerber an der Kunstakademie): Aufsätze, Rechnungen, Übersetzungen, Leselisten, statistische Daten, Fotos, auch audio-visuelle Dokumentationen etc. Auf Grund dieser Vorlagen kann sich der Adressat selbst ein Bild machen (vgl. Vierlinger 1999).

Literatur

Baumert, J./Roeder, P. M./Sang, F./Schmitz, B.: Leistungsverweigerung und Vergleich von Bildungsunterschieden in Gymnasialklassen. Berlin: Max Planck Institut für Bildungsforschung o. J.

Bohnsack, F.: John Dewey. In: Scheuerl, H. (Hrsg.): Klassiker der Pädagogik. Bd. II. München: C. H. Beck'sche Verlagsbuchhandlung 1979, 85-102.

Bronfenbrenner, U.: Erziehungssysteme. Kinder in den USA und der Sowjetunion. München: Deutscher Taschenbuch Verlag 1973.

Coleman, J. u. a.: Equality of Educational Opportunity. New York: Educational Resources Information Center 1966.

Comenius, J. A.: Große Didaktik. Düsseldorf/München: Küpper [4]1970.

Dewey, J.: Democracy and Education. New York: Macmillan 1916.

Dewey, J.: Demokratie und Erziehung. Braunschweig: Westermann 1964.

Dewey, J.: Die Suche nach Gewissheit. Frankfurt a. M.: Suhrkamp 1998

Dewey, J.: Psychologische Grundfragen der Erziehung. München: Reinhardt 1974.

Durkheim, E.: Erziehung und Soziologie. Düsseldorf: Schwann 1972.

Empfehlungen und Gutachten des Deutschen Ausschusses für das Erziehungs- und Bildungswesen. 10. Folge. Stuttgart: Klett 1965.

Haeberlin, U. u. a.: Integration von Lernbehinderten. Versuche, Theorien, Enttäuschungen, Hoffnungen. In: 9. Beiheft zur Vierteljahresschrift „Beiträge zur Heil- und Sonderpädagogik". Bern: Haupt AG-Verlag 1990.

Hentig, H. v.: Welche Bedeutung haben Curriculum-Materialien für die Institution Schule? In: Neue Sammlung 1/1982, 14-31.

Herz, O.: Eingebettet ins Umfeld – Aspekte eines Porträts zweier Gesamtschulen. In: Beiträge aus dem Arbeitskreis „Qualität von Schule", Heft 2. Wiesbaden. Hessisches Institut für Bildungsplanung und Schulentwicklung 1987.

Herz, O.: Zurück ins Mittelalter am Übergang ins nächste Jahrtausend. In: Deutsche Lehrerzeitung Nr. 39, 1992.

Höhn, E.: Der schlechte Schüler. München. Piper 1977.

Ingenkamp, K. H.: Die Fragwürdigkeit der Zensurengebung. Weinheim: Beltz [9]1995.

Johnson, D. W./Johnson, R. T.: What to say to the Advocates for the Gifted. In: Educational Leadership, vol 50, number 2, Oct. 1992, 44-47.
Kelly, A. V.: Unterricht mit heterogenen Gruppen. Weinheim: Beltz 1981.
Knubbertz, A.: Erziehung nach Auschwitz. Von der aktuellen Bedeutung einer an Historie orientierten Pädagogik für die gegenwärtige Erziehung. In: Pädagogisches Forum 1/1994, 15-23.
Kunert, K.: Wie Lehrer mit dem Lehrplan umgehen. Weinheim: Beltz 1983.
Lenzen, D./Haller, H. D.: Jahrbuch für Erziehungswissenschaft, Nr. 2. Stuttgart: Klett 1977.
Oelkers, J.: Die Rolle der Erziehungswissenschaft in der Lehrerbildung. In: Hänsel, D./Huber, L. (Hrsg.): Lehrerbildung neu denken und gestalten. Weinheim/Basel: Beltz 1995, 39-53.
Piaget, J.: Das Recht auf Erziehung und die Zukunft unseres Bildungssystems. München: Piper 1975.
Piaget, J.: Theorien und Methoden der modernen Erziehung. Frankfurt a. M.: Fischer 1987.
Redl, F.: Erziehung schwieriger Kinder. München: Piper 1971.
Roth, H.: Pädagogische Psychologie des Lehrens und Lernens. Hannover: Schroedel [4]1960.
Rothschedl, E.: Die Situation der Schüler in der Neuen Hauptschule. Unveröffentlichtes Manuskript. Linz: Landesschulrat für Oberösterreich: 1991.
Rumpf, H.: Die übergangene Sinnlichkeit. München: Juventa 1981.
Schiefele, H.: Lehrerbildung und die Schule. In: Bayerische Schule, 1/1993, 10-12.
Treiber, B./Weinert, F. E.: Gute Schulleistungen für alle. Psychologische Studien zu einer pädagogischen Hoffnung. Münster: Aschendorf 1985.
Vierlinger, R.: Perspektiven einer humanen Schule. Linz: Oberösterreichischer Landesverlag 1978.
Vierlinger, R.: Das Schulkreuz der Lehrer. Disziplinstörungen und Unterricht. Wien: Jugend & Volk 1990.
Vierlinger, R.: Die offene Schule und ihre Feinde. Wien: Jugend & Volk 1993.
Vierlinger, R.: Schulpädagogische Visionen von einer Universitäts-Modellschule. In: Neue Sammlung 3/1996, 455-465.
Vierlinger, R.: Leistung spricht für sich selbst. Direkte Leistungsvorlage (Portfolios) statt Ziffernzensuren und Notenfetischismus. Heinsberg: Dieck 1999.

Roswitha Lehmann-Rommel

Deweys Aufhebung der dualistischen Denkform. Konsequenzen für den Umgang mit Zielen in der Pädagogik

Die reflexive Integration von Dualismen in konkreten Handlungsprozessen ist ein kontinuierliches Thema Deweys, das sein Werk maßgeblich strukturiert. Im vorliegenden Artikel soll diese Denkfigur Deweys am Beispiel seiner Analyse der Kontinuität von Zielen und Mitteln dargestellt werden. Dabei wird rekonstruiert und geprüft, inwiefern sein Entwurf eine Alternative zum identitätstheoretischen Diskurs darstellt und ein konsequentes Denken in Differenzen und deren Relationen umfaßt. Nach einer Einführung werde ich Deweys Kritik der dualistischen Denkform darstellen und mich insbesondere auf das Spätwerk (Later Works 1920-1953) beziehen, in dem Dewey seinen Integrationsgedanken differenzierter als in seinem frühen Werk entfaltet. Seine Dualismuskritik spezifiziere ich an seinem Konzept des Ineinandergreifens von Zielen und Mitteln. Im dritten Teil frage ich nach der Bedeutung dieser Überlegungen für einige Aspekte seiner frühen Bildungs- und Erziehungsphilosophie (Credo). Abschließend fasse ich Deweys Verständnis von Intentionalität und pädagogischer Zielproblematik zusammen und zeige ihren Stellenwert für weiterführende Diskussionen auf.

Dewey formuliert seine Kritik an der abendländischen Tradition als eine an der dualistischen Denkform. Er kritisiert, daß dualistische Trennungen (wie die zwischen Subjekt und Objekt, Seele und Körper, Theorie und Praxis etc.) nicht als Leistungen des Denkens mitreflektiert, sondern auf die Dimension des primären (oder gewöhnlichen) Erfahrens in Raum und Zeit projiziert werden. Mit dieser Projektion gerät – so Dewey – die Komplexität, Vagheit, Vielschichtigkeit und Kontingenz der Ereignisse aus dem Blick, die in den begrifflichen Festlegungen nicht aufgehen. Deweys Einwand gegen dualistische Denkweisen richtet sich dabei nicht nur gegen ihre philosophische Unterkomplexität, sondern gegen das mit diesem Denken einhergehende Versagen, Probleme im gesellschaftlichen Zusammenleben auf der Höhe moralischer Wertvorstellungen intelligent zu lösen. „Wirkliche Lösungen" (Dewey 1995, 237) gibt es nur, wenn dichotomische Spannungsverhältnisse, Widersprüche, Paradoxa als Schwierigkeiten im primären Erfahren aufgesucht und bearbeitet werden. Dies setzt das Aushalten von Unsicherheit und Nicht-Wissen (Dewey 1998, 227) voraus. Das Festschreiben von dualistischen Trennungen im Denken (wie Denken und Handeln, Vernunft und Gefühl, Individuum und Gesellschaft ...) simplifiziert durch Polarisierung und verhindert eine der Komplexität angemessene Bearbeitung von Situationen.

Diese Kritik an der abendländischen Denktradition und die von Dewey entworfene Alternative der Integration von Dualismen im reflexiven Handeln bestimmen grundlegend seine Erziehungs- und Bildungsphilosophie – sowohl ihren anthropologischen Ausgangspunkt als auch die Vorstellungen von anzustrebenden pädagogischen Zielen, von möglichen Mitteln und von institutionellen Kontexten. Im Text „My pedagogic creed" (1897) werden verschiedene pädagogisch relevante Dualismen genannt und Deweys Vorschläge, ihre Vermittlung zu denken, kurz skizziert: Individualität und Sozialität, Prozeß und Ziel von Erziehung, mentale und emotionale Entwicklung, Inhalte und Werte, Kind und Curriculum. Ich werde mich unter dem Fokus des Kontinuums von Zielen und Mitteln bei Dewey auf die beiden zuletzt genannten beziehen.

In der (reform-)pädagogischen Rezeption wird Dewey häufig so gelesen, daß Schülerzentrierung und kreatives Agieren den Vorrang gegenüber wissenschaftlichen Inhalten und Methoden erhalten. Hier handelt es sich um eine verfälschende Interpretation. Dewey hat sich auch in seinen frühen Schriften niemals dafür ausgesprochen, daß der Lernende wichtiger wäre als der Gegenstand oder der Lehrer.[1] Ihm ging es um ein Ausbalancieren dieser

[1] Dewey selbst ist es zwar auch in seinen frühen Schriften ein zentrales Anliegen, daß die Erfahrungen der Schüler lebendig gehalten werden in Richtung auf das Wissen der Experten. Aber in seinen pädagogischen Schriften vor 1920 tritt seine hohe Bewertung von Wissen und wissenschaftlicher Forschung durch die Rhetorik seines Appells für eine Orientierung des Unterrichts an der Aktivität der Schüler in den Hintergrund. Jackson (1998) zeigt auf, daß Dewey sich zunächst nur halbherzig von dieser Lesart distanziert und erst spät (1938 in „Experience and Education") eine klare Abgrenzung vornimmt. Er vermutet Gründe hierfür darin, daß Dewey zunächst selbst gefangen war in der Aufbruchstimmung seines pädagogischen Experiments und seinen Blick mehr auf Möglichkeiten als auf die

drei Seiten. Erst deren Integration eröffnet nach Dewey einen pädagogischen Raum (vgl. Garrison 1999).

Deweys Vorschläge zur Integration der oben skizzierten Dualismen wurden in der Erziehungswissenschaft oft aus einer Perspektive interpretiert, die aus Deweys Sicht selbst als dualistisch zu kennzeichnen wäre (vgl. Oelkers 2000, u. a. 310f.). Dabei wurde die Andersheit seines Denkens gegenüber der pädagogischen Tradition entschärft und vereinnahmt. Aus meiner Sicht ist es daher sinnvoll, die theoretische Radikalität seiner Dualismuskritik zu prüfen und Deweys Umgang mit Dualismen in ihrer Differenz zur vorherrschenden pädagogischen Denktradition aufzuzeigen.

Insbesondere in der amerikanischen Pragmatismusrezeption werden die Anstrengungen Deweys hervorgehoben, inmitten einer identitätsorientierten Denk- und Sprachform, die am ausgeschlossenen Dritten orientiert ist, eine an Prozeß und Differenzen orientierte Sprache zu entwickeln.[2] Sie soll geeignet sein, Methoden, Kategorien, Fragen für die Bearbeitung und Untersuchung von Situationen bereitzustellen, und dabei auf die Formulierung von Wahrheiten und Wesensaussagen verzichten. „Universalität im Sinne von Dewey mag die fortwährende Suche nach einer genuin gemeinsamen Sprache inmitten von Differenz bedeuten“ (Hart 1993, 190, übers. RLR). Darin liegt zugleich Deweys Dilemma, wenn er um bestimmte Begrifflichkeiten ringt und sie später wieder verwirft.[3] Seine Schwierigkeiten sind Ausgangspunkte für Vereinnahmungen, die das zentrale Anliegen seines Denkens, eine neue

---

Fehler richtete. Die Diskussion zeigt, daß die Integration von Kind und Curriculum die Pädagogen vor besondere Schwierigkeiten stellt (z. B. Fishman 1998).

2 Vgl. hierzu die Rezeption Deweys im Kontext feministischer und poststrukturalistischer Theorien (Überblicke hierzu bieten Seigfried 1993 bzw. Lehmann-Rommel 2000).

3 So führt Dewey z. B. „habit“ in seiner Schrift „Human Nature and Conduct“ (1922) als vielschichtigen, komplexen Terminus ein, läßt ihn aber in seinen späteren Schriften weitgehend fallen, auch wenn seine Theorie vom Menschen als habituellem Wesen in seiner späteren Kommunikations- und Kunsttheorie weiter ausdifferenziert wird und aus Sicht verschiedener Dewey-Interpreten sogar im Zentrum steht (u. a. Neubert 1998, Alexander 1987). Ein anderes Beispiel ist der Begriff des „experience“, den Dewey im Werk „Experience and Nature“ (1925) entfaltet, für das er aber aus späterer Sicht darüber nachdenkt, den Begriff „experience“ durch „culture“ zu ersetzen (Dewey 1995, 413ff.). „Ich würde den Terminus „Erfahrung“ aufgeben, weil ich zunehmend erkenne, daß die historischen Hindernisse, die einem Verständnis meines Gebrauchs von „Erfahrung“ im Wege stehen, praktisch unüberwindlich sind“ (Dewey 1995, 450).

Denkungsart zu entwerfen und zu praktizieren, nicht beachten (vgl. Oelkers 2000). Aus meiner Sicht ergibt sich hieraus für die Erziehungswissenschaft die Notwendigkeit, mit Dewey die pädagogische Begrifflichkeit auf dem Hintergrund seiner zentralen philosophischen Unterscheidungen zu de- und rekonstruieren und nicht einzelne Elemente seines Denkens (wie *learning by doing* oder das Konzept der *occupations*) unter ein letztlich dualistisches Denkmuster zu subsumieren.

Deweys Kritik der dualistischen Denktradition

Die zentrale Differenz, die Dewey an den Ausgangspunkt seiner Dualismuskritik stellt, ist die Unterscheidung zwischen einem „primären" Erfahren und der Arbeit des Denkens (auch „sekundäres" Erfahren genannt). Ersteres meint den vorbegrifflichen Ereignischarakter interaktiver Prozesse, die sich in Raum und Zeit vollziehen und das Ineinandergreifen emotionaler, körperlicher wie kognitiver Aspekte umfassen. Letzteres ermöglicht begriffliche Trennungen, das Entfalten von Bedeutungen im Kontext symbolischer Ordnungen und emergiert selbst in Kontexten des primären Erfahrens. Dewey insistiert gegenüber dem sich tendenziell absolut setzenden denkenden Zugang zur Welt auf der „Erst- und Letztgültigkeit des Materials der gewöhnlichen Erfahrung" (Dewey 1995, 35). Die Verwechslung der beiden Dimensionen führt zu dem – aus seiner Sicht – gravierenden und folgenreichen Irrtum abendländischen Denkens: der Annahme, daß der erste Zugang zur Realität der des Denkens sei. „Man kann auf andere Weise etwas sein und etwas haben, als es zu wissen – das gibt es, und es ist die Voraussetzung für Reflexion und Wissen" (Dewey, LW 1, 377, übers. RLR).

Die Dimension unmittelbaren „primären" Erfahrens denkt Dewey als interaktiven Prozeß des Ineinandergreifens von Innen und Außen, von Bewirken und „Erleiden", von Gestalten und Determiniertwerden. Einzelne Ausschnitte der interaktiven Prozesse können und sollen Gegenstand von Denken und Reflexion werden. Aber als ein Ganzes kann primäres Erfahren – so Dewey – nicht begrifflich gefaßt werden, auch wenn die symbolische Welt sich zumeist als geschlossene und vollständige präsentiert und damit diese Differenz zwischen unmittelbarem Erfahren von Situationen und begrifflicher Vermittlung verdeckt. Denken ist gemäß Deweys Sicht jeweils Bestandteil einer vielschichtigen Situation, welche sich als solche dem sprachlichen Zugriff entzieht. Das Gelingen der begrifflichen Arbeit an Teilaspekten primären Erfahrens setzt das Wissen und Offenhalten der Differenz zwischen beiden Dimensionen voraus. Der grundlegende philosophische Fehlschluß, der nach Dewey zur Fixierung von Dualismen und zu essentialistischen Annahmen (Subjekt–Objekt, Individuum–Gesellschaft, Seele–Körper ...) führt, besteht in der Vernachlässigung des vielschichtigen situativen Kontextes und des subjektiven, nur partiell artikulierbaren Involviertseins in die jeweiligen Situationen.

Mit der Differenz von „primärem" und „sekundärem" Erfahren thematisiert Dewey das Repräsentationsproblem: Wissen als Wissen zu betrachten und nicht mit „primärem Erfahren" zu identifizieren ermöglicht, die Unterscheidung von Begriff und Gegenstand, Bedeutung und referentiellem Objekt in die Reflexion einzubeziehen.

> „Daß das identifizierende Denken mitverantwortlich gemacht werden kann für Gewaltverhältnisse zwischen Subjekt und Objekt, Mensch und Natur sowie zwischen Selbst und Anderen, macht die Situation zusätzlich prekär. Die Wirklichkeit ‚auf den Begriff bringen', bedeutet immer schon, das dem Begriff Fremde, Inkompatible als Nicht-Identisches zu negieren, womit andererseits die Repräsentationsfunktion des Begriffs fragwürdig wird" (Wimmer/Schäfer 1999, 12).

Wimmer und Schäfer haben darauf hingewiesen, daß „Nichtidentität" (Adorno) insbesondere im pädagogischen Diskurs vernachlässigt wurde, für den mit dieser Differenz Grundannahmen (u. a. über Identität) zur Disposition gestellt werden. Wenn der Andere nicht identifiziert wird mit seiner Repräsentation im Denkenden, kann „man allenfalls im Fortgang der Interaktion in der Lage sein, dieses virtuelle Bild für sich zu bestätigen, und zwar ohne die Sicherheit der Übereinstimmung mit der unterstellten Perspektive des Anderen" (Wimmer/Schäfer 1999, 10f.).

Das Insistieren auf dieser grundsätzlichen, unabschließbaren Verwiesenheit des Denkens auf materiale, interaktive Prozesse in der Zeit und seine Kritik am Herrschaftscharakter identifizierenden Denkens haben eine Schlüsselposition für Deweys Pädagogik. Mit der Unterscheidung von Denken und primärem Erfahren verlangt Dewey dem Denken immer wieder ab, sich auf das hin zu öffnen, was nicht Denken ist.

Deweys Kritik am *Stellenwert* von (dualistischer) Begrifflichkeit bedeutet keineswegs eine Abwertung des Denkens gegenüber einer nicht-rationalen Erfahrungsdimension. Das emphatische Ziel seiner pädagogischen, wissenschaftlichen und politischen Arbeit ist es, zunehmend Rationalität in die Gestaltung von Erfahrung aufzunehmen. Aus Deweys Sicht bleibt bzw. wird Erfahrung chaotisch, wenn wir uns vorgängigen Fixierungen und Normativitäten verpflichten. Für Dewey ist das Dualismus-Problem daher nicht nur eine erkenntnistheoretische Angelegenheit, sondern es verweist darüber hinaus auf reale Prozesse im sozialen Kontext. Solange Denken sich nicht als Aktivität selbst beobachtet, kommt es zur verbreiteten Unverbundenheit von Bewußtsein und Handeln als empirischem Korrelat. Diese „kultivierte Unfähigkeit" besteht darin, daß Tätigkeiten durch Gewohnheiten statt durch bewußte Absichten bestimmt werden, während das Denken die daraus resultierenden Diskrepanzen häufig nicht zur Kenntnis zu nehmen bereit ist, verleugnet oder als irrelevante oder auch unüberwindliche Schwierigkeiten abtut.

„Der philosophische Dualismus ist nur eine in Worte gefaßte Anerkennung einer Sackgasse im Leben; eine Unfähigkeit zur Interaktion, eine Unfähigkeit, einen wirksamen Übergang zu bewerkstelligen, eine Beschränkung der Fähigkeit, unser Dasein in unsere Hand zu nehmen" (Dewey 1995, 234f.).

Die Entfremdung und Abwertung von primärer Erfahrung gegenüber denkerischen Abstraktionen führen zu Trägheit und zum Gefühl der Inkompetenz[4] in Fragen der Gestaltung gesellschaftlichen Lebens. Die Denkform, welches auf generelle Vernunftlösungen der Dualismen zielt, verhindert die Bearbeitung ihrer konkreten Erscheinungsformen im gesellschaftlichen Leben.

„Selbst wenn es nicht die Absicht ist, die bestehende Ordnung zu rechtfertigen, besteht die Wirkung doch darin, die Aufmerksamkeit von spezifischen Situationen abzulenken. Die rationalistische Logik (...) wirkt (...) sich dahingehend aus, die Beobachtung in spezifischen sozialen Phänomenen zu schwächen und zu verzögern" (Dewey 1989, 235).

Dewey kritisiert im Zusammenhang mit der Dualismusfrage das Defizit der – noch unfertig – „modernen" Gesellschaften, ihre Praktiken durch selbst gesetzte Werte zu bestimmen. Er diagnostiziert, daß die Beschränkung der Wis-

---

4 „Sense of incompetency and the sloth born of desire for irresponsibility" (Dewey LW 4 1929, 240; vgl. Dewey 1998, 300).

senschaft auf materielle Fragen Hand in Hand geht mit „Verfahrensweisen, die die Moral eines vorwissenschaftlichen Zeitalters widerspiegeln und verewigen" (Dewey 1989, 32). Die Wissenschaft etablierte sich, indem sie sich einließ auf einen „Kompromiß in Gestalt einer Trennung von Bereichen und Zuständigkeiten" (Dewey 1989, 25). In moralischen und ideellen Fragen wurde weiterhin auf experimentelles Untersuchen verzichtet und die Autorität universaler Aussagen (und später z.T. ihre subjektive Beliebigkeit) behauptet.

Deweys deutliche Kritik an der „Wertfreiheit" der Wissenschaft und sein Plädoyer, das Projekt wissenschaftlicher Untersuchung auf die Entwicklung und Aktualisierung menschlicher Werte auszudehnen, basiert auf einem nicht-dualistischen Verständnis wissenschaftlicher Rationalität. Seine Forderung nach Kontextualisierung der Wissenden und ihres Wissens bedeutet einen Affront gegenüber dem Objektivitätsideal, das auf der Trennung von Subjekt und Objekt, von Wissendem und Gewußtem basiert, Rationalität an die Anonymität und Austauschbarkeit der Wissenden bindet und die Gleichheit der kognitiven Zugänge zu Wissensaspekten unterstellt.

Deweys Alternative: Integration von Dualismen im Handeln

An die Stelle von Dualismen setzt Dewey – im Unterschied z. B. zu reformpädagogischen Traditionen – keinen undifferenzierten Begriff von Einheit oder Ganzheit (oder gar „Ganzheitlichkeit"). „Wir begreifen Einheit nur als etwas, das sich innerhalb einer Zeitspanne abspielt" (Dewey LW 13, 326, übers. RLR). Er kritisiert die Idee vom Menschen als integralem Ganzen als eine essentialistische Konstruktion. Mit dem (reform-)pädagogischen Ganzheitlichkeitsbegriff werden dualistische Trennungen kritisiert, indem selbst wieder eine Abstraktion behauptet wird. Diese verstellt eher Beobachtungen von divergierenden Phänomenen und die konkrete Vermittlungsarbeit in vorhandenen Spannungsfeldern (z. B. bei der jeweiligen Lösung des pädagogischen Paradoxons in pädagogischen Handlungssituationen). Wenn seine Theorie praktischer Rationalität als „holistisch" bezeichnet werden kann (Garrison 1999, 301), dann impliziert dieser Wortgebrauch bei Dewey grundlegend immer eine zeitliche und interaktive Dynamik in dem Prozess, beide Seiten eines Dualismus – z. B. Ziele und Mittel oder Kind und Curriculum –

zu koordinieren, zu integrieren und deren Spannung situativ gültig aufzulösen.

„Aber das, was einen Felsen zu einem einzelnen Ganzen macht, ist die Interaktion von Schwärmen von Molekülen, Atomen und Elektronen; seine Einheit wird gebildet durch die Weise, wie die Elemente zusammenarbeiten. Die Grenzen, durch die wir den Menschen als (physische) Einheit wahrnehmen, sind sehr verschieden von den Energien und der Organisation der Energien, welche aus ihm ein einheitliches menschliches Sein machen“ (Dewey LW 13, 325, übers. RLR).

Dewey betont, daß Spannungen und Widersprüche ihre Auflösung angemessen nicht im Denken finden können, ohne sie vorschnell zu vereinheitlichen. Der Ort ihrer Integration sind die tatsächlich situativ stattfindenden Interaktionen. Um diese situative Harmonisierung von divergierenden Kräften „intelligent“ zu gestalten, ist es erforderlich, daß sie ebendort bewußt aufgesucht werden und die Differenzen im Denken explizit offengehalten werden. Das zentrale pragmatistische Thema, wie Diversität in Einheit zu bewahren und wie Einheit aus vorgefundener Diversität heraus zu entwickeln ist, zielt auf ein instabiles, immer wieder neu herzustellendes Gleichgewicht.

Deweys Alternative zur dualistischen Denkform ist prozeß- und interaktionsorientiert, insofern er konsequent auf den zeitlichen und interaktiven Prozeß des Handelns als Ort der Bearbeitung von Polaritäten und Widersprüchen verweist. Dualistische Spannungen weder einzuebnen noch als Trennungen zu fixieren, sondern offenzuhalten, ist eine erste Leistung des Denkens. Sie widerspricht der dualistischen Denkgewohnheit, das Spannungsfeld im theoretischen Vorfeld aufzulösen und bei der konkreten Betrachtung der Situation, gemäß den theoretischen Vorgaben eine Seite zugunsten der anderen abzuwerten bzw. auszublenden oder beliebig zwischen unvermittelten Polen hin- und herzuspringen (vgl. die Schwierigkeiten in der Pädagogik, z. B. Erziehung und Sozialisation[5], Inhalts- und Personorientierung in ihrem komplexen Ineinandergreifen zu denken).

Dualismen in interaktivem Handeln zu versöhnen erfordert, daß die Reflexion sich wesentlich auf Kontingenzen und zeitliche Prozesse einläßt. „Das

5 Vogel hat darauf hingewiesen, daß für das Denkmodell „Erziehung“ und das Denkmodell „Sozialisation“ gemäß der beiden Konzepten eigenen Logik „eine Zusammenarbeit ausgeschlossen“ erscheint, da beide Konzepte nach Vogel die Ausgrenzung des jeweils anderen Denkmodells implizieren (Vogel 1996, 485).

Reich des Praktischen ist die Region des Wandels, und Wandel ist immer kontingent; er hat ein Element des Zufalls in sich, das nicht eliminiert werden kann" (Dewey 1998, 23). Handeln kann keine absolute Gewißheit gewähren, wie sie von der abendländischen Denktradition angestrebt wurde, die auch Werte nicht von „unsicheren" Handlungen abhängig machen wollte. Aus Deweys Sicht hat gerade diese Furcht vor Kontingenz und Wandel, die auch die Abwertung des Emotionalen und des Begehrens einschloß, zur Verrohung des Handelns beigetragen.

„Die Trennung, die zwischen Theorie und Praxis entstanden ist, samt der sich daraus ergebenden Ersetzung des praktischen Bestrebens, die Realität des Guten in der Erfahrung sicherer zu machen, durch die kognitive Suche nach absoluter Sicherheit, hat die Wirkung gehabt, die Aufmerksamkeit und die Energie von einer solchen Aufgabe abzuziehen, deren Erfüllung zu definiten Resultaten führen würde" (Dewey 1998, 39).

Gemeinschaftliches Handeln als relevanten Ort der Integration von Widersprüchen und Spannungen zu betrachten würde bedeuten, auf letzte Gewißheiten zu verzichten und Kontingenz, Zeitlichkeit und Bedingtheit aller (Auf-)Lösungen von Dualismen und Paradoxien zu akzeptieren.

Das zentrale Instrument, Gegensätze und dualistische Spannungsverhältnisse situationsspezifisch zu integrieren und zu vermitteln (*mediate*), ist für Dewey *inquiry*, dessen Bewegung „von individuell problematischen Situationen zu singulären Problemlösungen" (Krüger 2000, 212-227) führt, also keine generalisierbaren Lösungen anstrebt, sondern einem fortwährenden Rhythmus von Bedürfnis – Wunsch – Imagination – Befriedigung *(need – desire – imagination – satisfaction)* unterliegt. Ausgehend von Situationen, in denen vorhandene Gewohnheiten scheitern, werden distanznehmend die Konstituenten der Situation beobachtet und eingegrenzt. Einen zentralen Stellenwert erhält dann das Zusammenführen von Wahrnehmung und (Ideal-)Vorstellungen. Dabei ist der jeweilige Kontext wesentlich, er setzt affektives Involviertsein in qualitative Situationen und Aufmerksamkeit für diese voraus. Die Distanznahme des Untersuchenden ist immer schon eingebettet in Engagiertsein und Interesse.

„Alle kontrollierte Untersuchung und jede Festlegung von begründeten Behauptungen enthält notwendig einen praktischen Faktor, eine Aktivität des Tuns und

Machens, die vorgängiges Material, welches das Problem der Untersuchung bildet, neu formt“ (Dewey 2000, Teil 2, 67).

Für die transformative Wirkung von *inquiry* ist Imagination ein zentrales Moment. Wie die Handelnden mit Imaginationskraft ihr vorhergehendes qualitatives Material umformen, ist abhängig von ihren habituell bedingten Gefühlen, Bedürfnissen und Wünschen. „Kein vernünftiges Argumentieren kann Wahrheit erreichen, solange Imagination und Bedeutung *(sense)* ausgeschlossen werden“ (Dewey LW 10, 40, übers. RLR, vgl. Dewey 1988, 45).

Dewey insistiert dabei auf einem Primat des Zeitlichen vor dem Kognitiven.[6] „Das Kognitive ist niemals allumfassend. (...) Nur wenn der zeitliche Charakter der erfahrenen Dinge vergessen wird, wird die Idee der totalen „Überschreitung“ (Transzendenz) des Wissens behauptet“ (Dewey 1995, 40). Die Bewegungen in Raum und Zeit sind nach Dewey weder den Individuen noch den Dingen äußerlich. Jedes Denken, das meint, über ein substantielles, zeitenthobenes „Sein“ der Dinge Aussagen machen zu können, unterliegt nach Dewey dem oben beschriebenen „philosophischen“ Fehlschluß. Dewey entlarvt diese Denkhaltung als Versuch des neuzeitlichen Subjekts, seine Allmächtigkeit unter Absehung von realen Abhängigkeiten zu behaupten. „In sich selbst war es wie ein Gott, derselbe gestern, heute und für immer. Zeit tangierte es nicht – weder um es zu zersetzen noch um es zu entwickeln“ (Dewey LW 14, 103, übers. RLR).

Individualität kann aus dieser Perspektive nicht als Entfaltung eines im Anfang gegebenen Kerns verstanden werden, sondern als ein einzigartiger zeitlicher Prozeß mit Unbestimmtheiten und Kontingenzen. Sie ist kein erstes gegenüber den Interaktionen, in denen der einzelne aktiv und passiv handelt und „erleidet“. „Ein Selbst verändert seine Struktur und seinen Wert entsprechend der Art von Gegenständen, für die es sich aktiv interessiert“ (Dewey LW 7, 296, übers. RLR). Das Selbst ist für Dewey immer eins mit seinem Handeln, Teilnehmen, Interessiertsein. Es existiert nicht hinter, sondern in dem, was eine(r) tut.

---

6 Hierin liegt sein Einwand gegen Hegel, dessen Einsicht er übernimmt, „daß in den Erkenntnisgegenständen sowohl Identität wie Differenz vorhanden ist, wie in der Lehre vom ‚konkreten Allgemeinen'. Aber sie („objektive Idealismen“, RLR) haben den Aspekt der zeitlichen Rekonstruktion ignoriert, der einer offenen wirklichen Interaktion bedarf“ (Dewey 1998, 190).

Damit ist Dewey weit davon entfernt, Dualitäten menschlicher Existenz (hier die von aktiv–passiv, innen–außen) zu leugnen.[7] Das Aufsuchen und Ausbalancieren von (dichotomen) konfligierenden Aktivitäten und Erfahrungselementen in ihrer Komplexität stellt nach Dewey eine unabschließbare Herausforderung für den Menschen dar. Diese kann angemessen erst beantwortet werden, wenn wahrgenommene Widersprüche, Spannungen, Dichotomien offengehalten werden und der Ausgang von Prozessen nicht vorweggenommen wird. Vielmehr sind Fähigkeiten zu entwickeln, sich im Unvorhersehbaren kontingenter, offener Prozesse bewußt und „intelligent" zu bewegen. Darin liegt in besonderer Weise eine Herausforderung für das Verständnis von Intentionalität und Zielverfolgen.

Die Interdependenz von Mitteln und Zielen

Bereits in der Credo-Schrift betont Dewey, „daß es sich also bei dem Prozeß und bei dem Ziel der Erziehung um ein und dieselbe Sache handelt" (Dewey 2001, 3. Artikel, 17. Absatz). Hier kündigt sich bereits die konsequentenreiche Analyse von Mitteln und Zielen als Kontinuum an, welche er in seinem Spätwerk vorgelegt hat, insbesondere in seinen Untersuchungen zu Ethik, Kunst, Wissenschaft und Demokratie. Auch die Kritik am dualistischen Verständnis von Mitteln und Zielen umfaßt sowohl eine Kritik an Denkverfahren als auch eine Gesellschaftskritik.

Deweys Begriff von Rationalität als systematische Koordination von Mitteln und Konsequenzen erfordert eine selbstreflexive Rekonstruktion der anfänglichen Intentionen im Prozeß der Zielverwirklichung. An die Stelle von extern fixierbaren, vorgängigen Zielen setzt Dewey den grundlegend reziproken Charakter von Zielen, Mitteln und Konsequenzen im Prozeß der Urteilsbildung. Jedes Ziel, das – als absolut gültiges behauptet – nicht Gegenstand der situationsbezogenen Untersuchung werden kann, bedeutet eine von außen gesetzte Grenze für die Reflexion. Überlegungen, was wir und wie wir etwas tun sollen, schließen bei Dewey wesentlich Wahrnehmung und Analyse von Kontingenzen ein und erfordern, situationsbezogen rückwärts und vor-

7 Dewey argumentiert in diesem Zusammenhang auch, daß Fragen nach dem Verhältnis der Geschlechter zentral für Überlegungen zur Gestaltung des sozialen Lebens sind (vgl. Seigfried 1993, 4).

wärts Bedeutungen herzustellen zwischen Intentionen, Mitteln und Ergebnissen.

Gemäß dem verbreiteten dualistischen Verständnis gelten Ziele oder Werte als intendierte Zustände, die erreicht werden oder nicht erreicht werden, aber in jedem Fall Wert in sich selbst besitzen. Mittel hingegen gelten als (kausale) Bedingungen für das Erreichen der intendierten Ziele. Ihre Bedeutung liegt darin, daß sie dazu beitragen, vorgängig gesetzte Werte und Ziele zu realisieren. Nach Dewey liegt in dieser Denkform eine notwendige Bedingung für die Entfremdungserscheinungen in Industrialisierungsprozessen. Die Trennung von Mitteln und Zielen vermindert die Bedeutung des Handelns und ermöglicht es, Aktivität auf Plackerei zu reduzieren, der man möglichst entkommen sollte (Dewey MW 9, 113). Dewey versteht sein Konzept eines Kontinuums zwischen Mitteln und Zielen daher auch als ein Instrument für die Humanisierung von Arbeitsprozessen. Wenn praktische Aktivität nicht mehr als Mittel zum Zweck für unabhängig vom Realisierungsprozeß gesetzte Ziele herabgewürdigt wird, schwindet die Selbstverständlichkeit, mit der diese auf geistlose Routinen reduziert werden können.

Die für Dewey zentrale Unterscheidung ist hier wiederum die von primärer Erfahrung (vorbegriffliche Dimension der geschehenden Interaktionen in Raum und Zeit) und von sekundärer Erfahrung (deren gedankliche Bearbeitung). Die aus seiner Sicht irrtümliche Denkgewohnheit, letzteres auf primäre Erfahrung zu projizieren, führt einerseits dazu, daß die gegenwärtigen Interaktionen abgewertet werden zugunsten vorgestellter Wert- und Zielsetzungen (1), andererseits erscheint eine Evaluation dieser dem Prozeß übergeordneten Wert- und Zielsetzungen weder möglich noch sinnvoll (2).

(1) Die Aufwertung des gegenwärtigen Handelns
Dewey insistiert auf dem Wert jeder Phase des Handelns gegenüber dem Ergebnis. Nicht nur die Endphasen, sondern auch alle vorherigen haben „konsummatorische Dimension", können sind Erfüllungen in sich selbst (Dewey LW 1, 274, 105/auch LW 10, 202). Insofern hat es für ihn höchste Bedeutung, daß auch die Mittel in jeder Phase bejaht werden können. „Die Quelle des Irrtums liegt in der Gewohnheit, Dinge mit dem Namen Mittel zu bezeichnen, die überhaupt gar keine Mittel sind; Dinge, die nur äußerliche und zufällige Voraussetzungen von irgend etwas anderem sind" (Dewey

1995, 344). Nur auf der Grundlage wahrgenommener Beziehungen und der Betrachtung von situativen Konsequenzen können ernsthaft Mittel gewählt werden, deren Bedeutung nicht mehr auf ihre „Nützlichkeit" für privilegierte Zwecke reduziert werden kann.

„Die Verknüpfung Mittel-Konsequenzen ist niemals nur die einer bloßen Abfolge in der Zeit, so daß dasjenige Element, welches das Mittel ist, vorbei und vergangen ist, wenn der Zweck erreicht wird. Ein aktiver Prozeß wickelt sich in der Zeit ab, aber auf jeder Stufe und an jedem Punkt erfolgt eine Ablagerung, die kumulativ und konstitutiv in das Ergebnis eingeht" (Dewey 1995, 346).

Das „Wie" der gegenwärtigen Tätigkeit hat daher für Dewey höchste Bedeutung. Wenn die Gegenwart als Mittel für Zukunft instrumentalisiert wird, ist das auch unter dem Gesichtspunkt der Zielerreichung und planvollen Gestaltung der Zukunft nicht von Vorteil. Dewey insistiert darauf, daß die Mittel in einer erfüllenden und erfolgreichen Tätigkeit immer auch Zwecke werden.

„Man beachte, daß die gegenwärtige Tätigkeit die einzige ist, die wirklich in unserer Macht steht. Der Mann kann sterben, ehe das Haus gebaut ist. (...) Die Beherrschung der Möglichkeiten künftigen Wohnens, wie es sich nun gestalten mag, hängt ganz davon ab, daß er seine gegenwärtige Tätigkeit mit Ernst und Hingebung als Zweck und nicht als Mittel faßt. Und ein Mann hat alle Hände voll zu tun, wenn er das gut tun will, was getan werden muß.(...) So wie die Dinge liegen, verpfuschen die Menschen gemeinhin das gegenwärtige Handeln zugunsten künftiger Endzwecke, und zwar so sehr, daß die Tatsachen noch gar nicht erschlossen sind, die uns ermessen lassen, wie weit die Einschränkung der hemmenden Zufälligkeiten der Zukunft möglich ist" (Dewey 1931, 278).

Der Primat der Handlungs*prozesse* gegenüber den Ergebnissen verweist auf die Bedeutung des Gegenwärtigen und den Primat des Wie im Handeln gegenüber dem Was. An Zukunft zu denken ist die einzige Weise, Gegenwart zu beurteilen und ihren Sinn abzuschätzen. Das heißt aber weder, daß wir Zukunft beherrschen könnten, noch daß diese gegenüber der Gegenwart den Vorrang erhält. Dewey verweist darauf, daß mit der Machbarkeitsphantasie gegenüber der Zukunft die Abwertung des gegenwärtigen Handelns Hand in Hand geht. Zukunft ist für Dewey „nur Hilfsquelle für sinnvoll erfahrene Gegenwart" (Dewey 1931, 276), und es gibt keinen anderen „verständigen Weg, die Zukunft zu beeinflussen, als den, die ganzen Möglichkeiten der Gegenwart auszuschöpfen. Die Gegenwart verpfuschen zugunsten der Zukunft führt bloß dazu, die Gestaltungsmöglichkeiten der Zukunft zu verringern" (Dewey 1931, 277).

Die Dualismuskritik Deweys richtet sich an diesem Punkt auch auf Idealismus und Materialismus, denen nach Dewey gemeinsam ist, daß sie Gegenwart darauf beschränken, ein bloß äußeres Werkzeug für mit ihr unverbundene Zwecke zu sein. Für den Idealisten wie für den Materialisten gilt:

„Er schaut nach Befriedigung aus in anderer Richtung als der, wo sie zu finden ist. In seinem utopischen Trachten nach einem künftigen Gut übersieht er den einzigen Ort, wo sie zu finden ist. Er entleert das gegenwärtige Tun des Sinns, indem er es zu einem bloßen Mittel und Werkzeug macht. Wenn die Zukunft kommt, ist sie letzten Endes nur eine andere verachtete Gegenwart. Gewohnheitsmäßig und grundsätzlich ist sie immer nur noch ein Mittel für das, das erst kommen soll" (Dewey 1931, 284).

Die Anerkennung der Qualität der gegenwärtigen Interaktionen als dem Ort, an dem sich die Gestaltungsmöglichkeiten der Zukunft entscheiden, bedeutet für Dewey auch eine Anerkennung der Zufälligkeiten und bedingenden Zusammenhänge, unter denen gegenwärtiges Handeln stattfindet. Um die Qualität des Handelns zu betrachten, ist ein Bewußtwerden der subjektiven *habits* des Handelns und Reagierens erforderlich. Auf diese Weise insistiert Dewey noch einmal darauf, daß das Bewußtsein der eigenen Bedingtheit und Gewordenheit in der jeweiligen Situation erst die Bedingung für die Freiheit ist, die Möglichkeiten einer Gegenwart für das eigene Zielverfolgen auszuschöpfen.

(2) Evaluation von Zielen und Idealen

Eine zentrale Kritik von Dewey an der Trennung von Mitteln und Zielen gegeneinander richtet sich gegen das Unvermögen des dualistischen Denkens, Ziele zu evaluieren. Er argumentiert: wenn Werte und Ziele getrennt vom Prozeß ihrer Realisierung betrachtet werden – entweder in einem transzendenten Bereich hinter dem wissenschaftlichen Arbeiten oder als direkt gefühlte Qualitäten unmittelbarer Erfahrung – ist eine weitere Untersuchung von ihnen weder relevant noch möglich[8]. Er weist auf den gravierenden Irrtum hin, der daraus entsteht, daß gewünschte Resultate (*ends-in-view* als situationsabhängige Leitzwecke Bestandteil sekundärer Erfahrung, vgl. Dewey LW 7, 186, LW 12, 17) und erreichte Resultate (*end results*/primäre Erfahrung) ver-

[8] Vgl. hierzu die Untersuchung von Waks 1999.

glichen werden. Nach Dewey existieren sie in unterschiedlichen Dimensionen der Erfahrung, Das gewählte Ziel als *end-in-view* versorgt den Handelnden in jeder Phase seiner Aktivität mit einem vereinheitlichenden Fokus für sein Handeln und leitet seine Mittelwahl (kognitive Dimension). Aber die *experience* des *end result* existiert als eine zeitlich gebundene Konstellation des primären Erfahrens im situativen Kontext und schließt die Schritte ein, die zu seiner Erreichung führten. Wenn nun Handlungen so evaluiert werden, daß Ergebnisse *(end results)* mit vorher benannten Zielen *(ends-in-view)* verglichen werden, ist das nach Dewey insofern ‚unintelligent', als dieses Verfahren Konsequenzen und Bedingungen ausblendet, die sich als plurale Effekte aus jedem Handeln ergeben (Dewey MW 14, 173).

Das Ergebnis eines Handlungsablaufes zu evaluieren, hat für Dewey hohe Bedeutung, aber nicht, wenn die Aufmerksamkeit auf das projektierte Ziel beschränkt und dieses als nicht hinterfragbar durch die „ungewollten Nebenwirkungen" der Zielerreichungsprozesse betrachtet wird. Ideale sollten nach Dewey das jeweilige Experimentieren lenken und dabei selbst in diesem Prozeß für mögliche Wandlungen, neue Akzentsetzungen offengehalten werden. Wenn die Ideale als vom Erfahrungsprozeß getrennt gültige betrachtet werden, führt dies zu einer gewissen Schwerhörigkeit gegenüber der Erfahrungsdimension, da Erfahrung grundsätzlich als defizitär ihnen gegenüber erscheint. Der wesentliche Gehalt von Idealen ist nur zu gewinnen im Bewußtsein der Begrenztheit der aus ihnen abgeleiteten Zielsetzungen und der Komplexität der möglichen Konsequenzen sowie einer Offenheit für die Erkundung der Prozesse des Zielverfolgens und ihrer Folgen.

Evaluation bedeutet also für Dewey, daß die Ziele – als *ends-in-view* Bestandteil sekundären Erfahrens – gegenüber dem Prozeß und dem Ergebnis ihrer Realisierung nichts Festes, Sicheres, von diesem Getrenntes sind, sondern daß sie in eine Untersuchung als revidierbare und als grundsätzlich revisionsbedürftige einbezogen werden. „Ungewollte Nebenwirkungen" der gewählten Mittel sind dabei ebenso zu berücksichtigen wie unbeabsichtigte Folgen der gewählten Ziele.

Dieses Verhältnis von Mitteln und Konsequenzen steht bei Dewey im Zentrum seiner Auffassung von Rationalität als einer „Angelegenheit der Beziehung zwischen Mitteln und Konsequenzen" (Dewey LW 12, 17, übers. RLR). Die Relation von Mitteln und Folgen zu betrachten, ermöglicht einerseits die Effizienz der Mittel im Hinblick auf Zielstellung rational zu bewerten, aber andererseits auch die Zielvorstellungen selbst zum Gegenstand reflexiver Überprüfung werden zu lassen. Die Frage, ob die Zielformulierung angesichts der Folgen rational bzw. angemessen sei, ist entscheidend: Andernfalls würde Rationalität auf Mittel-Effizienz begrenzt. Die Fixierung letzter Zwecke oder Werte, von denen behauptet wird, daß ihnen unabhängig vom Prozeß ihrer Realisierung nicht-hinterfragbare (apriorische) Gültigkeit zukomme, bedeutet nach Dewey wesentlich ein Denk- und Untersuchungsverbot.

Damit wird auch die Dichotomie zwischen Fakten und Werten revisionsbedürftig. Der Horizont, in dem nach Dewey alle exakte Wissenschaft beginnt, beinhaltet immer schon Wertsetzungen. Die Bedeutung von „Logik" – und damit des systematisch untersuchenden Denkens – liegt nach Dewey nicht primär in instrumentell-rationalen, sondern beginnt mit wertrationalen Fragen. Seine massive Kritik an der angeblichen Dichotomie zwischen Tatsachen- und Wertaussagen – „im Namen der Wertfreiheit der Wissenschaft" (Krüger 2000, 201) – basiert im wesentlichen auf seiner Annahme des Kontinuums zwischen Mitteln und Zielen. Nagl macht deutlich, daß Dewey mit seiner „Kontinuitätsthese" bezüglich Forschungslogik und ethischem Diskurs „nicht nur die ‚fact/value-dichotomy', die die analytische ‚Mainstream'-Philosophie so insistent belastet", unterläuft.

> „Seine ‚Kontinuitätsthese' richtet sich – da sie unser Experimentieren auf das Feld der Ethik ausdehnt – auch gegen jede metaphysisch-naturrechtliche Normenkonzeption, in der ein unhinterfragbares, keinem Lernprozeß zugängliches System ‚ewiger Werte' behauptet wird" (Nagl 1998, 125).

Auch ethische Handlungsabsichten und Motivationen sind dann durch Lernen aus Erfahrung revidierbar. Keineswegs aber werden sie deswegen beliebig, denn gerade die Realisierung von Werten wird gemäß Deweys *inquiry*-Konzept in neuem Maß rationalen, situationsbezogenen Überprüfungs- und Argumentationsverfahren zugänglich.

Die dualistische Fixierung von Idealen und Zielen und ihre Loslösung vom Prozeß ihrer Realisierung hat – so macht Dewey deutlich – affirmative

Funktion für gesellschaftliche Herrschaftsverhältnisse.[9] Solange soziale und moralische Angelegenheiten – gemäß der traditionell dualistischen Denkweise z. B. von den Zielbestimmungen wissenschaftlicher Forschung abgespalten werden, setzen sich real die ökonomischen, industriellen oder militärischen Interessen weniger Mächtiger durch und erscheinen zunächst einmal als nicht hinterfragbar. Hier erweist sich das dualistische Denken als wirksames Instrument autoritärer Machterhaltung bzw. -durchsetzung.[10] Demokratische Denkweisen können – nach Dewey – sich mit den letztlich autoritären dualistischen Trennungen nicht zufriedengeben. Sie sorgen nach Dewey dafür, daß die Ergebnisse wissenschaftlicher Arbeit in ihrer Bedeutung für die Lebenssituationen der Menschen öffentlich diskutiert werden und die – häufig nicht ausgesprochenen – Ziele wissenschaftlicher Forschung aufgrund dieser Untersuchungen neu zu bestimmen wären.

Die pädagogische Bedeutung von Deweys Dualismuskritik

Deweys Verständnis von *education* als „Rekonstruktion und Reorganisation der Erfahrung, die die Bedeutung der Erfahrung erhöht und die Fähigkeit, den Lauf der folgenden Erfahrung zu leiten, vermehrt“ (Dewey 1993, 108), ist im Kontext seiner grundlegenden Dualismuskritik zu verstehen. Integrationen zwischen verschiedenen Polen im Erfahren vorzunehmen, steht im Zentrum seiner Auffassung von Lernen und Lehren.

Die Fähigkeit, Bedeutung zu schaffen, besteht im wesentlichen in der Kompetenz, nicht bei dualistischen Trennungen des Denkens stehenzubleiben, sondern die entsprechenden Pole in der Erfahrung zu untersuchen.

„‚Aus Erfahrung zu lernen' bedeutet, rückwärts und vorwärts Verbindungen herzustellen zwischen dem, was wir den Dingen tun, und dem, was wir in der Folge im Umgang mit ihnen genießen oder erleiden. Unter diesen Bedingungen wird das Bewirken zu einem Versuchen; ein Experiment mit der Welt, um sie zu erkennen; das

---

9 Dieser Aspekt ist insbesondere in der feministischen Forschung zum Pragmatismus aufgegriffen worden (vgl. Hart 1993, 195).

10 „To the vested interests, maintenance of belief in the transcendence of space and time, and hence the derogation of what is ‚merely' human, is an indispensable prerequisite of their retention of an authority which in practice is translated into power to regulate human affairs throughout – from top to bottom up“ (Dewey MW 12, 261f.).

Erleiden wird zur Instruktion, zur Entdeckung der Relation zwischen Dingen" (Dewey MW 9, 147, übers. RLR; vgl. Dewey 1993, 187).

Bedeutung erlangen Aspekte des Erfahrens bei Dewey, wenn sie aus ihren erlebten, impliziten, automatisch aktualisierten Kontexten heraus bewußt in sprachliche Zusammenhänge der symbolischen Ordnung gestellt werden. Durch diesen Akt der Rekonstruktion werden sie reflexiver Bearbeitung zugänglich. Es steht daher im Zentrum von Deweys Definition von *education* und macht zugleich den Kern seiner Alternative zum dualistischen Denkmodell aus, zwischen Bewirken und Erleiden, Denken und Fühlen, zwischen Zielideen und erreichten Konsequenzen, zwischen Ich und Anderem, Innen und Außen, Distanz und Engagement, Selbst und Sozialität, Tatsachen und Werten Verbindungen und bedeutsame Bezüge herzustellen. Solange die dualistischen Trennungen implizit beibehalten und nur Worthülsen (z. B. *learning by doing*) übernommen werden, wird diese zentrale Auffassung des aktiven Schaffens von Bedeutungen immer schon verfehlt.

Die Aufgabe pädagogischen Handelns ist es, situative Umstände bereitzustellen, um durch *inquiry* neue Bedeutungen herzustellen. Der Prozeß des Interagierens und Erfahrens ist der Ort, an dem die pädagogischen Paradoxa und Spannungsfelder (z. B. Eingreifen und Wachsenlassen, Vermittlung von Werten und Inhalten, Orientierung an Curriculum und Lernenden) bearbeitet und situative Lösungen bewerkstelligt werden. Die Möglichkeit, aus dieser Einsicht heraus pädagogisches Handeln bewußt zu gestalten, setzt eine Akzentverschiebung in der Rolle des Denkens voraus in Richtung auf eine Untersuchung des Ineinandergreifens polarer oder pluraler Aspekte im Prozeß des Erfahrens. Andernfalls werden nach Dewey – ungeachtet der theoretischen Überlegungen – im pädagogischen Handeln Routinen aktualisiert; erziehungswissenschaftliche Einsichten und Handlungsmuster bleiben unvermittelt nebeneinander stehen. Pädagogische Reflexion hat nicht die Aufgabe der theoretischen Vermittlung und Lösung. Vielmehr hat sie im Gegenteil theoretisch explizit Räume für Untersuchungsprozesse konkreter Situationen zu öffnen, indem sie Widersprüche aktiv in der Schwebe hält, zunehmend komplexere Kontexte einbezieht und vereinseitigende, tabuisierende Denk-*habits* aufdeckt.

Die Qualität der pädagogischen Interaktionen ist für Dewey ein wesentliches Erziehungsinstrument in der Schule: Institutionelles und gemeinschaftliches Leben determinieren maßgeblich Prozesse und damit bei Dewey auch Ergebnisse von Lernen (vgl. die Ausführungen über das Ineinandergreifen von Zielen und Mitteln). Die Gelegenheiten und Forderungen für Wachstum werden in Relationen zu anderen gefunden. Wachstum vertieft wiederum Beziehungen. Dominieren und Herrschaft verhindern Wachstum, indem sie *inquiry* einschränken. An diesem Punkt zeigt sich besonders deutlich, daß bei Dewey selbst ein zum Teil emphatisch vorgetragenes Ideal seine Philosophie durchzieht: die Bereitschaft für gemeinschaftliche, öffentliche Untersuchungen der Interaktionen und Vorgänge in der Gesellschaft – für ihn die unhintergehbare Basis demokratischen Lebens. Aus Deweys eigener Perspektive kann seine zentrale Frage an dieser Stelle kritisch auf sein Denken bezogen und geprüft werden, ob er dieses Ideal als eine allgemeine, unhintergehbare Setzung versteht oder sie für die situationsbezogene Untersuchung offenhält. Hierzu sollen am Ende des Artikels einige Überlegungen formuliert werden.

Idealvorstellungen von pädagogischer Beziehung als partizipatorischem, ko-konstruktivem Prozeß sind nach Dewey nicht in Begriffen eines geforderten „Charakters" oder einer „Persönlichkeit" des Lehrers zu formulieren – damit wird der Erfahrungsraum als relevanter Ort für die Vermittlung der Dualismen und Paradoxa eher verstellt. Er insistiert darauf, daß Ideale ausbuchstabiert werden in *habits* des Denkens und Handelns, indem Ziele, Mittel und Folgen des pädagogischen Handelns systematisch untersucht werden.

Deweys dualismuskritische Pädagogik hat zugleich deutliche sozialkritische Bedeutung. Er insistiert auf der Notwendigkeit, Kommunikationen über die Grenzen zum Beispiel von sozialen Klassen oder *gender* hinaus zu führen und die Abschottungen der jeweiligen Lebenserfahrungen gegeneinander aufzuheben. Er vertritt die These, daß die philosophischen Dualismen im Denken (zwischen Erkennen und Handeln, Geist und Körper, Vernunft und Gefühl etc.) und die sozialen Spaltungen sich wechselseitig stabilisieren und nicht getrennt voneinander verschwinden können (vgl. Dewey 1993, 428 und 431). Sein Fokus, Differenzen von Ziel- und Wertauffassungen zum Anlaß für Untersuchungen zu machen, ermöglicht zudem, multikulturelle Phänomene systematisch zu bearbeiten (vgl. Putnam/Putnam 1999).

Im folgenden werde ich die pädagogische Relevanz von Deweys Dualismuskritik unter dem Fokus des Ineinandergreifens von Zielen und Mitteln betrachten. Dabei werde ich mich auf die anfangs genannten Themen aus der

Credoschrift beziehen: (1) Inhalts- und Wertevermittlung sowie (2) Kind und Curriculum.

(1) Inhalte und Werte

Wenn Dewey den zentralen Stellenwert von Interaktionen und deren Untersuchung betont, so hat das in zweierlei Hinsicht Bedeutung: Jede Interaktion hat Einfluß auf Welt wie auch auf den Handelnden. Demgemäß geht es in *inquiry* nicht nur darum, die Welt so zu organisieren, wie es unseren Bedürfnissen entspricht, sondern auch intelligenten Einfluß auf vorhandene Gefühle, Bedürfnisse, Wünsche und Werte zu nehmen – durch die reflexive Bewußtheit ihrer Bedingungen. Aus der Erfahrung zu lernen, umfaßt nach Dewey eine Reorganisation des eigenen Wünschens und Wertens. Deweys Auffassung, daß *inquiry* sich sowohl auf Tatsachen als auch auf Werte richten kann und sollte, ist von grundlegender Bedeutung für Fragen der Erziehung und (Selbst-)Bildung – einerseits in Hinsicht auf Erziehungsziele, andererseits im Blick auf die Professionalisierung pädagogischen Handelns.

Von vorhandenen Bedürfnissen, Werten und Wünschen der Lernenden auszugehen und sie dann zum Gegenstand von Untersuchungen werden zu lassen, eröffnet die Möglichkeit, sie weiterzuentwickeln und die Differenz von Begehrtem und Begehrenswertem zum dynamischen Fokus pädagogischen Handelns werden zu lassen.[11] Die Fähigkeit, zu unterscheiden zwischen unmittelbaren, unreflektierten Bedürfnissen und dem Begehren nach der Reflexion von Bedingtheiten und möglichen Konsequenzen entsprechenden Handelns, erfordert die kritisch-kreative Rekonstruktion von Erfahrungen. Das situationsbezogene Einschätzen von zukünftigen Konsequenzen eigenen Zielverfolgens für die verschiedenen Seiten erweist sich als weiterer zentraler Bestandteil von (Wert-)Erziehung. Beide Denkbewegungen sind essentieller Teil von gemeinsamen Untersuchungsprozessen *(joint inquiry)* und bilden den Kern von Deweys Lernverständnis.

---

[11] Garrison stellt diese Vorstellung ins Zentrum seiner Rekonstruktion der „educational philosophy“ von Dewey als „education of eros“ (Garrison 1997). Rekurrierend auf die Platonrezeption Deweys entfaltet er die Entwicklung des Begehrens und der Wünsche auf seiten der Schüler als zentrales pädagogisches Thema Deweys. („We become what we love“; Garrison 1997a, xiii und 202.)

In seinem Konzept des ‚indirekten Lehrens' steht das reflexive Ausbalancieren von eigenen Vorstellungen und situativen Bedingungen im Zentrum pädagogischer Professionalität. Die Kompetenz, in der Pädagogik Ziele zu bestimmen, ist demnach von der Betrachtung kontextueller Aspekte und deren Übersetzung in konkrete Handlungsschritte im Zuge von Interaktionen nicht zu trennen. Auf der Seite des Lehrens bedeutet die Evaluation von Werten für Dewey, daß die Ziele gegenüber dem Prozeß und dem Ergebnis ihrer Realisierung nicht als etwas Festes, Sicheres, von diesem Getrenntes verstanden werden, sondern daß sie als revidierbare und als grundsätzlich revisionsbedürftige in die Untersuchung pädagogischer Handlungssituationen einbezogen werden. „Ungewollte Nebenwirkungen" der gewählten Mittel sind dabei ebenso zu berücksichtigen wie unbeabsichtigte Folgen der gewählten Ziele.

Wie sich aus den oben dargelegten Überlegungen Deweys zum Verhältnis von Zielen und Mitteln ergibt, ist die Qualität der gegenwärtigen Interaktion der einzige Garant für zukunftsweisendes Handeln. Insbesondere im Bereich der Erziehung sind jedoch Konzepte und Routinen vorherrschend, welche pädagogische Intentionalität mit der Vorstellung verbinden, Erziehung diene der Vorbereitung auf eine Zukunft. Dabei wird die lebendige Gegenwart für eine ferne, unsichere – häufig nicht überprüfbare – Realisierung pädagogischer Zwecke instrumentalisiert. „Die ausgesprochene Hochschätzung der Zukunft erweist sich in praxi als ein blinder Gehorsam gegen die Überlieferung, ein schablonenhaftes Herumtappen von einem Tag zum anderen" (Dewey 1931, 279). Solange pädagogische Intentionen nicht systematisch mit Wahrnehmung und Reflexion des jeweiligen Ineinandergreifens von Zielen, Mitteln, Konsequenzen verbunden und die Kontingenzen der gegenwärtigen Prozesse ernsthaft einbezogen werden, können zwar pädagogische Ideale behauptet werden. Die Handlungspraxis aber wird dann von automatisierten Routinen geprägt, deren „ungewollte Nebenwirkungen" sich dem Fokus der Aufmerksamkeit immer schon entziehen. Die wertschätzende, beobachtende Haltung gegenüber gegenwärtigen Interaktionen ist die Voraussetzung dafür, nicht bei der Gegenwart stehenzubleiben, sondern Zukunft wirkungsvoll gemäß eigenen Idealen zu gestalten.

Zentraler Bestandteil pädagogischer Professionalität wird unter diesem Gesichtspunkt die Fähigkeit, sich reflexiv und offen in gegenwärtig vorgefundenen Diskrepanzen von Ideal und Realität bewegen zu können, Spannungsfelder als vorhandene zu akzeptieren und als Anlässe für Reflexion willkommen zu heißen. *Inquiry* ist nur möglich, wenn weder die „Übel" der gegenwärtigen Situation verdammt noch Empfehlungen von fixierten Zielen und Idealen für die „Heilung" des Zustandes gegeben werden. Solange wir uns auf allgemeine Aussagen begrenzen, besteht weitgehend Einigkeit darüber, was gut und was schlecht ist. Aber das Verdammen ist häufig nur ein Zeichen dafür, daß die Verantwortung für die Situation abgegeben worden ist, um eine scheinbare Überlegenheit zu demonstrieren. In bezug auf allgemein hochgehaltene Ideale gibt es ein breites Spektrum, ihre Bedeutung für eine Situation zu verstehen.[12]

Jedes Beharren auf einer „besseren" gedachten Wirklichkeit *gegen* eine abgewertete Realität behindert das Erfassen der für die Problemlösung relevanten Aspekte der Situation. Eine forschende Haltung gegenüber unerwünschten Kontingenzen in der Erfahrung, ihren Kontexten und Bedingtheiten erfordert ein Unterlassen der fixierenden, verurteilenden Denkaktivitäten. Deweys Ablehnung des Konzepts der Dichotomie von Tatsachen und Werten schafft Raum für einen Experimentalismus in bezug auf Werte im Sinne eines lebenslangen Lernprozesses. Schulen haben in diesem Zusammenhang die Aufgabe, Erfahrungen der systematischen Untersuchung von Wertfragen zu ermöglichen.

(2) Kind und Curriculum

Im dritten Artikel von „My pedagogic creed" thematisiert Dewey das Ineinandergreifen von curricularen Inhalten und sozialem Leben des Kindes. Er betont, daß inhaltliche Ziele nicht von außerhalb des Erziehungsprozesses festgelegt werden sollten.[13]

---

12 „For I think that serious minds are pretty well agreed as to both evils and ideals – as long as both are taken in general terms. Condemnation is too often only a way of displaying superiority; it speaks from outside the scene; it discloses symptoms but not causes. It is impotent to produce; it can only reproduce its own kind. As for ideals, all agree that we want the good life, and that the good life involves freedom and a taste that is trained to appreciate the honorable, the true and the beautiful. But as long as we limit ourselves to generalities, the phrases that express ideals may be transferred from conservative to radical or vice versa, and nobody will be wiser" (Dewey LW 5, 111f.).

13 Ebenso weist Dewey leidenschaftlich die Vorstellung zurück, es gäbe eine beste Methode oder ein bestes System von fixierbaren Mitteln. „But since thinking is a directed movement

„Ich glaube, daß das Setzen eines Zweckes außerhalb des Erziehungsprozesses, mit dem diesem ein Maß und ein Ziel vorgegeben werden sollen, den Erziehungsprozeß seiner Bedeutung beraubt und dazu führt, daß wir uns beim Umgang mit Kindern auf äußerliche und falsche Anregungen verlassen" (CREDO, Artikel 3, Abs. 16).

In seiner späteren pädagogischen Schrift legt Dewey großen Wert darauf, daß damit keinesfalls ein planloses Improvisieren in der Auswahl des Lehrmaterials gemeint ist. (Dewey LW 13, 52f.). Vielmehr geht es ihm um das wache Ergreifen von nicht-vorhersehbaren Gelegenheiten im interaktiven Geschehen und die systematische Reflexionsarbeit der Lehrenden, in ihrer Lehre Räume zu schaffen für Integrationen von wissenschaftlichen bzw. kulturellen Traditionsbeständen und (Denk-)Erfahrungen der Lernenden.

„Es besteht ein entscheidender Unterschied zwischen der Benutzung dieser Gelegenheit im Rahmen der Entwicklung einer kontinuierlichen und planvollen Arbeit und dem blinden Verlaß darauf, daß solche Gelegenheiten vorwiegend das gesamte Lernmaterial bestimmen" (Dewey 1974, 287f.).

Solange entsprechend dem dualistischen Denkmodell implizit von der Trennung zwischen Kanon- und Personorientierung (und einer entsprechenden bewertenden Festlegung auf eine Seite) ausgegangen wird, kommt es zu ideologischen Auseinandersetzungen pro und contra Schüler- bzw. Inhaltsorientierung. Ihnen geht die Trennung von Theorie und Praxis immer schon voraus. Sie verhindern eher, daß die theoretischen Anstrengungen in die von Dewey geforderte Reflexionsarbeit gesteckt werden, um beide Seiten im konkreten pädagogischen Handeln zu vermitteln.

Die dem dualistischen Denkmuster inhärente Unfähigkeit, die Spannung zwischen Situations- bzw. Personbezug und kulturellem inhaltlichen Kanon für den jeweiligen Kontext ‚intelligent' zu bearbeiten, hat in der Geschichte der Reformpädagogik zu erheblichen Mißverständnissen und Schwierigkeiten geführt.[14] Fishman/McCarthy (1998) und Jackson (1998) machen deutlich,

---

of subject matter to a completing issue, and since mind is the deliberate and intentional phase of the process, the notion of any such split is radically false. ... Method means that arrangement (co-ordination) of subject matter which makes it most effective in use. Never is the method something outside of the material" (Dewey MW 9, 171f.).

14 Das gilt insbesondere unter dem Gesichtspunkt, daß das dualistische Denkschema gerade in der reformpädagogischen Tradition zwar explizit kritisiert wird – z. B. mit einem Kon-

daß die Integration der Kind- und der Curriculumperspektive nach wie vor die zentrale Herausforderung für pädagogisches Handeln darstellt. Deweys Konzept auf dem Hintergrund seiner Dualismus-Kritik ernst zu nehmen, erfordert einerseits, die dichotomen, konfligierenden Aktivitäten in einer Situation zu erforschen und danach zu fragen, wie sie besser ausbalanciert und integriert werden können. Andererseits ist es notwendig, das implizit im pädagogischen Handeln wirksame dualistische Verständnis, welches die genannten Begriffe als unverbundene oder häufig sogar als gegensätzliche faßt, zu dekonstruieren, um die Möglichkeiten für eine reflexive Integration bereitzustellen. Es geht für Dewey nicht darum, abwechselnd einzelne kindorientierte und inhaltsorientierte Aspekte in den eigenen Unterricht zu integrieren in dem Sinn, daß zwischen als gegensätzlich gedachten Polen ein Mittelweg oder „Kompromiß?“ gefunden wird. Deweys Konzept der Vermittlung beider Seiten weist ein neues Niveau der Komplexität auf.[15]

Die für Deweys Pädagogik zentrale Fähigkeit, empfänglich zu sein für die kontingenten und pluralen Aspekte des Erfahrens und diese systematisch zum Gegenstand von Reflexion und Ausgangspunkt von absichtsvollem Handeln werden zu lassen, wird durch die Dualismen in der pädagogischen Denktradition systematisch behindert. Realisierungsversuche müssen zudem damit rechnen, daß die an letzterem orientierten tradierten professionellen Routinen ihnen mit Macht und Beharrungsvermögen entgegenwirken.[16] Deweys Theorie für heute anstehende Schul- und Unterrichtsreformen zu nutzen, erfordert daher einerseits die theoretische Re- und Dekonstruktionsarbeit am philosophischen Hintergrund der zentralen pädagogischen Begriffe. Auf dieser Basis ist andererseits ein Experimentieren in der pädagogischen Praxis und dessen qualitative Erforschung unabdingbar.

---

zept von „Ganzheitlichkeit“ (s. o.) – implizit aber um so unkontrollierbarer weiterwirkt, sofern substantialistisch z. B. von einer „Natur“ des Kindes ausgegangen wird (vgl. Oelkers 2000).

15 Dies zeigt sich insbesondere an Deweys Begriff „Interesse“, der für die Integration von Kind und Curriculum von zentraler Bedeutung ist und die Dekonstruktion dualistischer Trennungen immer schon voraussetzt. „Der Begriff des Interesses besagt, daß Ich und Welt in einer sich entwickelnden Situation miteinander verflochten sind“ (Dewey 1993, 170). Wachstum des Selbst steht in direktem Zusammenhang mit dem persönlichen Interesse, das dieses Selbst an anderen und den gemeinsamen Interaktionen hat.

16 Schöne Beispiele hierfür aus dem Unterrichtsalltag beschreibt Vierlinger in diesem Band.

Zusammenfassung und Einordnung der Zielproblematik bei Dewey

Im Zusammenhang des zentralen Anliegens von Dewey, auf pädagogische und gesellschaftliche Interaktionen bewußt und rational Einfluß zu nehmen, gewinnt die Zielproblematik einerseits einen hohen Stellenwert. Andererseits stellt sie sich in dem Maße in einer besonderen Komplexität dar, in dem nicht mehr von der Intentionalität eines autonomen Vernunftsubjekts ausgegangen wird und vielschichtig bedingte Interaktionen in den Fokus rücken. Ich fasse im folgenden die zentralen Punkte der Zielthematik bei Dewey zusammen und thematisiere im Anschluß eine Grenze seines Konzepts.

(1) Absichten, Werte, Zielvorstellungen sind in Deweys Verständnis wesentliche *Aspekte der Selbstkonstituierung*. Wie Interessen und Bedürfnisse werden sie von Dewey nicht als etwas Statisches betrachtet, sondern in ihnen zeigen sich die Grenzen bzw. die Weite des Ichs. Durch bewußtes Teilnehmen an gemeinschaftlichen Interaktionen können sie erweitert werden. Absichten, Werte, Zielvorstellungen bestimmen wissenschaftliche Arbeit, auch wenn „Wertfreiheit“ behauptet wird. Dewey liefert ein starkes Plädoyer dafür, in Wissenschaft, im Bildungswesen und anderen gesellschaftlichen Bereichen vorhandene implizite und explizite Intentionen und Werte bewußtzumachen und zu überprüfen. Das Übernehmen von Verantwortung für die Konstruktionsleistung von vorhandenen Ziel- und Wertvorstellungen ist die Voraussetzung dafür, sie rational auszudifferenzieren und zu erweitern.

(2) Dewey insistiert darauf, *Ziele und Werte im Kontext der jeweiligen Handlungsprozesse* zu betrachten. Auch grundsätzliche ethische Werte und Ziele gewinnen aus seiner Perspektive Bedeutung erst in der Bezugnahme auf situative Handlungskontexte. In der Form allgemeiner, nicht mehr überprüfbarer Setzungen wirken sie als Denkverbote und behindern die Reflexion. Ausgehend vom Vorrang der interaktiven Prozesse zwischen den Individuen erweisen sich deren Intentionen als eingebettet in ein Kontinuum von Zielen, Mitteln und Konsequenzen, in dem sie evaluiert werden können. Die Einordnung von Zielen, Werten und Absichten in das jeweilige interaktive Geschehen schafft Raum für den Eigenwert des Gegenwärtigen, wehrt Machbarkeitsdenken ebenso ab wie jegliche Form der Instrumentalisierung von Personen oder Situationen. Deweys Kritik am Primat der Ergebnisse gegenüber

den Prozessen hat weitreichende Bedeutung für das Verständnis von Lernen und Lehren. Die experimentelle Haltung würdigt Kontingenzen im Prozeß des Handelns als wesentliche Momente: Unvorhersehbares, Neues wird nicht als Störung des Zielverfolgens betrachtet, sondern als Hinweis auf neue Möglichkeiten für ein Ausbalancieren von Spannungsfeldern. Die Erweiterung und Ausdifferenzierung von Visionen, Werten und Zielvorstellungen geschieht nur durch die reflexive Arbeit in und an Situationen mit ihren besonderen Schwierigkeiten.[17]

(3) *Intentionalität wird nicht einem autonomen Subjekt zugeordnet*, sondern an die eigene Relationierung in Kontexten gebunden. Dewey betrachtet sie in einem Spannungsfeld von impliziten habituellen Dispositionen und expliziten Absichten, ungewollten Nebenwirkungen und nicht voraussehbaren Dynamiken von Interaktionen. Eine sorgfältige Bestandsaufnahme der Konsequenzen von Mitteleinsatz und Zielverfolgen in einer bestimmten Situation kann eine Revision der Mittelwahl ebenso erfordern wie ein erneutes Ausbalancieren der gesetzten Werte und Ziele in Anbetracht zunehmend differenzierter Kontextbezüge. Der Andere ist dann nicht nur Gegenstand des eigenen Zielverfolgens, sondern Störungen und Irritationen, die von ihm ausgehen, sind unabdingbare Voraussetzungen für reflexiven Selbstbezug und erneute Experimente des Interagierens.[18]

(4) *Die Differenz zwischen Idealvorstellungen und Erfahrungen offenzuhalten*, fordert dem Denken ab, sich immer wieder selbst in Kontexten zu situieren. Damit eröffnet Dewey die Perspektive für ein Verständnis von Rationalität, das wesentlich Qualitäten, Interaktionen, Zeitlichkeit sowie emotionale und körperliche Zusammenhänge einbezieht. Deweys Anliegen ist es, Differenzen, Polaritäten und Widersprüche nicht im Denken stillzustellen, sondern im Blick auf komplexe situative Konstellationen als Relationen zu thematisieren und dabei Ungewißheiten auszusetzen. Seine Kritik am Gewaltpotential dua-

---

17 Donna Haraway drückt diesen Zusammenhang später (ohne Bezugnahme auf Dewey) so aus: „The only way to find a larger vision is to be somewhere in particular“ (Haraway 1991, 196).

18 Garrison hat in einer Gegenüberstellung von Dewey und Gadamer darauf hingewiesen, daß Offenheit sich nicht über einen freien Willensakt konstituiert, sondern den Bruch mit konditionierten kulturellen Denkgewohnheiten erfordert und daher immer wieder von neuem ein Identitätsrisiko bedeutet (Garrison 1996).

listischen Denkens eröffnet für die Pädagogik die Perspektive, Lernprozesse auf der Basis der Differenz von Intention und Wirkung zu verstehen, ohne diese als Scheitern zu interpretieren. Deweys Votum dafür, eine Sensibilität für Widerstreitendes und Unerschrockenheit gegenüber Fremdem zu fördern, kann im Zusammenhang des zentralen Anliegens seiner späten ästhetischen Schriften gesehen werden, Wahrnehmungsakte von der vorgängigen Bezogenheit auf eigene Intentionalität zu befreien und eine nicht an Intentionen gebundene Aufmerksamkeit zu entwickeln.[19]

(5) Der *kommunikativen Arbeit* an unterschiedlichen Zielperspektiven kommt in Deweys Konzept, das klare Ziele und Absichten der Lehrenden für ebenso wichtig hält wie die Berücksichtigung von Interessen und Erwartungen der Lernenden, ein hoher Stellenwert zu. Dewey versteht dies explizit nicht unter dem Primat pädagogischer Intentionalität, der dafür sorgt, daß die Bedürfnisse der Lernenden – meist auf subtile Art – Gegenstand von Manipulation oder Instrumentalisierung werden. Kommunikation ermöglicht für Dewey gemeinschaftliche Erfahrung, in der Neues auftauchen kann, in das vorhandene Perspektiven integriert werden. Vertrauen in offene Prozesse der Interaktion, Präsenz für das Ergreifen von Gelegenheiten, Fähigkeiten, Potentiale im Vorhandenen wahrzunehmen und Konsequenzen zu überblicken, sind nach Dewey demgemäß neben der Fähigkeit zur Untersuchung von Erfahrungen unabdingbare Voraussetzungen für pädagogisches Handeln. Es bleibt die heikle Frage, wieviel Dissens und Widerspruch dieses Vorgehen nach Dewey aushält.

Die bisherigen Ausführungen haben gezeigt, daß Deweys Philosophie selbst ein zum Teil emphatisch vorgetragenes Ideal durchzieht: die Bereitschaft für gemeinschaftliche, öffentliche Untersuchungen der Interaktionen und Vorgänge in einer Gesellschaft – für ihn die unhintergehbare Basis demokratischen Lebens. Aus Deweys eigener Perspektive kann seine zentrale Frage an dieser Stelle kritisch gegen ihn gewendet werden, ob er dieses Ideal

---

19 Hier gibt es deutliche Bezüge zu Alteritätstheorien. „Diese Epiphanie des Anderen ist der Bruch der Intentionalität, Unterbrechung des Willens und der Entscheidungskompetenz, ohne daß dadurch auch die Bezogenheit ausfiele" (Wimmer 1996, 79). Wimmer plädiert für ein Offenhalten des Paradoxons der Intentionalität und die Bildung einer Aufmerksamkeit, die frei bleibt von Intention und das Wahrnehmen öffnet hin auf „ein Empfangen, das sich nicht mehr in der Intentionalität konstituiert" (Wimmer 1996, 77).

nämlich als eine allgemeine, unhintergehbare Setzung versteht oder sie für die situationsbezogene Untersuchung offenhält. Es wäre zu prüfen, inwiefern Deweys Offenheit gegenüber Differenzen nicht darin eine klare Grenze findet, daß er die Bedingung setzt, daß die Beteiligten zur gemeinsamen Untersuchung ihrer Differenzen bereit sind. In der unbedingten Forderung nach Transparenz und *inquiry* könnte dann selbst die Gefahr eines herrschaftlichen Diskurses ausgemacht werden.[20] Wenn er Gemeinschaft auf diejenigen bezieht, die offen und fähig sind, Differenzen in *joint inquiry* zu bearbeiten und zu versöhnen, steht damit das Ideal der Einigung und des Erreichens von Konsens nicht mehr für eine Untersuchung zur Verfügung. Dissens nicht mehr als nur eine Phase auf dem Weg zu Konsens und Aufhebung der Differenzen zu verstehen, wie es z. B. Theoretiker und Theoretikerinnen eines radikalisierten Demokratie- und Pluralitätsverständnisses tun (Mouffe 1999), eröffnet hier weiterführende Perspektiven. Dewey begrüßt Differenzen und plurale Vielfalt als Bereicherung für das Gemeinschaftliche. Zugleich ordnet er diese meines Erachtens einer Vision der Einheit und des Versöhnens in Form seiner Methode des *joint inquiry* unter. Systematisch deren jeweilige Effekte zu untersuchen, könnte z. B. eine Reflexion ihrer Funktionalität für unbeabsichtigte Herrschaftsprozesse ermöglichen. Die Stärke seiner entworfenen Alternative gegenüber der von ihm kritisierten dualistischen Denktradition ist es, ein Feld für den reflexiven Umgang mit Differenzen, Pluralitäten und Kontingenzen zu eröffnen. Dewey bleibt dieser Tradition insofern verhaftet, als er seine zentrale Idee der Versöhnung von Dualismen und konfligierenden Aspekten im reflexiven Handeln als eine unhintergehbare allgemeine Setzung bei seinem Insistieren auf Differenz und Pluralität immer schon mitdenkt.

---

20 So weist z. B. Schutz darauf hin, daß weniger mächtige Gruppen der Gesellschaft (wie Farbige, Frauen, Arbeiter) sich weniger frei zwischen verschiedenen Gruppen bewegen können und erschwerten Bedingungen ausgesetzt sind, sich Gehör zu verschaffen (Schutz 1998, 132; vgl. auch Neubert 2000).

Literatur

Dewey, John: The Early Works (EW, Bd. 1-5): 1882-1898, hrsg. von Jo Ann Boydston. Carbondale/Edwardsville: Southern Illinois University Press; London/Amsterdam: Feffer & Simons 1969 ff.

Dewey, John: The Middle Works (MW, Bd. 1-15): 1899-1924, hrsg. von Jo Ann Boydston, Carbondale/Edwardsville: Southern Illinois University Press 1976 ff.

Dewey, John: The Later Works (LW, Bd. 1-17): 1925-1953, hrsg. von Jo Ann Boydston, Carbondale/Edwardsville: Southern Illinois University Press 1981 ff.

Folgende deutsche Übersetzungen wurden zitiert (geordnet nach dem in den Zitaten erwähnten Erscheinungsjahr der Übersetzung):

John Dewey: Die menschliche Natur, ihr Wesen und ihr Verhalten (= Human Nature and Conduct, 1922, MW 14), übers. von P. Sakmann, Stuttgart/Berlin: Deutsche Verlagsanstalt 1931.

John Dewey: Das Problem der Freiheit in den neuen Schulen. In: Dewey/Kilpatrick: Der Projektplan. Grundlegung und Praxis. Weimar: Hermann Böhlaus Nachfolger 1935, 199-205.

John Dewey: Wie wir denken (How we think, 1910, MW 6), übers. von A. Burgeni. Zürich: Morgarten Verlag Conzett & Huber 1951.

John Dewey: Erfahrung und Erziehung (Experience and Education 1938, LW 13). In: Dewey, John: Psychologische Grundfragen der Erziehung. Übers. und hrsg. von W. Correll. Basel/München: Reinhard Verlag 1974, 247-296.

John Dewey: Kunst als Erfahrung (Art as Experience, 1934), übers. von Chr. Velten u. a. Frankfurt a. M.: Suhrkamp 1980.

John Dewey: Erziehung durch und für Erfahrung. Eingeleitet, ausgewählt und kommentiert von H. Schreier. Stuttgart: Klett 1986.

John Dewey: Die Erneuerung der Philosophie (= Reconstruction in Philosophy, 1920, MW 12), übers. von M. Suhr. Hamburg: Junius 1989.

John Dewey: Demokratie und Erziehung. Eine Einführung in die pädagogische Pädagogik. (= Democracy and Education. An Introduction to the Philosophy of Education, 1916, MW 9), übers. von E. Hylla, hrsg. von J. Oelkers. Weinheim: Beltz 1993.

John Dewey: Erfahrung und Natur (= Experience and Nature, 1925, 3. Aufl. 1929, LW 1), übers. von M. Suhr. Frankfurt a. M.: Suhrkamp 1995.

John Dewey: Die Suche nach Gewißheit (= The Quest for Certainty, 1929, LW 4), übers. von M. Suhr. Frankfurt a. M.: Suhrkamp 1998.

John Dewey: Logik. Die Theorie des Forschungsprozesses (= Logic. The Theory of Inquiry, 1939, LW 12), übers. von M. Suhr,.Unveröff. Ms. 2000.

John Dewey: Mein pädagogische Credo. (= My Pedagogic Creed, 1897, EW 5) übersetzt von H. Schreier. In diesem Band.

Weitere Literatur:

Alexander, Thomas M.: John Dewey's Theory of Art, Experience, and Nature. The Horizons of Feeling. Albany: State University of New York Press 1987.

Fishman, Stephen M./McCarthy, Lucille: John Dewey and the Challenge of Classroom Practice. New York/London: Teachers College Press 1998.

Garrison, Jim: A Deweyan Theory of Democratic Listening. In: Educational Theory 46 (1996), 429-451.

Garrison, Jim: Dewey and Eros. Wisdom and Desire in the Art of Teaching. New York/London: Teachers College Press 1997.

Garrison, Jim: John Dewey's Theory of Practical Reasoning. In: Educational Philosophy and Theory. Vol. 31 (1999), No. 3, 291-312.

Haraway, Donna: Simians, Cyborgs and Women. The Reinvention of Nature. London: Free Association Books 1991.

Hart, Carroll Guen: Power in the Service of Love: John Dewey's Logic and the Dream of a Common Language. In: Hypatia, Vol. 8, No 2 1993, 190-214.

Jackson, Philip W.: John Dewey and the Lessons of Art. New Haven/London: Yale University Press 1998.

Krüger, Hans-Peter: Prozesse der öffentlichen Untersuchung. Zum Potential einer zweiten Modernisierung in John Deweys ‚Logic. The Theory of Inquiry'. In: Joas, H. (Hrsg.): Philosophie der Demokratie. Beiträge zum Werk von John Dewey. Frankfurt a. M.: Suhrkamp 2000, 194-234.

Lehmann-Rommel, Roswitha: The Renewal of Dewey – Trends in the Nineties. In: Oelkers, J./Rhyn, H. (Hrsg.): Dewey and European Education – General Problems and Case Studies. In: Studies in Philosophy and Education 19, 2000, 187-218.

Mouffe, Chantal: Dekonstruktion, Pragmatismus und die Politik der Demokratie. In: Dies. (Hrsg.): Dekonstruktion und Pragmatismus. Wien: Passagen 1999, 11-36.

Nagl, Ludwig: Pragmatismus. Frankfurt a. M.: Campus 1998.

Neubert, Stefan: Erkenntnis, Verhalten und Kommunikation. John Deweys Philosophie des „experience" in interaktionisch-konstruktivistischer Interpretation. Münster: Waxmann 1998.

Neubert, Stefan: Konstruktivismus, Demokratie und Multikultur: Konstruktivistische Überlegungen zu ausgewählten theoretischen Grundlagen der anglo-amerikanischen Multikulturalismusdebatte. Unveröff. Ms. Köln 2000.

Oelkers, Jürgen: John Deweys Philosophie der Erziehung: Eine theoriegeschichtliche Analyse. In: Joas, H. (Hrsg.): Philosophie der Demokratie. Beiträge zum Werk von John Dewey. Frankfurt a. M.: Suhrkamp 2000, 280-315.

Pappas, Gregory F.: Dewey and Feminism: The Affective and Relationsship in Deweys' Ethics. In: Hypatia, Vol. 8, No 2, 1993, 78-95.

Putnam, Hilary/Putnam, Ruth Anna: Erziehung zur Demokratie. In: Deutsche Zeitschrift für Philosophie 47 (1999), H. 1, 39-58.

Schutz, Aaron: Practices of Agency in Education (Hannah Arendt, John Dewey, Michel Foucault, Maxine Greene, Nel Noddings). Diss. University of Michigan 1998.

Seigfried, Charlene Haddock: Shared Communities of Interest: Feminism and Pragmatism. In: Hypatia Vol. 8, No 2, 1993, 1-14.

Vogel, Peter: Scheinprobleme in der Erziehungswissenschaft: Das Verhältnis von „Erziehung"" und „Sozialisation". In: Z. f. Päd. 42 (1996), 481-490.

Waks, Leonard: The Means-End Continuum and the Reconciliation of Science and Art in the Later Works of John Dewey. In: Transactions of the Charles S. Peirce Society 35 (1999), No 3, 595-609.

Wimmer, Michael: Intentionalität und Unentscheidbarkeit. Das Andere als Problem der Moderne. In: Masschelein, Jan/Wimmer, M. (Hrsg.): Alterität, Pluralität, Gerechtigkeit: Randgänge der Pädagogik. Sankt Augustin: Academia-Verlag 1996, 59-86.

Wimmer, Michael/Schäfer, Alfred: Einleitung: Zu einigen Implikationen der Krise des Repräsentationsgedankens. In: Schäfer, A./Wimmer, M. (Hrsg.): Identifikation und Repräsentation. Opladen: Leske und Budrich 1999, 9-26.

Manfred Brandt

Deweys romantischer Glaube an die Schule der Demokratie

John Deweys „Mein pädagogisches Credo" ist schon dem Gestus nach mehr als nur die Darlegung einer Überzeugung: es ist ein Glaubensbekenntnis, das seiner Natur nach die Person, ihren Charakter und die von ihr vertretenen Gewißheiten durchwirkt. Dewey spricht seinen persönlichen „Glauben" aus, beansprucht aber eine weitergehende Gültigkeit seiner Überlegungen und zielt ins Allgemeine, über bloßes Meinen und revidierbares Für-wahr-Halten hinaus.[1] Irritierend wirkt vor allem die Wendung am Ende von Deweys Text:

„Ich glaube, daß der Lehrer damit der Prophet des wahren Gottes ist und der Türsteher des wahren Königreichs Gottes" (CREDO, Artikel 5, Abs. 4).

Dieser heute fast verstörende Satz läßt sich aber auflösen in einen säkularen pädagogischen Glauben, der eine Bedeutung bis in die Gegenwart hinein gewinnt, wenn Dewey auch weder die Realität der Schulen zu seiner Zeit (vgl. Westbrook 1991, 109) noch der unseren heute beschreibt. Kurz gesagt und damit vorausgeschaut: Deweys „Pädagogischer Glaube" beschreibt einen Idealzustand der Schulpädagogik und ihrer Rolle in einer demokratischen, entwicklungsoffenen Gesellschaft – von Dewey nicht bloß verstanden als Form staatlicher Organisation und Machtverteilung, sondern als Rahmen der Entwicklung von Individuum und Gesellschaft in einer sozialen Gemeinschaft, einer „community" – damit aber auch das Ideal einer solchen Gemeinschaft selbst. Der Text spiegelt auf seine Weise wider, was ein Grundzug von Deweys gesamtem Schaffen ist: die Begeisterung für ein demokratisches Ideal, die weit über die wissenschaftliche Begründung desselben hinausgeht und eigentlich religiösen Charakter hat.[2]

---

[1] Vergleichbar beschreibt Jaspers einen „Philosophischen Glauben" als „Gewißheit von Wahrheit" (1948, 11ff.) oder Wittgenstein (1982) Wissen und Glauben als Verlust des Zweifels quasi in eins.

[2] In diesem Sinne versteht Campbell (1995, 268) Deweys gesamtes Werk als religiös.

Demokratie und Metaphysik

Dewey sieht in der Demokratie nahezu ein metaphysisches Prinzip der Welt als ganzer und unseres Ortes in ihr.[3] Dies wird deutlich in den Bezügen, in die er seine Überlegungen zur „Realisierung des demokratischen Ideals" (ACF, 56)[4] stellt. So geht er von der unauflöslichen Verbundenheit aller Menschen, die zu einer gegebenen Zeit leben, aus: „Ob wir alle Brüder sind oder nicht (außer in irgendeinem metaphorischen Sinne), wir sitzen zumindest alle im selben Boot, das denselben turbulenten Ozean durchquert" (ebd.). In einer je gegebenen Situation verknüpfen uns all unsere Handlungen unweigerlich mit den Mitmenschen, die zugleich uns mit ihren Handlungen beeinflussen. Darüber hinaus aber stehen wir in einem unauflöslichen Zusammenhang mit allen Menschen, die je lebten, und all denen, die nach uns kommen werden. Unsere ganze Sicht auf die Welt und der allergrößte Teil unserer Institutionen, Traditionen, Gewohnheiten usw. basiert auf der Erfahrung, auf dem Leben vergangener Generationen, basiert auf den Ergebnissen von deren Auseinandersetzung mit der Welt, wie sie ist – prekär und geordnet zugleich. In einer solchen Welt befinden auch wir uns aber noch immer, und es ist unsere Verantwortung als „Zwischenglied", diese Welt späteren Generationen besser zu hinterlassen (vgl. ACF, 57f.). So reicht der qualitative Gehalt unserer aktuellen Erfahrung in die Vergangenheit und in die Zukunft, was die Basis für uns ist, im Ganzen einen Sinn, verstanden als einen erfahrbaren Zusammenhang allen Seins, zu erkennen und damit diesen Blick auf das Ganze auch uns leiten zu lassen:

> „Die Gemeinschaft von Ursachen und Konsequenzen, in die wir, zusammen mit den noch nicht Geborenen, verstrickt sind, ist das weiteste und tiefste Symbol der mysteriösen Totalität des Seins, die die Imagination ‚Universum' nennt" (ACF, 56).

Dieser Zusammenhang aber fordert zum einen Bescheidenheit, denn wir stehen nicht nur für uns, sondern sind in ein Geflecht von Beziehungen verwoben. Zum anderen aber gibt diese Deutung der Welt und unserer Stellung

---

[3] Joas (2000, 153) pointiert dies: „Die Demokratie wird Deweys säkulare Religion." Vgl. Westbrook (1991, 537): „[...] by his own lights his faith in democracy was religious."

[4] „A Common Faith" (Dewey 1986) wird mit dem Kürzel „ACF" nach der Seitenzahl der amerikanischen Werkausgabe in der noch unveröffentlichten deutschen Übersetzung von Martin Suhr zitiert.

in ihr Hoffnung. Denn ideale Ziele, die auf die Verbesserung der Welt gerichtet sind, werden uns durch unsere Erfahrung nahegelegt und sind nicht bloße Einbildung, sondern gemäß ihrem Ursprung in der Welt auch in dieser Welt der Realisierung fähig.

Deweys Begriff des Idealen: Idealisierung als Vereinheitlichung des Selbst

Diese Fähigkeit, das Ideale aus dem Prozeß des Lebens heraus zu bilden und es damit auf menschliches Maß zu reduzieren, wird von Dewey als „Imagination" bezeichnet (ACF, 30), die „die Existenz idealisiert, indem sie von den Möglichkeiten Besitz ergreift, die dem Denken und Handeln angeboten werden" (ACF, 33). So gewonnene Ideale werden dann handlungsleitend und „repräsentieren intelligent erdachte Möglichkeiten der bestehenden Welt, die als Methoden benutzt werden können, sie zu ändern und zu verbessern" (Dewey 1995, 167).[5] Über diese nüchterne Beschreibung planenden Denkens aber geht Dewey hinaus. Es gibt nämlich Erfahrungen, die nicht nur eine Möglichkeit der Veränderung der Welt aufzeigen, sondern eine solche der

[5] Diese Form von Zielsetzung und Schritt-für-Schritt-Umsetzung eines Planes als zweckorientiertes Handeln wäre mit Deweys Begriff eines „end-in-view" – frei übersetzt mit „Nahziel" – angemessen gefaßt. Eldridge (1998, 102f.) weist nun darauf hin, daß in Abgrenzung zu diesem eher technischen Begriff ein Ideal ein „generalized end-in-view" sei, das sich als übergreifendes Ideal oder „Wert" formen lasse, wenn in verwandten Situationen einander ähnliche Absichten und Ziele unser Handeln bestimmten. Diese „Werte" scheint Eldridge im sozialen Bereich anzusiedeln, wo sie als Richtschnur des Handelns gemäß „ends-in-view" dienen können und dann etwa Demokratie, Gerechtigkeit, Chancengleichheit, Reichtum an Möglichkeiten, das Leben zu gestalten, etc. umfassen (vgl. ebd., 111). Auch Dewey ist nicht immer eindeutig, ob ein „end-in-view" eher „technisch" oder im Sinne von Werten zu sehen ist. In „Means and Ends" beschreibt er den Begriff mit Beispielen für beide Möglichkeiten: „The end-in-view is thus itself a means for directing action – just as a man's *idea* of health to be attained or a house to be built is not identical with end in the sense of actual outcome but is a means for directing action to achieve that end" (Dewey 1988b, 351). Eldridge verweist im Zusammenhang mit dem Begriff des Ideals demgegenüber auf die „Theory of Valuation" (Dewey 1988a, 226ff.). Klarer ist Dewey selbst in „Human Nature and Conduct", wo es heißt: „Der gesunde Menschenverstand sträubt sich dagegen, jedes Projekt, jeden Plan, jeden Entwurf des schlauen Sinns ideal zu heißen, weil der gesunde Verstand in seiner Auffassung des Ideals vor allem den Gehalt des geplanten Vorhabens ins Auge faßt" (Dewey 1974, 197).

Veränderung des einzelnen selbst – ja, sie fordern diese Veränderung geradezu. Solche Erfahrungen markieren eine Form der Imagination des Guten, die über dessen rationale Rekonstruktion in Begriffen des Möglichen weit hinausgeht. Hier geht es um eine Veränderung der ganzen Person, ihres Charakters, Weltbilds und Weltzugangs, es ist eine Imagination, „die vollständig alle Elemente unseres Seins durchdringt" (ACF, 13), so daß es zu einem „Komponieren und Harmonisieren der verschiedenen Elemente unseres Seins" kommt (ACF, 12). Diese Vereinheitlichung des Selbst, das notwendig in eine ihrem Wesen nach veränderliche Welt verflochten ist, hängt „von der Idee der Integration der wechselnden Szenen der Welt in jene Totalität [...], die wir das Universum nennen", ab (ACF, 14) – verstanden als Totalität der Bedingungen, mit denen das Selbst verknüpft ist. Die entsprechende Idee der Ganzheit auch im Bezug von Ich und Welt setzt aber die Öffnung für die Möglichkeit der Erfahrung von Ganzheit voraus (vgl. Joas 2000, 149). Die Veränderung des Charakters im Sinne seiner Vereinheitlichung braucht daher auch „einen Ton der Ergebung" (ACF, 13). Nur so ist eine „religiöse Haltung" (ebd.) erreichbar. Man könnte knapp sagen: *Es* geschieht einfach, und die religiöse Qualität der Erfahrung kommt als ein spontaner Nebeneffekt zustande (vgl. Rockefeller 1998, 139). Die dieser religiösen Haltung zugrundeliegenden Erfahrungen nennt Dewey „mystische" Erfahrungen (vgl. ACF, 26).[6] Es sind Erfahrungen von „Momenten der Erfüllung" unserer „Sehnsucht nach Wahrheit, Schönheit und Ordnung" (Dewey 1995, 72), Erfahrungen, „welche die unmittelbare Erfüllung alles dessen sind, wonach wir uns sehnen" (Dewey 1998, 301).

Was hier angedeutet ist, ist – mit anderen Worten – die Vereinheitlichung und Zusammenführung von Ich und Welt, das Zusammenstimmen von Subjekt und Objekt, die Aufhebung des isolierten Ich der Philosophie und auch der Wahrnehmung der Realität in der Neuzeit überhaupt! Es ist Existenz in der Gegenwart, die Romantisierung des Daseins, die Abschaffung der Zeit als Grund für den Ernst des Lebens, die Bejahung des bloßen Da-Seins! Kurz: Es ist der alte Traum aller Mystiker, fernöstlicher Religionen und der Roman-

---

6 Eine „mystische Erfahrung" liegt z. B. im Unterschied „zwischen dem Lernen von mathematischen Formeln über das Licht und dem Hingerissensein durch irgendwelche besonders schönen Lichterscheinungen in einer trüben Landschaft" (Dewey 1993, 307).

tik.[7] „Mystische Erfahrungen“ haben ein Extra, einen ureigenen Gehalt von Bedeutung, der uns einfängt, der uns im Moment bannt, uns in einen „anderen Zustand“ versetzt und uns von der Welt in ihrer Form als rational in Begriffen von Kausalität und Temporalität gedachtem Zusammenhang abschließt. Sie markieren einen nicht-reflektierten Zustand der Person in der Welt und sind nicht als solche in Sprache zu fassen, sie sind „unsagbar“, eben weil sie un-mittel-bar sind. Ein Diskurs über sie kann Verbindungen nur andeuten, denn: „Auf unmittelbare Dinge kann man durch Worte hinweisen, aber sie werden dadurch nicht beschrieben oder definiert“ (Dewey 1995, 95).[8]

„Natürliche Frömmigkeit“

Das spätere „Glaubensbekenntnis“ Deweys läßt sich damit so formulieren: Erfahrung zeigt uns unseren Zusammenhang mit der Welt, und Religiosität braucht keine höhere Welt, keine Götter und kein Reich der Ideen.

„Natürliche Frömmigkeit [...] kann auf einem gerechten Sinn für die Natur als ein Ganzes beruhen, von dem wir Teil sind, während sie ebenfalls anerkennt, daß wir Teile sind, die gekennzeichnet sind von Intelligenz und Absicht, die die Fähigkeit haben, mit ihrer Hilfe danach zu streben, Bedingungen in eine größere Übereinstimmung mit dem zu bringen, was menschlich wünschenswert ist“ (ACF, 18).

Hier klingt der Charakter von Deweys Philosophie, die er selbst als „naturalistische Metaphysik“ (1995, 62) qualifiziert, deutlich an. Er ist davon überzeugt, daß ein tiefer metaphysischer Glaube auch in säkularen Zeiten möglich ist. Dewey sieht uns in einem unlösbaren Zusammenhang mit der Natur – gleichbedeutend mit „Universum“ –, auch und gerade in unserer emotionalen Existenz. „Natürliche Frömmigkeit“ bedeutet, diesen Zusammenhang anzuerkennen und damit auch anzuerkennen, daß der Moment einer „mystischen

---

7 Haskins (1999, 98) begründet, warum Dewey sogar selbst als Romantiker bezeichnet werden könnte.

8 Ähnlich benennt Wittgenstein die Existenz des nicht sprachlich faßbaren „Mystischen“ jenseits des wissenschaftlich Beschreibbaren und Diskutierbaren: „Es gibt allerdings Unaussprechliches. Dies *zeigt* sich, es ist das Mystische“ (1984, 85). Diese Parallele zeigt auch Geier (1989, 163): „Die Erleuchtung des Glücks, die Erfahrung der Welt als Einheit, die Zeitlosigkeit der Präsenz und die Gewißheit einer Ethik jenseits von Gut und Böse: In all diesen Fällen zeigt sich die Unzulänglichkeit einer Sprache, deren Vokabular und Aussagestruktur das Mystische unsagbar lassen.“

Erfahrung" ein Teil des umgreifenden Universums und unserer Existenz in ihm ist, ein Moment, der aber im nachhinein intelligenter Ausgestaltung bedarf, um ihn wiederholbar zu machen und die erkannten Möglichkeiten der Natur und unserer Arbeit auch in der Gemeinschaft, in der wir leben, auf Dauer zu stellen:

„Dinge, die geliebt, bewundert und verehrt werden, Dinge, die spiritualistische Philosophien als die definierenden Eigenschaften des höchsten Seins angesehen haben, sind echte Elemente der Natur. Aber ohne die Hilfe und Unterstützung bewußter Handlungen, die auf dem Verständnis ihrer Bedingungen beruhen, sind sie flüchtig und instabil, so wie die Anzahl der Menschen, die sie genießen, eng begrenzt ist" (Dewey 1998, 302).

Und so tritt die tätige Intelligenz in ihr Recht als das dem Menschen zukommende Handwerkszeug, eine Welt zu entwickeln, in der er zu Hause sein kann.

Dewey muß uns so als jemand erscheinen, der sich durch die von ihm selbst beschriebene natürliche Frömmigkeit auszeichnet und der ein entsprechendes systematisches Theoriegebäude entwickelt hat, das zur Verdeutlichung eben seiner eigenen Überzeugungen nötig war. So scheint es durchaus angemessen, Deweys Werk als fast grenzenlos ausufernde und umfassende Rationalisierung „natürlicher Frömmigkeit" und ihrer Möglichkeit in der Welt zu sehen, insbesondere wenn wir bedenken, daß er selbst berichtete, schon früh, in seiner Zeit in Oil City nach 1879, eine „mystische Erfahrung" der „Einheit mit dem Universum" gehabt zu haben, ein tiefes Empfinden, daß „alles, was hier ist, hier ist und du dich einfach darauf verlassen kannst" (zit. nach Westbrook 1991, 8. Übers. M. B.).[9] In dieser Hinsicht muß Deweys Werk als durchgängig gekennzeichnet von dem Versuch gesehen werden, eine Welt rational und für den Intellekt faßbar zu beschreiben, die in ihrer Qualität eigentlich nur momentan in der Erfahrung des einzelnen existiert.

---

9 Westbrook selbst formuliert den Zusammenhang von Deweys Werk in dieser Hinsicht noch schärfer: „He would never lose touch with this feeling, though his interpretation of its meaning and implications would change dramatically" (ebd.). Die Bedeutung persönlicher Erfahrungen Deweys hebt auch Rockefeller (1998, 144) hervor: „Dewey's natural piety was reinforced and deepened over the years by poetic intuitions and intense aesthetic experiences of a mystical nature that left him with a profound sense of belonging to the larger universe and generated feelings of cosmic trust and inner peace."

Das Ideal, Ideale und Ziele

Der Idealisierung der Welt in „mystischen Erfahrungen" entspricht nämlich eigentlich nur ein einziges Ideal: der *Zustand* des Zu-Hause-Seins in der Welt. Ein Zustand aber ist entwicklungs- und zeitlos. In „mystischen Erfahrungen" bricht der einzelne aus der Entwicklungslogik des Entwerfens von Zielen und des Ersinnens von Mitteln, um diese zu erreichen, aus. Erst der Schritt zurück in den Zusammenhang der Welt in Kategorien von Ort, Zeit und Kausalität ermöglicht die Entwicklung von Perspektiven aus der Gegenwart als Möglichkeiten einer besseren Zukunft – von Idealen in einem eingeschränkten Sinne als Werten, die auf die Veränderung der Umstände in einer Weise abzielen können, daß diese Umstände eher den Zustand der Vereinheitlichung ermöglichen.[10] Erst wenn wir uns selber als reflektierende Subjekte konstituieren und aus dem untrennbaren Zusammenhang von Subjekt und Objekt in der Erfahrung herausstellen, können wir die nun „objektiv" genannten Gegebenheiten so verändern, daß wir unsere Subjektivität wieder in das umfassende Ganze einfließen lassen können und in ihm „aufgehoben" sind. So entsteht eine paradoxe Situation: Das ultimative Ideal bleibt die Auflösung des Selbst im Universum. Dieses Ideal aber kann in einer per se veränderlichen Welt immer nur momentan und flüchtig, nie auf Dauer erreicht werden. All unser Streben wird daher zwar auf das Ermöglichen solcher Momente zielen, und die Entwicklung konkreter Ideale aus den erkannten Möglichkeiten der Gegenwart wird die Schritte hierzu markieren. Gleichwohl ist in diesen einzelnen Schritten oder Handlungs- und Erfahrungsketten das eine Ideal aufgehoben, bestimmt es doch den Charakter des Handelns. Dies faßt Dewey in „Human Nature and Conduct" zusammen: „Das Ideal ist nicht ein Ziel, das zu erreichen wäre. Es ist ein Sinn, der zu fühlen, zu werten ist." Dieser Sinn, die emotionale Seite des Handelns, bewirkt, daß wir im Leben „getragen und gehoben werden durch die Ahnung eines allumfassenden Ganzen. Friede im Handeln, nicht nach dem Handeln – darin besteht der Beitrag des Ideals zu unserer Lebensführung" (Dewey 1974, 200f.).

---

[10] Raters-Mohr (1994, 70) differenziert in ähnlicher Weise und nennt das „Ideal der Versöhnung" ein „absolutes Ideal", das aber nur ein „Strukturbegriff" bzw. eine „regulative Idee" sei, und stellt dem „situationsspezifische Ideale" gegenüber.

Entsprechend scheint es sinnvoll, in Ideale verschiedener Ordnung zu differenzieren. Das übergeordnete Ideal der Vereinheitlichung im Zustand „mystischer Erfahrungen", dem der Glaube entspricht, daß es gut ist, daß die Welt ist und ich mit ihr, kann nur dem einzelnen zugeschrieben werden – insofern ist hervorzuheben, daß Dewey ebenso wie als Theoretiker der demokratischen Gesellschaft auch als Theoretiker der Individualität und der individuellen Entwicklung gesehen werden muß. Die individuelle Entwicklung nun ist aber abhängig von der Entwicklung der Gesellschaft als ganzer. Ideale zweiter Ordnung können daher die Werte genannt werden, die dazu beitragen, daß die einzelnen in einer je gegebenen Situation mehr Freiheit und Entwicklungsmöglichkeiten gewinnen, die ihnen ein weiteres Wachstum der Persönlichkeit ermöglichen. Dies sind die Ideale, die allein handlungsleitend in dem Sinne werden können, daß sie als imaginäre Fixpunkte intelligent durchdachter Veränderungen einer Gesellschaft angesehen werden können.

Die Wurzeln der Verknüpfung von Religiosität und politischer Theorie bei Dewey finden sich aber weit früher – Ende des 19. Jahrhunderts, als er aus dem Zusammenprall von christlich-neohegelianischem Denken und der Erfahrung der sozialen Brüche in Chicago den theoretischen Boden unter die Füße bekommt, der sein ganzes späteres Werk trägt.

Back to the roots: Die frühen Jahre

Blicken wir zurück: Die religiöse Sprache war Dewey durchaus vertraut. Er wuchs in einer protestantischen Atmosphäre auf und blieb Mitglied der Kongregationalistischen Kirche bis zum Ende seiner Zeit an der Universität von Ann Arbor in Michigan. Dort hatte Dewey auch Kurse in Kirchengeschichte und Bibelkurse gehalten, er hatte Aufsätze in Zeitschriften, die der Kirche nahestanden, veröffentlicht und zahlreiche Vorträge vor der christlichen Studentenvereinigung gehalten (vgl. Rockefeller 1998, 129f.). Bereits während dieser Zeit aber veränderte sich Deweys Auffassung von Glauben und Religion. Mußte er bis Mitte der 1880er Jahre noch als ein neohegelianischer Theoretiker erscheinen, der versuchte, die Welt in und durch philosophische Spekulation und religiösen Glauben zu idealisieren, um eine Philosophie zu gewinnen, die sein Bedürfnis nach Vereinheitlichung der Welt befriedigen und zugleich eine rationale Basis für sein Gefühl der Zugehörigkeit zur Welt geben könnte (vgl. Westbrook 1991, 15), so verschob sich der Fokus seines Interesses seit den späten 1880er Jahren hin zu einer liberalen Rekonstruktion des Christentums in seiner Bedeutung für eine moderne Theorie der Demokratie, so daß Dewey schließlich Geist und Bedeutung des Christentums mit dem Ethos der neuzeitlichen Demokratie identifizierte – eine persönliche Entwicklung, die Bestand haben sollte (vgl. Rockefeller 1998, 130). Vor allem in einigen Essays entwickelt er die Perspektive, daß die Ideale des Christentums in einer säkularen demokratischen Gesellschaft als einer Gemeinschaft freier, voll entwickelter und durch Gerechtigkeit und gegenseitige Liebe verbundener Personen freigesetzt werden könnten.

Im Sinne seiner entwicklungsorientierten Überzeugung definiert Dewey schon in „Christianity and Democracy“[11] das Christentum als die Offenbarung einer höchst weltlichen Wahrheit, die der „unaufhörlichen Entdeckung der Bedeutung des Lebens“ (1971a, 4. Übers. M. B.) durch Erfahrung und Handeln als Methoden, die Welt zu deuten, entspricht. Weil nun aber „Demokratie“[12] Freiheit und das Abschaffen von Beschränkungen bedeute, sei sie es, die die Offenbarung und Entfaltung von Wahrheit einzig ermögliche (vgl. ebd., 8), und zwar durch gemeinsames Handeln in einer Gemeinschaft, die potentiell alle Menschen umfaßt. Wo Dewey später von „Brüdern, die in einem Boot sitzen“ redet, spricht er hier von der Demokratie als „Gemeinschaft von Ideen und Interessen durch die Gemeinschaft des Handelns“ (ebd., 9), um schließlich genau diese demokratische Vergemeinschaftung der Menschheit als „Kingdom of God“ (ebd., 8) zu definieren. Diese Vorstellung, im prozessualen gesellschaftlichen Handeln einer Gesellschaft von Freien das Ideal der Demokratie immer neu umzusetzen, braucht die religiöse Sprache schon nicht mehr – wird doch deutlich genug, daß Dewey hier eine Perspektive entwickelt, „das Christliche in einer sakralisierten Demokratie übertrumpfen zu können“, wie Joas (2000, 154) pointiert.

Noch deutlicher wird die Überflüssigkeit der „Gott-Sprache“ von Dewey selbst in „Reconstruction“ von 1894 gemacht, wo er schlicht feststellt, die Idee des „Kingdom of God“ sei „eine praktische Tatsache des Lebens“ ge-

---

[11] Den inneren Zusammenhang von „Christianity and Democracy“ und „A Common Faith“ betont neben Rockefeller (1998, 140) durchgehend auch Friess (1970).

[12] Auch hier von Dewey schon als „spiritual fact“ und nicht als „a mere piece of governmental machinery“ verstanden (1971a, 8).

worden (1971c, 100. Übers. M. B.).[13] Schon hier muß die Rede vom „Königreich Gottes auf Erden“, wie sie in „Mein pädagogisches Credo“ wieder auftaucht, als nur noch symbolisch gelten, denn wenn die Ideale des Christentums umgesetzt sind in einer konkreten Gesellschaft, bleibt die Entwicklung der Demokratie und zugleich der Individuen in ihr das einzige übergeordnete „religiöse“ Ideal. Folgerichtig entwickelte Dewey dann in den folgenden Jahren und Jahrzehnten eine empirische und naturalistische Auffassung der religiösen Erfahrung und ihrer Rolle für den einzelnen und die demokratische Gemeinschaft.

Die Maßstäbe: „Growth“ und „Self-realization“

Auch der Grundton dessen, was Demokratie für Dewey ausmacht, wird von ihm schon früh angeschlagen. Sie ist für ihn die gesellschaftliche Organisationsform, die in ihrer steten Veränderung ihren Mitgliedern ein Höchstmaß an Möglichkeiten zur persönlichen Entwicklung gibt: persönlichem Wachstum bzw. „Self-realization“:

> „Demokratie hat viele Bedeutungen, aber wenn sie eine moralische Bedeutung hat, dann findet sie sich in der Entscheidung, daß der Prüfstein aller politischen Institutionen und industriellen Einrichtungen in dem Beitrag bestehen soll, den sie zum allseitigen Wachstum jedes Mitglieds der Gesellschaft beisteuern“ (Dewey 1989, 229).

Auch hier aber gilt, daß wir alle in einem Boot sitzen. Der Gedanke der Verschränkung des Wachstums des einzelnen und desjenigen der Gesellschaft als ganzer, der sich später in „A Common Faith“ als Glaube an den universellen Zusammenhang allen Seins wiederfinden läßt, ist als Basis moralischen Handelns embryonisch ebenfalls schon früh in den „Outlines of a Critical Theory of Ethics“ von 1891 skizziert. Wer moralisch handelt, akzeptiert implizit, daß sein Handeln mit dem eigenen auch dem Wohlergehen anderer dienen soll:

> „In der Verwirklichung von Individualität findet sich auch die notwendige Verwirklichung einer Gemeinschaft von Personen, zu der der einzelne gehört; und entsprechend befriedigt der Handelnde, der angemessen die Gemeinschaft, an der er teilhat, mit eben diesem Verhalten auch sich selbst“ (Dewey 1969, 322. Übers. M. B.).

---

13 Westbrook (1991, 79) bringt es auf den Punkt, wenn er sagt: „The Kingdom of God on Earth for Dewey was not a kingdom at all but an industrial democracy.“

Persönliches Wachstum als andauernder Prozeß ist zu verstehen als das einzige moralische Ziel (vgl. Dewey 1989, 221), zu dem alle anderen Ziele nur ihren Beitrag leisten können, damit schließlich eine entwicklungsoffene, aber dennoch in der Richtung ihrer Entwicklung bestimmte Persönlichkeit entsteht:

> „Das weitere und größere Ich, das nicht Verneinung von Beziehungen, sondern die Einbeziehung neuer Gegebenheiten bedeutet, ist identisch mit einem Ich, das sich weitet, um früher nicht vorhergesehene Bindungen auf sich zu nehmen" (Dewey 1993, 450).

Es geht hier letztlich um die Entwicklung des Charakters als Zusammenfassung all der Eigenschaften, die im Prozeß des Wachstums durch Handeln und Erfahrung und deren Reflexion gewonnen worden sind. Wachstum in diesem Sinne der Formung eines komplexeren, innerlich differenzierteren, aber letztlich harmonischen Selbst ist aber gerade wegen der umfassenden Integration aller Seinsaspekte des einzelnen ohne emotionale Anteile nicht denkbar; d. h. Zuneigung zu den Objekten, Menschen, Gedanken etc., die uns bewegen, ist Mitvoraussetzung für die Bildung eines bewußten Charakters. Hier liegt das ethische Ideal Deweys, das als Anspruch nur vernommen bzw. erfahren werden kann, das aber auch, weil es entsprechende Erfahrungen empirisch gibt, nicht ein Luftschloß ist, sondern ein natürliches Ereignis im Deweyschen Sinne, das im Leben normative Kraft gewinnt.[14]

Mystische Erfahrungen als Wegmarken der „Self-realization" – der Wert der Kommunikation

Auch schon früh, 1893, betont Dewey was „Self-realization" für ihn ausmacht: das Handeln in der Umsetzung aller Möglichkeiten, die einem einzelnen zu einer gegebenen Zeit zukommen, und im Bewußtsein des Interesses der ganzen Persönlichkeit an genau dieser Handlung (vgl. Dewey 1971b, 51). In diesem Fall ist die ideale Ganzheit des Selbst vermittelt mit der Aktualisierung aller Möglichkeiten, die das Selbst gerade hat, um dann in einem nächsten Schritt über sich hinausgehen zu können. Dewey nennt dieses Fort-

---

14 Westbrook (1991, 161) faßt den Kern der Position Deweys entsprechend zusammen: „Self-unification, harmony, wholeness, plenitude, richness, and growth remained the key normative terms for Dewey."

schreiten den „Rhythmus des Prozesses des Selbst" (ebd., 53). Doch es bleibt zu fragen, wie das Selbst im Prozeß seiner andauernden Realisierung vorankommen soll – auch wenn es immer an der Grenze seiner je aktuellen Möglichkeiten operiert, bleibt es in gewissem Maße doch in einem Status befangen, der nur durch die notwendigen Reaktionen auf Veränderungen in der Umgebung sich entwickeln könnte. Hier nun treten „mystische Erfahrungen" in ihr Recht als letztlich nicht planbare Impulsgeber des Fortschreitens des Individuums und damit der demokratischen Gemeinschaft. Die Erfahrung der Einheit mit dem Universum „bestimmt das Maß unserer Ideen von den Möglichkeiten, die durch intelligente Anstrengung zu verwirklichen sind" (Dewey 1998, 301). Erfahrungen mit dieser ausgezeichneten Qualität nämlich sind es, die das vorgängige Selbst erschüttern und zwingen, seine Gewohnheiten, Überzeugungen, Handlungsroutinen und überhaupt alles, was den Charakter bislang ausmachte, neu zu bestimmen – in Deweys Idiom: zu rekonstruieren – und die Formung des Ideals der Ganzheit obendrein überhaupt erst zu ermöglichen.[15] Der Weg meines Lebens oszilliert quasi zwischen Phasen der Ruhe und solchen der beschleunigten Veränderung meines Charakters, wobei die letzteren jeweils die Grenzen meiner Möglichkeiten des Lebens in der Welt bestimmen. Haskins (1999, 109) deutet dies so, daß mein Selbstbild zu formulieren nicht mehr eine Frage der Erkenntnis meiner selbst ist, die ich aus einer imaginären Ferne gewinnen könnte, sondern vielmehr eine Frage der Auslegung dessen, was ich immer schon bin, eine Frage der Hermeneutik des Selbst. Der Prozeß der „Self-realization" wird zugleich zum Prozeß der Definition dessen, was ich im Leben bin. Dies aber ist letztlich bestimmt von den „mystischen Erfahrungen", die ich habe (vgl. ebd., 111).

Diese Erfahrungshöhepunkte sind wenigstens teilweise nicht planbar. Dewey gibt aber Hinweise, daß in der Kommunikation, dem Gespräch unter Menschen im weitesten Sinne,[16] eine Möglichkeit besteht, sich „mystischen

---

15 Vergleichbar deutet Anderson (1999, 93) „A Common Faith" auch als Schrift, die zeigen soll, wie ein zerrissenes Selbst mit sich zurechtkommen könne: „What is still at the heart of *A Common Faith*, though it is sometimes overlooked, is a healing in the self's relationship with itself."

16 Aus den verschiedenen denkbaren Formen der Kommunikation hebt Dewey die Kunst und hier insbesondere die Literatur hervor, die, weil sie sprachlich konstituiert ist, Kommunikation immer schon in sich birgt (vgl. Dewey 1988c, 286). Kunst gilt Dewey als die

Erfahrungen“ anzunähern. Wenn nämlich das Empfinden der Zugehörigkeit zum großen Ganzen eine Deutung auch dieses Ganzen ist, in die die Deutung unserer selbst eingebunden ist, so ist eine Annäherung hieran zwischenmenschlich in der Konstituierung von Sinn als Deutung des Seins im Gespräch möglich. Deshalb lobt Dewey die Kommunikation überschwenglich als „wunderbarste Sache der Welt“ (1995, 167), weil durch sie der Mensch an einer „Gemeinschaft von Bedeutungen“ (ebd., 202) teilhaben kann. Die Erfahrung der Kommunikation als selbstverständlich in der Welt vorkommender Möglichkeit kann damit einen überragenden Wert bekommen, denn in ihr „werden Verbindung und Kontakt [...] zu Zärtlichkeiten, die unendlich idealisiert werden können“, und „zu Symbolen der Kulmination der Natur“ (ebd., 199) erfahrbar.

Kommunikation kann so im besten Fall zu einer „Aufsprengung der Selbstzentriertheit“ (Joas 2000, 150) führen und damit ein Zeichen werden für die Möglichkeit, das Ideal der demokratischen Gemeinschaft zu entwickeln. Die „erschütternde Subjektivität“ (ebd., 152), die einer solchen Erfahrung innewohnen kann, ist dann der Auslöser, meinen Erfahrungshorizont zu weiten, meinen Charakter und mein Leben neu zu ordnen, neu zu definieren und im Hinblick auf das demokratische Ideal zu rekonstruieren. Der Impuls, der einer solchen Erfahrung von Ganzheit im Gespräch innewohnt, treibt mich quasi über mein bisheriges Selbst hinaus und zwingt mich, mich neu in der Welt zu verorten. Damit aber ergibt sich nach Joas (ebd.) „die Möglichkeit, in der alltäglichen Kommunikation selbst ein verehrungswürdiges Ideal zu finden“. Gespräch und Kommunikation bekommen so selbst einen quasireligiösen Charakter und eine überragende Bedeutung in der prozessualen konkreten Ausgestaltung der demokratischen Gemeinschaft. In diesem Sinne überhöht Dewey den Wert der Kommunikation nahezu:

„universalste Form der Sprache“ und deshalb als „universalste und freieste Form der Kommunikation“ (ebd., 318). Kunstwerke sind für ihn daher besonders geeignet, die Hindernisse und Grenzlinien zu überwinden, die Menschen normalerweise voneinander trennen (vgl. ebd., 124, 286), da Kunstwerke die Gemeinsamkeit der Erfahrung von Menschen symbolisieren und idealisiert zuspitzen. Kunst kann damit den religiösen „Sinn von Gemeinschaft“ stiften, der auch dem Ideal der universellen Gemeinschaft zugrunde liegt, und eben dieses Ideal der Ganzheit darstellen (ebd., 318).

„Und wenn die emotionale Kraft, man möchte sagen, die mystische Kraft der Kommunikation, des Wunders des gemeinsamen Lebens und der gemeinschaftlichen Erfahrung spontan empfunden wird, dann wird die Härte und Rohheit des heutigen Lebens in einem Licht erscheinen, das noch niemals ‚über Land oder See' schien" (1989, 255).

Und hier ist der Kreis geschlossen: Das Ziel des Seins für Dewey ist durch all seine Werke hindurch lesbar als Aufforderung: Erkenne dich selbst als Teil und Manifestation des ganzen Universums.

„Mein pädagogisches Credo" als Ausdruck des philosophischen Systems John Deweys

Der Zusammenhang von Erfahrung, Idealisierung und Kommunikation läßt sich nun auch in Deweys „Pädagogischem Glauben" aufzeigen. Damit kann dieser Text als Konkretisierung einer philosophisch-deskriptiven Theorie im Feld der Pädagogik gelten – entsprechend dem Zusammenhang, den Dewey später selbst herstellt, wenn er sagt, Philosophie sei „die Theorie der Erziehung in ihrer allgemeinsten Gestalt", und umgekehrt „die Erziehung die planmäßige Durchführung der Philosophie in der Praxis" (1993, 426f.).[17] Gegen die Unaussprechlichkeit metaphysischer Welterfahrung scheint Dewey in „Mein pädagogisches Credo" eine Überzeugung sprachlich konkret zu machen, die in ihn und sein Denken und Tun verwoben ist. Deweys ureigene Erfahrungen scheinen einen Kern zu haben, der ihn im Sinne seiner eigenen Begriffe „vereinheitlicht" hat, der eigentlich nicht durch Sprache übermittelt, aber so umkreist werden kann, daß eine Teilhabe anderer wenigstens annäherungsweise erreichbar scheint. Sein pädagogisches Ideal ist so im Ansatz erklärbar als Vereinigung von nicht-theologischer „Religiosität" und einer radikal demokratischen Überzeugung. Eben dies verbirgt sich in „Mein pädagogisches Credo" – die Darstellung eines übergreifenden Ideals, das durch den Text hindurch zu lesen ist.

---

17 Schon nach seinem Wechsel an die Universität von Chicago bestimmte Dewey den Stellenwert der Pädagogik als Mittel der Philosophie: „I sometimes think I will drop teaching philosophy directly, and teach it via pedagogy" (John Dewey an Alice Dewey, 1. Nov. 1894. Dewey Papers. Zit. nach Westbrook 1991, 95).

Schon zu Beginn seines Textes ist Deweys metaphysische Auffassung des historischen Zusammenhangs allen Seins erkennbar, wenn er den einzelnen als Glied in der Kette von Generationen bestimmt, in die er hineinwächst. Der Erziehung kommt hierbei die Rolle zu, dieses Aufnehmen des „zinstragenden Kapitals der Zivilisation" (CREDO, Artikel 1, Abs. 1) zu organisieren und gegebenenfalls fortzuschreiben. Da die Persönlichkeit sich in diesem Prozeß nur durch Erfahrung und Handeln bildet, bleibt der Pädagogik die Aufgabe, Situationen der Erfahrung des Sozialen, in denen die Vergangenheit aufgehoben ist, zu ermöglichen, weil „die erste Grundlage der Schulerziehung in denjenigen Kräften des Kindes liegt, die sich entlang der gleichen konstruktiven Linien entfalten, welche die Zivilisation hervorgebracht haben" (CREDO, Artikel 3, Abs. 4). Da aber das übergeordnete Ideal Deweys die Entwicklung einer demokratischen Gemeinschaft ist, hat die Schule folgerichtig die Aufgabe, über das bloße Tradieren des Hergebrachten hinaus auch dazu beizutragen, daß die Veränderung der Umstände von den zu erziehenden Kindern im positiven Sinne mitbestimmt werden kann. Nur dann kann die Schule als Institution einen moralischen Wert im Deweyschen Sinne bekommen. Denn wenn gilt, „daß der Prüfstein aller politischen Institutionen und industriellen Einrichtungen in dem Beitrag bestehen soll, den sie zum allseitigen Wachstum jedes Mitglieds der Gesellschaft beisteuern" (Dewey 1989, 229), dann gilt dieses Kriterium auch und gerade für die ideale Schule, die für Dewey das ausgezeichnete Instrument gesellschaftlicher Veränderung – Rekonstruktion – ist und die er in seiner Laborschule zu verwirklichen trachtete.[18]

Oberstes Ziel der idealen Schule muß es daher sein, einen demokratischen Charakter zu entwickeln, einen Charakter, der die unvermeidlichen Veränderungen der Welt so mitzubestimmen in der Lage ist, daß die Entwicklungsmöglichkeiten der einzelnen und ihrer Gemeinschaft stetig anwachsen können. Dies scheint aber nur möglich, wenn die Schule selbst als eine Gemeinschaft organisiert ist, die dem einzelnen ein persönliches Wachstum in der Interaktion mit seiner sozialen Umgebung ermöglicht. Das Soziale als Erfahrungsgrund rückt so in den Vordergrund:

---

18 Entsprechend sieht Westbrook (1991, 104) Deweys Schule „as an expression of his ethics and democratic theory" und pointiert: „The Dewey School was above all an experiment in education for democracy."

„Ich glaube, daß das Kind durch das Leben in der Gemeinschaft selbst zu seinem Tun angeregt und in seinem Tun kontrolliert werden sollte“ (CREDO, Artikel 2, Abs. 7).

Nur auf diesem Wege ist „Moralerziehung“ (ebd.) als praktische Ausformung des guten Charakters möglich – Schulpädagogik hat entsprechende Erfahrungen im sozialen Raum zu ermöglichen:

„Ich glaube schließlich, daß Erziehung als fortwährende Rekonstruktion von Erfahrung verstanden werden muß, daß es sich also bei dem Prozeß und bei dem Ziel der Erziehung um ein und dieselbe Sache handelt“ (CREDO, Artikel 3, Abs. 7).

Wo Dewey nun auch in seinem „Glaubensbekenntnis“ den Wert der Kommunikation hervorhebt (vgl. CREDO, Artikel 3, Abs. 13), von der „Bildung eines bestimmten Charakters als einzig echte[r] Grundlage des richtigen Lebens“ (CREDO, Artikel, 5 Abs. 1) spricht und davon, „die richtigen Gewohnheiten im Handeln und Denken, mit Bezug auf das Gute, Wahre und Schöne zu etablieren“ (CREDO, Artikel 4, Abs. 2), da scheint die Möglichkeit gemeinsamer Erfahrung von Intersubjektivität durch, die Joas so in den Vordergrund stellt und die im Zusammenhang mit Deweys theoretischem System als die Wegmarke der immer neuen Rekonstruktion der Persönlichkeit des einzelnen gesehen werden kann. Genau diesen Zusammenhang von Erziehung und der Möglichkeit von „mystischen Erfahrungen“ können wir schließlich am Ende von Deweys Text entschlüsseln, wo Dewey schreibt:

„Ich glaube, daß das stärkste Motiv für menschliches Handeln dann erreicht sein wird, wenn Wissenschaft und Kunst sich verbinden – dann werden die tiefsten Quellen menschlichen Verhaltens geweckt und die besten Leistungen der menschlichen Natur treten zutage“ (CREDO, Artikel 5, Abs. 13).

Die geplante Konstruktion und Rekonstruktion von Erfahrungen, die als Einheit von Idealem und Aktuellem im Handeln das sind, was Dewey als „Gott“ bezeichnet (ACF, 35f.), ist damit die Aufgabe des Lehrers als „Prophet des wahren Gottes“, der so hilft, die demokratische Gemeinschaft, das „wahre Königreich Gottes“, zu entwickeln.

Wenn Dewey 1897 Philosophie durch Pädagogik lehrt, und wenn Philosophie die Theorie der Demokratie ist und dies einen quasi-religiösen Glauben mit beinhaltet, dann muß pädagogische Theoriebildung als Formulierung auch des Ideals der Demokratie und der Gemeinschaft und seiner Basis, der umfassenden „Self-realization", gelten.

Dies erklärt nun alles: Gestus und Inhalt von „Mein pädagogisches Credo". Zugespitzt heißt das, daß Dewey – obzwar verschlüsselt – auch in seinem Credo eine Schule entwirft, die „mystische Erfahrung" im tätigen Miteinander als Basis des Wachstums des demokratischen Charakters und der andauernden Rekonstruktion seiner selbst ermöglichen soll.

Dieser utopische Entwurf mag naiv erscheinen im Blick auf unsere eigene Schullandschaft, die sich gerade mit großen Schritten weiter von den Resten einer Orientierung am Sozialen entfernt und sich erneut einem strikten Leistungsgedanken zu verschreiben droht. Dewey selbst aber war alles andere als naiv – gepaart mit einem nie nachlassenden Streben im Sinne seiner eigenen Theorie blieb sein realistischer Blick für die Möglichkeiten der Umsetzung seiner Ideale. An keiner Stelle wird dies deutlicher als in seinem autobiographischen Text „From Absolutism to Experimentalism" von 1930, wo er rückblickend formuliert:

> „Vierzig Jahre damit zugebracht zu haben, in einer Wildnis wie der der Gegenwart umherzuwandern, ist kein trauriges Schicksal – wenn man sich nicht einredet, daß diese Wildnis schließlich selbst das Gelobte Land sei" (Zit. nach Suhr 1994, 213).

Dewey als realistischer Utopist ist so ein guter Pate des Nachdenkens über Theorie und Praxis auch unserer Schulen.

Literatur

Anderson, Douglas R.: Theology as Healing: A Meditation on *A Common Faith*. In: Haskins/Seiple, 85-95.

Campbell, James: Understanding John Dewey. Nature and Cooperative Intelligence. Peru, Ill.: Open Court Publ. 1995.

Dewey, John: Outlines of a Critical Theory of Ethics. In: Ders.: The Early Works, 1882-1898. Vol. 3: 1889-1892. Carbondale/Edwardsville: Southern Illinois Univ. Press 1969, 237-388.

Ders.: The Early Works, 1882-1898. Vol. 4: 1893-1894. Carbondale/Edwardsville: Southern Illinois Univ. Press 1971 (=EW 4).

Ders.: Christianity and Democracy. In: EW 4, 4-10 (=1971a).

Ders.: Self-Realization as the Moral Ideal. In: EW 4, 42-53 (=1971b).

Ders.: Reconstruction. In: EW 4, 96-105 (=1971c).

Ders.: Der Mensch und sein Verhalten. In: Correll, Werner (Hrsg.): John Dewey. Psychologische Grundfragen der Erziehung. München/Basel: Ernst Reinhard 1974.

Ders.: A Common Faith. In: ders.: The Later Works, 1925-1953. Vol. 9: 1933-1934. Carbondale/Edwardsville: Southern Illinois Univ. Press 1986, 1-58.
Ders.: Theory of Valuation. In: Ders.: The Later Works, 1925-1953. Vol. 13: 1938-1939. Carbondale/Edwardsville: Southern Illinois Univ. Press 1988 (=LW 13), 189-251 (=1988a).
Ders.: Means and Ends. In: LW 13, 349-354 (=1988b).
Ders.: Kunst als Erfahrung. Frankfurt a. M.: Suhrkamp 1988 (=1988c).
Ders.: Die Erneuerung der Philosophie. Hamburg: Junius 1989.
Ders.: Demokratie und Erziehung. Weinheim/Basel: Beltz 1993.
Ders.: Erfahrung und Natur. Frankfurt a. M.: Suhrkamp 1995.
Ders.: Die Suche nach Gewißheit. Frankfurt a. M.: Suhrkamp 1998.
Eldridge, Michael: Transforming Experience. John Dewey's Cultural Instrumentalism. Nashville/London: Vanderbilt Univ. Press 1998.
Friess, Horace L.: Dewey's Philosophy of Religion. In: Boydston, Jo Ann (ed.): Guide to the Works of John Dewey. Carbondale and Edwardsville: Southern Illinois Univ. Press 1970, 200-217.
Geier, Manfred: Das Sprachspiel der Philosophen. Reinbek: Rowohlt 1989.
Haskins, Casey: Dewey's Romanticism. In: Haskins/Seiple, 97-131.
Haskins, Casey/Seiple, David I. (eds.): Dewey Reconfigured. Essays on Deweyan Pragmatism. Albany: State University of New York Press 1999.
Jaspers, Karl: Der philosophische Glaube. München: Piper 1948.
Joas, Hans: John Deweys Theorie der Religion. In: ders. (Hrsg.): Philosophie der Demokratie. Beiträge zum Werk von John Dewey. Frankfurt a. M.: Suhrkamp 2000, 139-159.
Raters-Mohr, Marie-Luise: Intensität und Widerstand. Metaphysik, Gesellschaftstheorie und Ästhetik in John Deweys „Art as Experience". Bonn: Bouvier 1994.
Rockefeller, Steven C.: Dewey's Philosophy of Religious Experience. In: Hickman, Larry A. (ed.): Reading Dewey. Interpretations for a Postmodern Generation. Bloomington/Indianapolis 1998, 124-148.
Suhr, Martin: John Dewey zur Einführung. Hamburg: Junius 1994.
Westbrook, Robert B.: John Dewey and American Democracy. Ithaca/London: Cornell University Press 1991.
Wittgenstein, Ludwig: Über Gewißheit. Frankfurt a. M.: Suhrkamp 1982.
Ders.: Werkausgabe Bd. 1. Tractatus logico-philosophicus. Tagebücher 1914-1916. Philosophische Untersuchungen. Frankfurt a. M.: Suhrkamp 1984.

Dietlinde Hedwig Heckt

Erklär mir nicht soviel! Deweys Prinzipien – angewandt auf heutige Lehr- und Lernsituationen

Es gehört zu den eher ernüchternden Erkenntnissen der Rezeptionsforschung, daß Werke vor allem dann von nachfolgenden Generationen gelesen werden, wenn sie als „Antworten" auf eigene, in einem anderen geistigen Horizont stehende Fragen verstanden werden können, wenn die in einem Text angelegte Bedeutungsvielfalt zu immer neuen und anderen Interpretationen anregt. Nur wenige Rezipienten begeben sich auf den Weg der – wissenschaftlichen – Rekonstruktion und kritischen Konkretisation, des Verstehens eines Werkes in seiner – je eigenen – Geschichtlichkeit.

Hans-Georg Gadamer hat darauf hingewiesen, daß die Wirkungsgeschichte eines Werkes den gleichen Medialitätscharakter habe wie das Werk selbst und insofern nicht Forschungsgegenstand sei, sondern im Sinne der „wirkungsgeschichtlichen Verflechtung, in der das historische Bewußtsein selbst steht", ein geisteswissenschaftliches Forschungsprinzip (Gadamer 1965, 114). Die Aneignung eines Werkes schließt demnach die Aneignung seiner Wirkungsgeschichte ein.

Betrachtet man die Rezeptionsgeschichte von John Deweys „Demokratie und Erziehung", einem „Schlüsselwerk der internationalen Reformpädagogik" (Oelkers 1993, 3) in Deutschland, fällt zunächst auf, daß eine nennenswerte Rezeption nicht stattfand. *Ernst Hyllas* Übersetzung von 1930 wurde nach 1964 zunächst nicht wieder aufgelegt und war damit erst mit der Neuausgabe von 1993 wieder verfügbar.

Auch andere Werke *Deweys* erreichten die deutschen Pädagoginnen und Pädagogen bisher kaum. Von seinen mehr als 30 Monographien wurde die Hälfte nicht einmal übersetzt, und auch die Anzahl der Arbeiten über Dewey ist – gemessen an seiner Bedeutung im anglo-amerikanischen Raum – gering. Gleichwohl lassen sich pädagogische Publikationen der siebziger Jahre als Ausdruck einer vermehrten Dewey-Rezeption interpretieren, gefolgt von einem zweiten Schwerpunkt in den neunziger Jahren. Daß Dewey inzwischen in Deutschland ein „bekannter Unbekannter“ (Oelkers 1993, 3) geworden ist, hängt weniger mit der Rezeption seiner Werke als vielmehr mit der umfänglichen Rezeption von Werken über Projektunterricht, Unterrichtsprojekte, Projektlernen usw. zusammen. *Dewey* gilt gemeinhin als Begründer der Projektmethode, eine in dieser Form fragwürdige Zuschreibung und bemerkenswerte Rezeption, da „es in der fast unübersehbaren Literatur zum Projektunterricht keine Arbeit gibt, die der Frage nachgeht, was Dewey selbst zur Projektmethode gesagt hat. Alle Projektautoren [...] kennen den Essay ‚Der Weg aus dem pädagogischen Wirrwarr‘ (1931) [...] Aber der Essay wird nicht analysiert, und andere Textstellen werden nicht herangezogen. Die Autoren halten dies für überflüssig. Sie sehen sich im Schutze einer Tradition, die bis zu Peter Petersens Aufsatzsammlung ‚Der Projekt-Plan. Grundlegung und Praxis von John Dewey und Willliam Heard Kilpatrick‘ von 1935 zurückreicht“ (Knoll 1992, 89f.).

Was Michael Knoll hier beschreibt, ist nicht nur ein weit verbreitetes Phänomen, sondern auch ein ernst zu nehmender Hinweis darauf, wie Traditionen unseren Verstehenshorizont beeinflussen – und daß wir dies berücksichtigen sollten. Auch Wissenschaftsgeschichte kann „auf weite Strecken als Rezeptionsgeschichte gelesen werden“ (Link 1976, 89).

Mit Studierenden „Demokratie und Erziehung“ lesen?

Als ich erstmals ein Seminar zu Deweys „Demokratie und Erziehung“ anbot, erwartete ich – auch angesichts des Aufsatzes von Knoll –, daß die Studentinnen und Studenten John Dewey bisher im Kontext von Projekten wahrgenommen hatten. Es war in der Tat so; einige hatten vorab Dagmar Hänsels „Projektbuch Grundschule“ gelesen, andere Karl Freys „Projektmethode“. Sie waren später überrascht, daß in „Demokratie und Erziehung“ – zumindest in Hyllas Übersetzung – der Begriff „Projektmethode“ gar nicht auftaucht, zugleich aber mehrheitlich überzeugt, ein aufregendes Werk kennengelernt zu haben, das ihnen viel abverlangte, vor dessen Komplexität sie manchmal kapitulierten, über dessen Bedeutung sie intensiv diskutierten und das sie sich allmählich in ausgewählten Aspekten zu eigen machten.

Jeder wurde „Experte" für ein bis zwei Kapitel und weiterführende Fragen (Was ist unter Pragmatismus zu verstehen? Wie stellte sich der pädagogische Mainstream 1930 dar? Welche Erziehungsphilosophie war in Deutschland meinungsbildend? Und andere Gesichtspunkte.). Abgesehen von den einleitenden und abschließenden Seminarsitzungen wurden die Sitzungen von jeweils zwei Studierenden vorbereitet. Ihre Aufgabe war, ihr Kapitel und die damit einhergehende Frage, die größtenteils von den anderen Studierenden formuliert wurde, vorzubereiten und angemessen zu präsentieren. Dies implizierte Thesenpapiere, Visualisierungen, ergänzende Textpassagen.

Gelesen wurden die 26 Kapitel außerhalb der Seminarzeit, so daß diese für jeweils zwei Kapitelvorstellungen und Diskussionen zur Verfügung stand. Dennoch war dies ein sehr konzentriertes und anspruchsvolles Vorhaben, in dessen Verlauf die Studierenden sich zunehmend für Leben und Werk Deweys interessierten.

Fast im Widerspruch dazu kam zeitgleich eine Projektanfrage aus einem Unternehmen der Region, und einige Studierende aus eben diesem Dewey-Seminar gingen in die Projektgruppe.

Projektstudien

Im Kontext universitärer Reformkonzepte für das Lehramts- und Diplomstudium werden Projektstudien seit den siebziger Jahren diskutiert, ohne daß sie sich insgesamt durchgesetzt hätten (Preis 1998, 138ff.). Einer der Gründe liegt vermutlich darin, daß Projektstudien arbeits- und zeitintensiv sind. Fünf bis zehn Semesterwochenstunden sollte man – bei Studierenden wie bei Lehrenden – realistischerweise ansetzen. Die Semesterferien sind davon nicht ausgenommen, im Gegenteil: Ein Teil der Studierenden verbindet Pflichtpraktika mit Projekten und nutzt diese Zeiträume für Projekttätigkeiten.

Andererseits sollte man sehen, daß Projekte den Studierenden forschendes Lernen ermöglichen, die Reflexion und Transformation von theoretischen, projektbezogenen Wissens- und Kompetenzanteilen, Organisations-, Problemlösungs- und Kooperationserfahrungen, eben lernende Erfahrung im Sinne Deweys. Das von den Studierenden in Projekten erworbene Theoriewissen entspricht weniger einer Fachsystematik als vielmehr einem subjektiv strukturierten, anfänglichen Professionswissen. Zudem eignen sich die Studierenden Handlungs- und Methodenwissen an.

Nach Uwe Hameyer (1994, 60) erwerben sie in Projekten unter anderem Basisqualifikationen,

- Probleme fachkundig aufzuschlüsseln und einzugrenzen,
- aus analogen Problemen Schlüsse zu ziehen,
- Bedingungen der Umsetzbarkeit zu identifizieren,
- die eigene Kreativität zum realen Problem zu entfalten,
- Entscheidungsoptionen in eine Rangfolge zu bringen,
- Lösungsvarianten argumentativ zu vergleichen,
- produktionsorientiert zu lernen und zu arbeiten,
- Ergebnisse zu bewerten und die Standards offenzulegen,
- sich mit ill-structured-tasks auseinanderzusetzen und fertig werden zu können.

Ausbildungsqualität konstituiert sich – auch in der Lehrerbildung – nicht vor allem über Konzeptionen, sondern über deren gelungene Umsetzung. Projekte konfrontieren Studierende mit semantisch reichhaltigen, komplexen, schwach strukturierten Situationen, wie sie sie nachfolgend auch in ihrem pädagogischen Berufsalltag erleben werden. Und sie fördern soziale und kooperative Kompetenzen. Zumindest im Sinne einer komplementären und professionalisierenden Lehrerbildung scheinen sie nahezu unverzichtbar.

Nachdem Projektunterricht, Projekttage und -wochen zumindest zu ergänzenden Angeboten schulischen Lernens geworden sind, werden „Projekte" in Niedersachsen zudem für Lehramtsstudentinnen und -studenten obligatorisch. In der PVO heißt es dazu: „Die Auseinandersetzung mit den Lehr- und Lernbedingungen im Kontext gesellschaftlicher wie bildungspolitischer Entwicklungen wird für alle Lehrämter verpflichtend. In diesem Zusammenhang werden Leistungsnachweise aus Lehrveranstaltungen zu Informations- und Kommunikationstechnologien im Unterricht (Medienerziehung), zur ästhetischen Bildung und zu fächerübergreifenden Lernfeldern (Querschnittsaufgaben) gefordert. Verpflichtend ist ebenfalls der Nachweis über ein Projekt" (Begründung 1997, 5f.). Durchgeführt werden können solche Studienprojekte sowohl in den Studienfächern als auch in der Allgemeinen oder Schulpädagogik.

Was angehenden Lehrerinnen und Lehrern hier verordnet wurde, ist – unbeschadet der Skepsis gegenüber verordneten Innovationen – für die Diplom-Studenten zu empfehlen, denn „Projekterfahrung" hat bei Personalchefs einen hohen Stellenwert; die Einstellungschancen sind entsprechend größer. Dies spiegelte sich in einer Untersuchung, die ich 1996 gemeinsam mit Studentinnen in niedersächsischen Unternehmen durchgeführt habe (Heckt 1996, 10ff.). Auch diese Untersuchung war als zweisemestriges Forschungsprojekt mit einer Gruppe von fünf Studentinnen angelegt.

Zum universitären Rahmen

Was aber ist ein Projekt, und wie können Studierende eigene Projekte organisieren? Wie wird dort gearbeitet, was gelernt? Grundsätzlich ist Folgendes anzunehmen:

- Die Auswahl des (ggf. aus unterschiedlichsten Fachgebieten stammenden) Stoffes orientiert sich am zu lösenden Problem.
- Studierende und Lehrende sind am Lernprozeß beteiligt, sie organisieren während der Arbeit am gewählten Problem ihre Erfahrungen neu und erweitern so ihre individuellen Möglichkeiten.
- Denken und Handeln sind miteinander verbunden (Dewey spricht von „denkender Erfahrung"); Wissen wird durch Anwendung ausprobiert.

Dewey verlangt von den Lehrerinnen und Lehrern, daß sie die Interessen ihrer Schülerinnen und Schüler berücksichtigen, daß sie geeignete Sachlagen finden, die für sie zum „echten Problem" werden, anhand derer sie ihre Erfahrungen „wirklich" (und nicht im Sinne schulischer Rituale) erweitern können. Wenn man dies auf Hochschulen bezieht, ergibt sich folgender Rahmen:

- Das Thema für ein Studienprojekt ergibt sich entweder aus einer externen Anfrage, z. B. von einem Unternehmen am Hochschulort bzw. von einer Schule, die mit Studentenhilfe einer bestimmten Frage nachgehen möchte, oder aus einem intern, z. B. innerhalb eines Faches diskutierten Problem, dem einige Studierende gern nachgehen würden.
- Studierende und ihre Hochschullehrer und -lehrerinnen organisieren das jeweilige Projekt gemeinsam, wobei die Initiative und Durchführung bei den Studierenden liegt, die Hochschullehrer sind beratend und unterstützend tätig. Üblicherweise umfassen studentische Projektgruppen zwischen drei

und acht Mitglieder, die über einen Zeitraum von ein bis zwei Semestern zusammenarbeiten.

- Beim Projektlernen sind Theorie und Praxis miteinander verbunden, theoretisches Wissen erfährt einerseits erste Praxiserprobungen, andererseits muß es mit Blick auf das Problem erweitert werden. Projekte sind lern- und erfahrungsintensiv und fördern soziale, kognitive und organisatorische Kompetenzen.

Projekterfahrung in Unternehmen wie in Schulen erfüllt die in der Debatte zur Neukonzeption der Lehrerausbildung seit langem erhobenen Forderungen nach kontextualisierten, professionalisierenden Studienangeboten (vgl. Bayer u. a. 2000; Terhart 2000; Heckt 2001). Aber vielleicht verhält es sich tendenziell mit den Studienprojekten so wie mit der Dewey-Rezeption oder auch dem schulischen Projektunterricht: Sie erfolgen zeitversetzt und vor allem dann, wenn sie mit den Bedürfnissen einer großen Anzahl von Menschen nach einer anderen Art des Lehrens und Lernens, nach anderen Wertorientierungen oder Erziehungsphilosophien zusammenfallen.

Ein Studienprojekt mit der Volkswagen Coaching Gesellschaft

Externe Anfragen aus Schulen, Institutionen oder Unternehmen haben den Vorteil, daß es sich immer um „echte" Probleme handelt, und den Nachteil, daß diese oft umfangreich sind. Eine präzise Planung, gute Organisation, ein realistischer Zeitplan und eine ausreichende Gruppengröße (Aufgabenteilung) sind daher entscheidend für das Gelingen solcher Projekte.

Interesse von Projektpartnern aus Unternehmen an einer Zusammenarbeit mit den Hochschulen ist vorhanden. Unternehmen haben vielfältigen Evaluations, Beratungs- und Entwicklungsbedarf, in technischen wie in pädagogischen Bereichen. Oft wenden sie sich selbst an die örtliche Universität, manchmal ergreifen Hochschullehrerinnen und -lehrer die Initiative und treten mit einer entsprechenden Idee an ein Unternehmen heran. Zunächst erfolgt dann üblicherweise ein Informationsgespräch, an dem nach Möglichkeit auch schon Studierende beteiligt sein sollten.

Auf diese Weise bahnte sich auch ein Projekt mit der Volkswagen Coaching Gesellschaft mbH an. Es ging darum, nicht mehr zeitgemäße Ausbildungsunterlagen zu überarbeiten, die dann in allen VW-Standorten Deutschlands eingesetzt werden sollten. Für die Projektgruppe war das eine erhebliche Herausforderung. Im Frühjahr 1996 begann unsere Projektgruppe, bestehend aus sieben Studentinnen des Seminars für Allgemeine Pädagogik der TU Braunschweig (Nicole Rudolph, Theda Rutzen, Stefanie Schrader, Kathrin Matejka, Dunja Dehmel, Stephanie Koch, Andrea Vernaleken) und mir als Hochschullehrerin, sowie aus zehn Vertretern der Volkswagen Coaching Gesellschaft mbH, die „Konzepte 1–10“ inhaltlich, methodisch, didaktisch und gestalterisch zu überarbeiten. Diese Konzepte werden zur betriebsinternen Ausbildung angehender Facharbeiterinnen und -arbeiter für Metall- und Elektroberufe eingesetzt und enthalten Wissenswertes über Berufsausbildungsverträge, Fort- und Weiterbildungsmöglichkeiten, den VW-Konzern selbst, die Grundfunktionen der Volkswagenwerke, über Wirtschaftsverbände und Gewerkschaften, die Betriebsverfassungsrechtlichen Organe, Arbeits- und Tarifverträge, Arbeitsschutz und -sicherheit, Umweltschutz und Energie.

In unserer gemeinsamen Projektgruppe arbeitet aus jedem Standort ein Ausbilder mit, zudem der Wolfsburger „Leiter Qualifizierung/Beratung Kfz- und Maschinentechnik“ sowie der „Koordinator Aus- und Weiterbildung“, zum Projektbeginn und -abschluß zwei weitere Führungskräfte einer höheren Hierarchieebene. Die Studentinnengruppe hat regelmäßig während des Semesters und auch in den Semesterferien an den Konzepten gearbeitet. Vier Studentinnen haben während eines sechswöchigen Praktikums bei VW das Projekt vorangetrieben, so daß wir es zum Jahresende abschließen konnten. Nach der Freigabe durch den VW-Bildungsausschuß haben die Auszubildenden, Ausbilderinnen und Ausbilder die neuen Konzepte Anfang 1997 erhalten. Auch an den Präsentationen für die Ausbilder sowie an Kurztrainings zu den erforderlichen Lehr- und Lernmethoden (Moderationsmethode, Mindmapping u. a.) haben die Studierenden mitgewirkt. Diese stellten neben unserer gemeinsamen Reflexion den Abschluß des Projektes dar.

Bis es soweit war, verging für alle Beteiligten eine arbeitsintensive Zeit. Zunächst wurden die bisherigen Konzepte 1-10 kritisch gesichtet. Sie waren inhaltlich nicht mehr auf dem aktuellen Stand, sehr textlastig, weder lesefreundlich gestaltet noch handlungsorientiert, sprachlich schwierig und insgesamt wenig motivierend. Die Projektgruppe sammelte und sichtete vorhandene Materialien, Ausarbeitungen der Ausbilder, Broschüren, Lehrbücher, Geschäfts- und Umweltberichte; die Studierenden und ich hospitierten während einiger Unterweisungen, und wir unterhielten uns mit Auszubildenden und Ausbilderinnen.

Beim ersten gemeinsamen Arbeitstreffen erstellte die Gruppe einen Projektplan. Arbeitsteilig wurden Inhalte überprüft, reduziert und ergänzt. Für lerntheoretische und didaktische Fragen waren die Studentinnen nebst Hochschullehrerin verantwortlich und überlegten jeweils Lehr- und Lernmethoden für die einzelnen Konzepte, wobei die Selbständigkeit der Auszubildenden und die Methodenvielfalt der Ausbilder sowie die Vollständigkeit der Unterlagen Leitgedanken waren. Wenn also Textarbeit vorgeschlagen wurde, mußte ein entsprechend aufgearbeiteter Text mit Leitfragen usw. vorhanden sein, wenn Moderationstechniken eingesetzt werden sollten, mußten sie für Ausbilder und Auszubildende – sprachlich jeweils angemessen – so erklärt werden, daß diese danach arbeiten konnten. Die Hochschulgruppe entwickelte auch ein anderes, ansprechendes und lesefreundliches Layout. Durch Identifikationsfiguren, die Auszubildende bei VW entworfen hatten, gewann manche Textseite zudem an Reiz.

Die weiteren – meist zwei- bis dreitägigen – Arbeitstreffen in VW-Bildungsstätten dienten vor allem dazu, jedes einzelne Konzept Satz für Satz durchzugehen, die Inhalte leicht verständlich, d. h. auch kurz zu formulieren, Grafiken und Tabellen einzufügen und ergänzende Materialien, u. a. Videos, anzusehen und sie zu Medienhinweisen zusammenzustellen. Die Einleitung, den Ausbilderleitfaden, die didaktischen und methodischen Texte schrieb ich auf Wunsch der Projektgruppe neu, da die alten Konzepte dergleichen nicht enthielten, die Studentinnen verfaßten Sach- und Informationstexte, entwikkelten Tests zur Selbsteinschätzung usw., und die Ausbilder recherchierten Inhalte, versorgten die Hochschulgruppe immer wieder mit Materialien, Informationen, Videos, Büchern – und ihren Praxiserfahrungen.

Studienprojekte an Schulen

Über Schul- und Unterrichtsprojekte liegt inzwischen eine Fülle von Publikationen und damit ein Fundus für Studierende und Hochschullehrerinnen und -lehrer vor, um studienbezogene Projektideen zu entwickeln. Ihre sinnvolle fachdidaktische oder erziehungswissenschaftliche Einbindung ist allenfalls ein organisatorisches Problem. Ein schulbezogenes Studienprojekt durchzuführen, könnte für eine Studentengruppe beispielsweise bedeuten:

- das Erfassen (Beobachtung, Interviews usw.) von Schulhof- oder Schulwegproblemen an einer Schule, Erarbeiten von Vorschlägen, Regeln oder Maßnahmen zu ihrer Veränderung;
- Mitarbeit in schulischen Projektwochen (einschließlich Vorbereitungsphase) und Übernahme von Teilprojekten oder Angeboten;
- das Evaluieren von Schulentwicklungsprozessen auf Wunsch der Schule;
- mit eigenen Angeboten an eine Schule heranzutreten, etwa einen Internetkurs für Schülerinnen und Schüler oder Lehrer anzubieten, ihn didaktisch sinnvoll aufzubauen und seine Effektivität und Akzeptanz anschließend mit einem Fragebogen zu überprüfen;
- während des Studiums in einer universitären „Forschungswerkstatt" mitzuarbeiten und gemeinsam mit den daran Beteiligten aus Schule, Seminar und Universität Forschungsfragen zu entwickeln und zu bearbeiten (vgl. Feindt/Meyer 2000).

Für Studienprojekte, die von Studienfächern ausgehen, eignen sich viele Fragestellungen. Wichtig ist dabei, daß die Auseinandersetzung mit dem Projektthema aus studentischer Initiative heraus, selbstorganisiert, handlungs- und praxisorientiert erfolgt. Seminar- und Hausarbeiten sind nicht aus sich heraus schon Projekte, können aber im Kontext von Projekten entstehen, deren Ergebnisse dokumentieren und theoretisch fundieren. Mögliche Themen wären unter anderem:

- Angebot einer „Lesenacht" für eine Klasse (Lesedidaktik und -motivation, Textverständlichkeit und -auswahl, produktionsorientierte Verfahren, Vorbereitung eines persönlichen „Leseheftes" für jedes Kind, Organisation und Durchführung, Auswertung und theoretische Reflexion sowie didaktische Dokumentation der Lesenacht);
- Angebot eines Mathetages (Geometrie Rallye auf dem Schulhof oder im Park, Knobeleien für Kinder und Eltern, die schönsten Mathespiele o. ä., dafür Lehrplaninhalte und Lernvoraussetzungen der Kinder klären, Aufgaben entwickeln, Durchführung planen);
- Mitarbeit in einem Umwelt-, Theater-, Literatur- oder sonstigem Projekt (einschließlich Planungsphase) und Übernahme von Teilaufgaben (wie z. B. Erstellen eines themenbezogenen Videos gemeinsam mit den Schülerinnen

und Schülern, Proben für eine Präsentation oder Aufführung, gemeinsame Arbeit an einem Drehbuch, einer Dokumentation, Aufarbeitung unter fachwissenschaftlichen und -didaktischen Aspekten; dies könnte auch während eines Praktikums geschehen);

- Theoretische Aufarbeitung einer pädagogischen, lernpsychologischen, fachdidaktischen oder -wissenschaftlichen Fragestellung durch eine Studentengruppe und Überprüfung der so gewonnenen Arbeitshypothesen durch Beobachtungen, Befragungen etc. in der „Praxis" (Wie viele Minuten redet ein Lehrer in einer Unterrichtsstunde? Wie oft ruft er Mädchen, wie oft Jungen auf? Was bedeutet „Modellernen" für die Kommunikation im Klassenzimmer? Welche Möglichkeiten gibt es, um einen historischen Text auf motivierende Art mit Zehntklässlern zu lesen? Wie kann man Schülern Sprachwandel vermitteln? Was ist Stationenlernen?).

Projekte sollten sich aus aktuellen Anlässen oder Interessen ergeben und intensive Theorie-Praxis-Bezüge aufweisen. Die obigen Anregungen sollten insofern nur als Hinweise verstanden werden, was „machbar" ist, wie „eigene" Projekte aussehen könnten.

Anders verhält es sich mit der Frage, ob Studienprojekte notwendig sind. Sie sind es, wenn wir uns nicht vor allem auf äußere – und damit vielleicht falsche – Anregungen beim Umgang mit Kindern verlassen wollen, sondern ihre vorhandenen Kompetenzen stärken und ihre noch nicht vorhandenen in komplexen Lehr-Lern-Situationen entwickeln. Wer gelernt hat, daß er gemeinsam mit anderen Dinge bewältigen kann, die er sich allein nie zugetraut hätte, ist nicht nur als Persönlichkeit stärker geworden, sondern kommt vermutlich auch leichter über das hinweg, was er offenbar nicht oder auch bei großem Bemühen nur mittelmäßig kann.

Studienprojekte sind auch notwendig, wenn sich die schulische Lernkultur nachhaltig verändern soll; wenn „Lernen" nicht weitgehend aus – vermeintlich Zeit sparenden – Erklärungen bestehen soll, sondern aus zunehmend eigenständig strukturierten und verantworteten Lernprozessen. Lehrerinnen und Lehrer unterrichten nun einmal mehrheitlich so, wie sie selbst unterrichtet worden sind – wenn sie nicht in ihrer Ausbildung beeindruckend andere Lernerfahrungen machen, reflektieren und adaptieren.

Aber auch dann liefert Deweys Glaube an Erziehungsprozesse – und dessen Übertragung auf Lernprozesse –, die ihre Bedeutung in sich selbst tragen und keines von außerhalb gesetzten Zweckes bedürfen, keine didaktische oder methodische Anweisung. Vielleicht ist es aber jene Rekonstruktion von Erfahrungen, die Lehrende heute mehr denn je brauchen: das Vermögen, sich selbst beim Unterrichten über die Schulter zu schauen, die Kinder wahrzunehmen und sich nicht auf die Äußerungen über Kinder zu verlassen, die die pädagogischen Publikationen prägen.

Denn paradoxerweise wissen wir trotz der vorhandenen Wissensfülle, trotz der vielen bedeutenden Forschungsarbeiten über Kinder und ihre Lernprozesse (und auch über die von erwachsenen Lernern) nicht „mehr", sondern vielfach nur anderes. Und wieder anderes haben wir kollektiv vergessen oder verlernt. Dewey bietet uns Offenheit an, Prozesse, Rekonstruktion von Erfahrungen. Es ist nicht allzu überraschend, daß er heute zugleich als „einer der wichtigsten Wegbereiter der Organisationsentwicklung" (Gairing 1996, 21) und als bedeutender „pädagogischer Theoretiker" (Hänsel 1988, 15), als Begründer des „reflective teaching" (Dick 1992, 98) und des „Projektunterrichts" (Frey 1995, 41) wahrgenommen wird – wie fragwürdig dies unter rezeptionsgeschichtlichen Aspekten auch sein mag. Es sollte uns unseren derzeitigen und je eigenen Fragehorizont deutlicher werden lassen.

Denn wir wissen ja längst, daß wir der Wissensflut nicht mit dem Auswendiglernen von immer mehr Fakten begegnen können, daß wir Kooperationskulturen brauchen und Strategien zum Entlernen und Umlernen. Aber wir hängen an „unseren" Inhalten und Systematiken, Lehr- und Lernzielen, an unseren Curricula und Routinen, die die pädagogische Welt so überschaubar machten – und so lebensfern. Dewey bietet uns vor allem Prozesse an – und Fragen. Aber vielleicht hilft uns beides bei der Rekonstruktion von Schule, ist es unsere Aufgabe, die hier und heute Lernenden das Fragen zu lehren – und ihre Suchbewegungen zu bestärken, statt ihnen „unsere" Erklärungen aufzudrängen.

Literatur

Bayer, Manfred/Bohnsack, Fritz/Koch-Priewe, Barbara/Wildt, Johannes (Hrsg.): Lehrerinnen und Lehrer werden ohne Kompetenz? Professionalisierung durch eine andere Lehrerbildung. Bad Heilbrunn: Klinkhardt 2000.

Begründung zum Entwurf einer Neufassung der Verordnung über die Ersten Staatsprüfungen für Lehrämter im Lande Niedersachsen (PVO-Lehr I). Hannover 1997.

Campbell, James: Understanding John Dewey. Nature and Cooperative Intelligence. Pern (Illinois): Open Court Publ., 2. Aufl. 1996.
Dewey, John: Demokratie und Erziehung. Übersetzt von Ernst Hylla und herausgegeben von Jürgen Oelkers, Weinheim und Basel: Beltz 1993.
Dick, Andreas: Vom unterrichtlichen Wissen zur Praxisreflektion. Das praktische Wissen von Expertenlehrern im Dienste zukünftiger Junglehrer. Bad Heilbrunn: Klinkhardt 1994, 2. Aufl. 1996.
Feindt, Andreas/Meyer, Hilbert: (Hrsg.): Professionalisierung und Forschung. Studien und Skizzen zur Reflexivität in der LehrerInnenausbildung. Oldenburg 2000.
Frey, Karl: Die Projektmethode. 6. Aufl., Weinheim und Basel: Beltz 1995.
Gadamer, Hans-Georg: Wahrheit und Methode. Grundzüge einer philosophischen Hermeneutik. 2. Aufl. Tübingen: J. C. B. Mohr 1965.
Gairing, Fritz: Organisationsentwicklung als Lernprozeß von Menschen und Systemen. Weinheim: Deutscher Studienverlag 1996.
Giesecke, Hermann: Pädagogische Illusionen. Lehren aus 30 Jahren Bildungspolitik. Stuttgart: Klett-Cotta 1998.
Hameyer, Uwe: Pädagogische Projektstudien. In: Grundschule, Heft 10/1994.
Hänsel, Dagmar: Das Projektbuch Grundschule. 2. Aufl. Weinheim und Basel: Beltz 1988.
Heckt, Dietlinde Hedwig: Soziale und kommunikative Kompetenz – (k)ein Thema der Erziehungswissenschaften? In: Heckt/Jürgens 1996.
Heckt, Dietlinde Hedwig: Studieren als Professionalisierungsprozeß. Eine kritische Bewertung von Innovationsvorschlägen zur Lehrerausbildung unter Aspekten der Expertenforschung und der Institutionenökonomie (in Druck).
Heckt, Dietlinde Hedwig/Jürgens, Eiko (Hrsg.): Anders kommunizieren lernen. Braunschweig: Westermann Schulbuchverlag 1996.
Knoll, Michael: John Dewey und die Projektmethode. Zur Aufklärung eines Mißverständnisses. In: Bildung und Erziehung 45, Heft 1/1992.
Link, Hannelore: Rezeptionsforschung. Eine Einführung in Methoden und Probleme. Stuttgart: Metzler 1976.
Oelkers, Jürgen: Vorwort zur Ausgabe 1993. In: Dewey 1993.
Oelkers, Jürgen: Dewey in Deutschland – ein Mißverständnis. In: Dewey 1993.
Preis, Wolfgang: Vom Projektstudium zum Projektmanagement. Ein Werkzeugkasten für Theorie und Praxis. Freiburg: Lambertus 1998.
Suhr, Martin: John Dewey. Zur Einführung. Hamburg: Junius 1994.
Terhart, Ewald: Perspektiven der Lehrerbildung in Deutschland. Abschlußbericht der von der Kultusministerkonferenz eingesetzten Kommission. Weinheim/Basel: Beltz 2000.

Pamela von Rymon Lipinski

Ein pädagogisches Credo

Ich glaube, daß Erziehung, da sie schon so früh, vielleicht schon vor der Geburt des Menschen beginnt, sich immer an das Leben des jeweils einzelnen richtet. Dies bedeutet nicht, daß ich den gemeinschaftlichen Zusammenhang, in dem dieser jeweils einzelne lebt, außer acht lasse. Es geht vielmehr um die Wahrnehmung der Person in ihrer ganz individuellen innerlichen wie äußerlichen Situation.

Ich glaube, daß Erziehung erfolgreich ist, wenn sie es vollbringt, die Wertigkeit des Lebens zu vermitteln. Es gibt nichts Vergleichbares an den Menschen, außer der Tatsache, daß sie alle irgendwann geboren werden und in nicht absehbarer Zeit sterben. Das Leben findet für jeden an anderer Stelle statt, in einem eigenen Körper, vor allem aber in einem eigenen Gehirn. Äußere Umstände, sozialer Status, Elternhaus und der Umgang des Einzelwesens mit seiner Situation unterscheiden die Menschen und bereichern das Leben einer wie auch immer gearteten Gemeinschaft.

Leben bedeutet Teilhabe; wir werden alle in ein soziales Gefüge hineingeboren, welches sich glücklicherweise als keinesfalls statisch darstellt. Durch Leben und Teilhabe erlangen wir die Möglichkeit zu verändern oder einfach Gutes, natürlich im subjektiven Sinne, zu bewahren. Gleichheit gibt es nicht, wir haben, ob wir wollen oder nicht, alle nur dieses eine Leben, und das aber ist unseres. Ich sehe als Individuum, daß es auch andere Leben gibt; kann ich mich befreien von einer Bewertung, das andere Leben sei besser oder schlechter als meines, kann ich beginnen zu leben.

Folgen wir der Annahme, das Handeln des Menschen sei geprägt durch sein Macht- und Geltungsstreben, haben wir einen möglichen Motor für die dynamische bzw. aktive Teilhabe und somit für das Lernen. Ich glaube, daß jegliche nicht erfragte Informationsweitergabe zu unterbleiben hat, wenn wir wollen, daß ein Mensch lernt.

Für unser Leben wichtige Dinge integrieren wir von ganz allein und da in der Regel „Leben“ oder auch „Überleben“ unser Ziel ist, werden wir danach streben, Problemlösungsstrategien und voran das Erkennen von Problemen und deren Bewertung im Sinne ihrer Relevanz für unser Leben zu entwickeln. Da zu unserem Leben auch das Leben anderer, sprich unserer Gemeinschaft gehört, der wir zuträglich sein wollen, ist die einzige Frage an Individuen, ob sie neben sich andere Individuen ertragen können, die einen stärkeren oder schwächeren Geltungsdrang haben. Es ist für eine Gemeinschaft von größter Bedeutung, was sie bereit ist, zu tragen. Hierüber sollte eine gewisse Einigkeit bestehen. Deshalb spreche ich in diesem Zusammenhang nicht von „Gesellschaft", da dieser Ausdruck im alltäglichen Sprachgebrauch, wenn nicht gerade eine „Abendgesellschaft" oder ähnliches, so immer etwas Großes, kaum Überschaubares bezeichnet. Eine Gemeinschaft muß sich darüber im klaren sein, ob sie bereit ist, Mitglieder zu tragen, die weniger oder gar nicht leistungsfähig bzw. -willig sind, und ob „Leben" ihr höchster Wert ist oder nicht.

Vorläufig zusammenfassend glaube ich, daß Erziehung durch Gemeinschaft geschieht. Einzelwesen eignen sich die Verhaltensregeln und Kulturgüter ihrer Gemeinschaft an, um teilhaben zu können. Interesse entsteht demnach aus „noch nicht wissen oder können" und dem „wissen und können wollen". Aufgabe des Erziehers ist es folglich, zuerst selber leben, teilhaben und Wege anderer mitgehen zu wollen. Es ist seine Aufgabe, Gemeinschaft innerhalb seiner Institution möglich zu machen.

Ich glaube, daß Schule ein Ort ist, an dem Erzieher und Kinder eine potentielle Gemeinschaft für sich vorfinden. Der Vorteil dieser Einrichtung ist es, Kindern die Welt größer zu machen, indem ihnen ein anderer sozialer Zusammenhang geboten wird als der familiäre oder nachbarschaftliche. Sie können sich als Einzelwesen öffentlicher sozialer Zusammenhänge erleben.

Ich glaube, die Schule sollte kein Ort der Separation sein. In diesem Sinne sollte sie ein Ort höchstmöglicher Toleranzbereitschaft seitens aller Teilnehmenden sein, an welchem alle geduldet oder vielmehr erwünscht sind, die in irgendeiner Weise teilhaben wollen. Da niemand sich freimachen kann von seiner eigenen Sozialisation, wird Schule immer ein Abbild bestehender und sich wandelnder, vielleicht auch antiquierter Gesellschaften, Gemeinschaften oder einfach zeitgeschmacksorientierter Lebensweisen sein.

Wichtig ist es daher, das Leben als obersten Wert einzusetzen; in der Einrichtung Schule müssen die unterschiedlichsten Menschen miteinander bestehen und dabei die Möglichkeit bekommen, zu lernen.

Ich glaube, daß das Schulleben bereichert würde, gewährte man den Kindern die Freiheit zu lernen, wann und was sie wollen. Natürlich taucht an dieser Stelle die Frage nach dem „Wie denn?“ auf. Es ist sicherlich Angst jedes Pädagogen, daß aus Freiheit das große Chaos erwächst; ein Wust von Einzelinteressen und ein Haufen kleiner Egozentriker, die aus ihrer Freiheit heraus dem durchaus mutigen Pädagogen die Nerven blank putzen, ihren Egozentrismus bis weit in ihr Erwachsenenleben tragen und Gemeinschaft unmöglich machen auf alle Zeit...

Ich glaube, daß es Möglichkeiten gibt, Unterricht strukturell so offen zu lassen, daß er von Kindern als freie Zeit zum Lernen genutzt werden kann, ohne daß dabei chaotische Zustände entstehen. Themen der Kinder können auf Klassenversammlungen besprochen werden, ebenso kann der Erzieher Vorschläge machen. Es wird sich ein reichhaltiges Angebot ergeben, welches aus der jeweils der Situation angemessenen Wißbegier der Kinder hervorgeht.

Ich glaube, daß das „Wann“ einen entscheidenden Einfluß auf die Integration eines Lerninhaltes hat; das „Wann“ ist meiner Meinung und Erfahrung nach für jeden Menschen an einem anderen Zeitpunkt angesiedelt. So wird es sich ergeben, daß manches Kind sich früher, ein anderes später, oder eines sich gar nicht für einen bestimmten Sachverhalt interessiert.

Von zentraler Bedeutung ist es, daß Lernen mit allen Sinnen und kognitiven wie motorischen Möglichkeiten erkannt und anerkannt wird. Bewertung sollte nicht in dem Abfragen von Wissen, sondern in der Beobachtung der Auseinandersetzung mit der Arbeit stattfinden, wenn überhaupt.

Die Inhalte der schulischen Erziehung, so habe ich bereits oben bemerkt, sollten sowohl von den Kindern als auch von der Erzieherpersönlichkeit in das Unterrichtsgeschehen getragen werden; auf welche Weise diese Bearbeitung finden, sollte allerdings von den Kindern selbst entschieden, möglicherweise durch den Erzieher angeregt sein. So ist es hierbei entscheidend, daß der Erzieher sich zurückhält, aber eine Auswahl weiterer Informationsquellen und Erfahrungsbereiche anregt.

Ich glaube, daß gemeinsames oder alleiniges Arbeiten an Themenbereichen genügend Anregung zum Erlernen der Kulturtechniken bietet; so ist das Schreiben notwendig, um Informationen über größere Distanz zu transportieren, etwas vom Gedächtnis auf Papier zu übertragen, Zählen und Rechnen ergeben sich beispielsweise aus der Notwendigkeit Einkaufen zu gehen oder etwas zu planen und zu bauen, Lesen ergibt sich auch in der derzeitigen Praxis zahlreicher Schulen aus den bereits angeeigneten Schreibkenntnissen. Das Lesen von Büchern wird sich ergeben aus dem Durst nach bestehendem Wissen der Menschheit und dem Hunger nach Geschichten, die zugegebenermaßen heute oftmals vom Fernseher oder Kassettenrekorder erzählt werden, allerdings ist das Erleben beim Lesen ein anderes (tieferes).

Die naturwissenschaftlichen Wissensgebiete eröffnen eine Vielzahl von Möglichkeiten, sich als wißbegierige Gemeinschaft auf den Weg hinaus aus dem Schulgebäude zu begeben, die Welt kennenzulernen. Ich stelle mir vor, wie ergebnisreich es für den Erzieher sein kann, sich von den Kindern auf diesem Weg leiten zu lassen und selbst Dinge neu kennenzulernen, die zuvor unbekannt waren oder immer von ganz anderer Seite erlebt wurden. So können Erzieher wachsen an der Weise, wie Kinder auf die Welt zugehen, und gleichzeitig ihr Wissen von der Welt in das Geschehen einbringen, sofern sie nichts vorwegnehmen.

Ich glaube, daß es so etwas wie die Bildung des „Volkscharakters" nicht geben kann. So kommt es, daß wir heute alle, trotz der doch recht einheitlichen Erziehung, die wir genießen durften, so herrlich unterschiedliche Verhalten und Intelligenzen zeigen.

Ich glaube, daß Erziehung im bisherigen Sinne immer bereits vorhandene Machtstrukturen repliziert hat; es ist vorbestimmt, welches Wissen das „allgemeine" und abfragbare sein soll, die Kriterien der Leistungsbewertung sind relativ starr, Chancengleichheit sozialer und persönlicher Art wird sie niemals hervorbringen können. Somit ist es vergebliche Liebesmüh' zu erwarten, daß sich innerhalb einer Lebensspanne entscheidende soziale oder gesellschaftliche Veränderungen ergeben, denn viel zu sehr haben wir uns alle auf die gegebenen, (vor-)gelebten Strukturen der scheinbaren Sicherheit verlassen. Veränderung stellt immer ein Wagnis dar, ist verbunden mit existentiellen Ängsten, und welche Angst ist größer, als jene um die folgende Generation.

Ich glaube, will die Erziehung einen sozialen Fortschritt ermöglichen, muß sie die Köpfe der Menschen vorbereiten, muß sie ein breites Spektrum an Lebensanschauungen zulassen und frei sein von jeder Bewertung dessen, was die stereotypen Inhalte des Wissens sein sollten. Ferner glaube ich, daß es nicht Gegenstand der Erziehung sein darf, sozialen Fortschritt planend zu erzwingen, sie kann leicht mißbraucht werden. Der Erzieher ist ein mächtiger Mensch. Die Macht des Erziehers sollte nichts erreichen als die Befreiung der Kinder von der Angst ihrer Eltern, der Angst vor dem Leben und seinen Möglichkeiten.

Es ist von nicht so großer Bedeutung, was die Kinder hervorbringen sollten, sondern was sie hervorbringen können; dies allerdings mag innerhalb unserer begrenzten Vorstellungskraft nicht hoffnungsvoll genug hervorscheinen. Ängstlich formend mischen sich alle Erziehungspersonen in das individuelle Lernverhalten der Kinder ein, in die Richtung, welche auch ihre eigene war. So kann es nicht Aufgabe der Schule sein, die Kinder ihren Eltern zu entfremden oder die Eltern mit allzu Fortschrittlichem zu erschrecken, doch wie sollen wir verändern, wenn die Zeit dazu nicht reif scheint, wenn wir es uns schon allzu bequem gemacht haben in diesem scheinbaren Wohlstand und der Sicherheit des zu beschreitenden Weges?

Ich glaube, daß es nicht zufällig ist, wenn sich pädagogische Veränderungen und damit gesellschaftliches und soziales Vorankommen in der Geschichte immer nur in Mikrokosmen vollzogen haben. Internatsschulen und Waisenhäuser scheinen vor allem für sich manchmal eine neue Gemeinschaftsform gefunden zu haben, in welcher Freiheit des einzelnen und Gemeinschaftsleben ihren Platz fanden. Nicht zufällig auch starben mit den Idealisten, den mutig Zulassenden, auch die Ideen ... was hilft die Freiwilligkeit in der Schule dem Kind, das daheim gehetzt wird? Kurzum, was hilft die Freiheit, die erzwungen ist, und eine Entwicklung, die unerwünscht bleibt?

Ich glaube, in der Zukunft wird sich uns Erziehung weiterhin in verschiedensten Ausgestaltungen zeigen. Der Fortschritt dadurch wird vermutlich zunächst in der weiteren Differenzierung der Menschen als Persönlichkeiten bestehen und in ihrem jeweiligen Anspruch an sich, ihre Gemeinschaft und das Leben als solches deutlich werden.

Ich glaube, daß wir weiterhin angewiesen sind auf den Mut und Erfindergeist einzelner Pädagogen, die uns aufmerksam machen auf das, was möglich ist, und die unser Verlangen nach dem unbekannten, bislang unbeschrittenen Weg stärken. Das Ergebnis einer jeden Erziehung wird sich in den Einzelwesen zeigen, denn die Bildung des Charakters ist vor allem abhängig von der Art des Individuums, mit den auf es einwirkenden Kräften umzugehen. Vielleicht ist es das, was eine „Pädagogik für alle“ so schwierig werden läßt, der Anspruch des einzelnen darf nicht eingeebnet werden.

Sonja Alberts

Zur Praxis in Deweys Laborschule

Als John Dewey sein pädagogisches Credo im Jahre 1897 formulierte, war dies mehr als ein weiteres Manifest mit theoretischem Charakter über die Möglichkeiten reformerischer Schulgestaltung. Seit 1894 stand Dewey an der Universität von Chicago dem Fachbereich für Philosophie, Psychologie und Erziehungswissenschaft vor. Zu dieser Zeit hatte er bereits viele grundlegende Aspekte seiner erziehungsphilosophischen Vorstellungen entwickelt. Was fehlte, war die praktische Erprobung dieser auf philosophischer und psychologischer Grundlage entwickelten Lehr- und Lerntheorien. Dewey empfand es dabei als ein schweres Defizit, daß die Erziehungswissenschaftler, anders als Naturwissenschaftler oder Ingenieure in ihren Laboratorien, an der Universität selbst keine Möglichkeit hatten, die Realisierbarkeit ihrer Theorien zu testen, diese gegebenenfalls zu revidieren und durch praktisches Experimentieren zu neuen Erkenntnissen zu gelangen. Diesem Mißstand sollte ein Labor für Erziehungswissenschaftler abhelfen – eine Laborschule, in der mit Kindern und Jugendlichen aller Altersstufen ein zusammenhängendes Bildungskonzept entwickelt werden sollte. Im Januar 1896 war es soweit: In einem Privathaus wurde die Laborschule eröffnet, sie bestand aus 16 Kindern und zwei Lehrkräften. Die Unterstützung der Universität bestand aus Unterrichtsstunden graduierter Studenten, weitere finanzielle Zuwendungen gab es nicht. Nach einer Testphase von einem halben Jahr ermöglichte eine private Geldspende den Umzug in ein geeigneteres Gebäude bei gleichzeitiger Neuorganisation des Unterrichts.

Die Laborschule konnte nun in der von Dewey und seinen Kollegen angestrebten Weise ausgebaut werden. Die Zahl der Schüler, Schülerinnen und Lehrkräfte wuchs ständig, so daß im Januar 1897 ein erneuter Umzug nötig war. Im Oktober 1898 schließlich wurde die Schule offiziell der Universität angegliedert und bezog das Gebäude in 5412 Ellis Avenue, wo sie bis zum Jahre 1902 blieb. Die Schülerzahlen wuchsen hier von 82 auf 140, und es wurde zusätzlich zum Schulbetrieb ein Vorschulbereich für Vier- bis Fünfjährige eingerichtet. An der Schule waren 23 Lehrerinnen und Lehrer beschäftigt, außerdem 10 graduierte Studierende, die als Assistenten arbeiteten.

Der Zeitrahmen der Laborschule macht deutlich, daß das pädagogische Glaubensbekenntnis Deweys genau in die Zeit fällt, in der die Laborschule ihm erste Erfahrungen bei der praktischen Umsetzung seiner Unterrichtstheorien ermöglichte. Und diese Erfahrungen waren trotz der vielfältigen organisatorischen und auch finanziellen Probleme vielversprechend. Deweys Text ist also alles andere als bloße Theorie, gesehen durch die rosa Brille. Der emphatische Optimismus, der die wenigen Seiten durchdringt, wurde durch praktische Erfahrung gestützt.

Es ging Dewey bei der Arbeit mit der Laborschule aber keineswegs darum, Theorie und tägliches Schulleben in jedem Fall zur Deckung zu bringen. Versuche in dieser Richtung hielt er für problematisch:

„Beschäftigt man sich mit den Prinzipien, die schulischen Aktivitäten zugrunde liegen, so ist es einfach, besonders nachdem Jahre verstrichen sind, in eine Feststellung hineinzulesen, was man durch spätere Erfahrung gelernt hat. Eine weitere Gefahr, die ernsthafter ist und schwieriger zu vermeiden, liegt in der Lücke zwischen jeder formalen Aussage über Prinzipien und Idealen und der Weise, wie die Dinge sich in der tatsächlichen Praxis entwickeln, sowie der Versuchung, letztere zu idealisieren, indem eine größere Konformität mit theoretischen Prinzipien angenommen wird, als erreicht wurde. Die konkreten Umstände des Schullebens bringen viele Faktoren ins Spiel, die nicht vorhergesehen und in der Theorie berücksichtigt wurden. Diese ist so formal und statisch, wie das Leben der Lehrer und Kinder in der Schule bewegt und vital ist.
Die angegebenen Prinzipien sollten nicht als definitive Regeln dienen für das, was in der Schule gemacht wurde. Sie lieferten eine Sichtweise und gaben die Richtung an, in die man sich bewegen wollte. Nicht nur das konkrete Material, die Themen, mit denen sich die Schüler beschäftigten, auch die Lehrmethoden wurden während des Schulbetriebs selbst entwickelt. [...] Material und Methoden, die bei einer Gruppe von Kindern funktionierten, führten bei einer anderen Gruppe, deren Fertigkeiten und Fähigkeiten als in etwa gleich anzusehen waren, nicht zu denselben Ergebnissen, so daß ziemlich radikale Veränderungen eingeleitet werden mußten, während der Unterricht vonstatten ging“ (Dewey, zitiert nach Mayhew/Edwards 11f.).

Grundlage aller Aktivitäten der Laborschule war der Versuch, die Trennung, die in der traditionellen Schule zwischen der Schulwelt und der häuslichen Alltagswelt bestand, aufzuheben. John Dewey bemerkt dazu:

„Das bedeutet nicht, wie es manchmal interpretiert wird, daß das Kind in der Schule Dinge studieren soll, die es schon zu Hause gelernt hat, sondern daß es, soweit wie möglich, in der Schule die gleiche Einstellung und Sichtweise haben soll wie zu Hause; daß es mit dem gleichen Interesse in die Schule geht, weil es dort Dinge findet, die um ihrer selbst willen wert sind, getan zu werden, und die genauso interessant sind wie die Spiele und Beschäftigungen zu Hause und in der Nachbarschaft. Nochmals, in der Schule sollten die gleichen Beweggründe, die das Kind arbeiten und wachsen lassen, gebraucht werden wie zu Hause, damit es nicht das Gefühl hat, es hätte eine Sorte von Vernunftgründen, die zur Schule gehört, und eine andere, die zu Hause gebraucht wird“ (Dewey, a. a. O., 24f.).

Das Leben in der Schule sollte für die Kinder eine Weiterentwicklung ihres häuslichen Lebens sein, und genau wie zu Hause sollten sie auch in der Schule erleben, welch wichtige Rolle jedem einzelnen Kind innerhalb des Gruppengeschehens zukommt. Die Erkenntnis, daß Gruppenerfahrung beim Lernen eine entscheidende Bedeutung hat, war lernpsychologisch neu:

„Diese neue Psychologie erkannte, daß der normal funktionierende Geist des Kindes in einer ausschließlich physischen Welt nicht arbeiten oder sich entwickeln kann. Er verlangt, zusätzlich zu einem kontinuierlichen Stimulus durch Erfahrungen aus erster Hand, den des Kontaktes mit anderen Köpfen und sozialen Vermittlern, und er bedarf des Rückgriffs auf das angesammelte Wissen und die vergangenen Erfahrungen des Menschengeschlechts. Mit anderen Worten, eine erzieherische Schule muß eine soziale und intellektuelle Umwelt genauso bereitstellen wie eine physische [...]“ (Dewey, a. a. O., 22).

In der Laborschule war man der Ansicht, daß aller Lernstoff in einer logischen Verbindung zueinander stehen soll, und zwar in der Weise, die für das Kind in seiner gegenwärtigen Situation einen unmittelbaren Gewinn und Nutzen bedeutet. Es ging darum, den natürlichen Wunsch der Kinder nach Wissen und Können situativ angemessen zu fördern und zu lenken, nicht um die Akkumulation von „großen Mengen an Informationen, die für es [das Kind] nutzlos sind, oder das Erlernen von Fähigkeiten, von denen man ihm sagt, daß sie in der weit entfernten Zukunft nützlich sein könnten, irgendwann, irgendwo“ (a. a. O., 21). Es sollten also keine vorgegebenen Lehrpläne abgearbeitet werden, sondern alle schulischen Aktivitäten – die durchaus mit klassischen Lerninhalten identisch sein konnten – sollten sich für die Kinder logisch folgerichtig aus einem sinnstiftenden Mittelpunkt ergeben. Diesen Mittelpunkt bildeten an der Laborschule die „Konstruktionstätigkeiten“, nämlich Kochen, Textil- und Holzbearbeitung. Für jeden Bereich wurden ein bis zwei Wochenstunden veranschlagt, außerdem bereitete jede Kindergruppe (Lerngruppengröße in der Laborschule: 8-12) einmal wöchentlich ihr Mittagessen selbst zu, bei dem auch Gäste bewirtet wurden. Das Bedürfnis, diese für das menschliche Leben fundamentalen Tätigkeiten immer besser ausführen zu können und allen Fragen und Problemen, die sich im Zusammenhang damit ergeben, auf den Grund zu gehen, soll die Schülerinnen und Schüler (Jungen und Mädchen wurden gleich behandelt) motivieren, immer mehr über die Dinge erfahren zu wollen.

> „In der Tat bestätigt Erfahrung die Aussage, daß händische Arbeit, in Menge und Vielgestalt, die einfachste und natürlichste von allen Möglichkeiten ist, auf seiten des Kindes eine Einstellung aufrechtzuerhalten, bei der sich Bemühen und Interesse miteinander verbinden“ (Dewey, a. a. O., 28).

Durch die ständige Rekursion auf praktische und konstruierende Tätigkeiten sollte für die Kinder ein direkter Zweck und damit die unmittelbare Sinnhaftigkeit ihres Tuns immer klar erkennbar bleiben.

> „Für echte intellektuelle Entwicklung ist es unmöglich, den Erwerb von Wissen von seiner Anwendung zu trennen. Die Trennung zwischen Gelerntem und seinem Gebrauch ist der ernsthafteste Mangel unserer existierenden Erziehung. Ohne ein Bewußtsein bezüglich der Anwendung hat das Lernen für das Kind kein Motiv. Auf diese Weise gelerntes Material ist von den tatsächlichen Bedingungen des Lebens des Kindes getrennt, und es entsteht eine fatale Spaltung zwischen schulischem Lernen und lebendiger Erfahrung – eine Spaltung, die sich in der gesamten geistigen und moralischen Einstellung widerspiegelt“ (a. a. O., 33).
> „Es ist nicht die Absicht dieser Schule, daß, wie behauptet wurde, die Kinder das Backen und Nähen in der Schule lernen und das Lesen, Schreiben und Rechnen zu Hause.“ (a. a. O., 26).

Auch in der Laborschule lernten die Kinder lesen, schreiben und rechnen. Diese Fächer wurden aber nicht separat gelehrt, sondern ergaben sich aus der situativen Notwendigkeit. Damit waren diese Unterrichtsgegenstände nicht in isolierten Fächern untergebracht, sondern bekamen Werkzeugcharakter: Beim Kochen von Getreidespeisen standen die Kinder vor dem Problem, die benötigte Wassermenge zu bestimmen. Dabei entdeckten sie, daß die Masse eines Stoffes nicht identisch ist mit seinem Volumen. Durch das Abmessen und Abwiegen wurden die Kinder mit Rechenoperationen und deren schriftlicher Fixierung vertraut. Weil sie die Funktionsweise der Balkenwaage kannten (einfache Waagen wurden in der Holzwerkstatt selbst gebaut), konnten sie das direkt erfahrene Prinzip des Gleichgewichts auf beiden Seiten auf das abstrakte Konzept der Rechengleichung übertragen. Beim Beobachten der Wirkung von Wasser und Hitze auf die Nahrungsmittel konnten sie viele chemische und physikalische Zusammenhänge entdecken, die sie die Vorgänge der Speisenzubereitung verstehen ließen und damit einfacher machten.

Es galt zu der damaligen Zeit als sehr ungewöhnlich, bereits im Primarbereich zu experimentellem Arbeiten auf chemischem und physikalischem Gebiet anzuleiten. Die akzeptierte Form der Einführung in die Naturwissenschaften bestand in der Beobachtung von Pflanzen und Tieren.

Obwohl Strom aus der Steckdose noch nicht zum Alltag gehörte, wurde an der Laborschule mit Elektrizität experimentiert, und die vergleichsweise junge Wissenschaft Chemie begann gerade erst, das tägliche Leben der Menschen einschneidend zu verändern. Vor diesem Hintergrund ist die Berücksichtigung dieser Themengebiete besonders bemerkenswert.

Bücher wurden in der Laborschule auch benutzt, aber nur, wenn die Situation es gebot:

> „Bücher und die Fähigkeit zu lesen werden deshalb einzig als Werkzeuge betrachtet. Das Kind muß lernen, sie zu benutzen, genauso wie es andere Werkzeuge benutzen würde. Das bedeutet, daß es bereits eine Vorstellung entwickelt haben soll, wozu sie gut sind, und daß es eine Absicht im Blick hat oder ein Motiv, um sie zu benutzen, und daß das tatsächliche Lesenlernen aus diesem Motiv erwächst.[...] Sobald das Kind eine Vorstellung davon hat, wozu Lesen gut ist, und eine gewisses Maß an technischer Mühelosigkeit erworben hat, wird es mit gedrucktem Material versorgt, nicht als Lehrbuch, sondern als zusätzliches Werkzeug in seiner Ausrüstung. [...] Außerdem wirft der Gebrauch von Büchern als reinen Texten den Geist in eine passive und absorbierende Haltung. Das Kind lernt, anstatt zu fragen und zu forschen" (a. a. O., 28).

Lernen im Sinne von zusammenhangloser Wissensakkumulation, wie es durch den unkritischen Einsatz von Lehrmaterial gefördert wird, lehnte Dewey ab. Der Wissenserwerb sollte vielmehr durch eigenes Befragen des Gegenstandes motiviert sein: „inquiring" statt „acquiring" (a. a. O., 34).

Die Aufgabe der Lehrerinnen und Lehrer der Laborschule bestand darin, die Kinder bei der konstruierenden Arbeit zu unterstützen und sie im Zusammenhang mit den sich ergebenden Fragen und Problemen zu neuen, weiterführenden Arbeiten anzuregen.

> „Deshalb ist es die Aufgabe derjenigen, die unterrichten und anleiten, diese Aktivitäten zu lenken und sie so zu systematisieren und zu organisieren, daß sie nicht dem Zufall überlassen werden und planlos umherschweifender Art sind, wie sie es beim häuslichen Kinderspiel zu sein pflegen. Es ist eines der schwierigsten Probleme, die Kinder in die Lage zu versetzen, kontinuierlich und mit Bestimmtheit zu arbeiten, und ihnen zu helfen, von einer Phase einer Aktivität zur nächsten überzugehen“ (a. a. O., 28).

Zunächst war geplant gewesen, möglichst alle schulischen Aktivitäten durchgehend von einer Lehrerin betreuen zu lassen, um dadurch dem Unterrichtsgeschehen die nötige Kontinuität und größtmögliche Kohärenz zu ermöglichen. Die Erfahrungen der Anfangsphase zeigten jedoch, daß das angestrebte breitgefächerte Spektrum der Laborschule die meisten Lehrkräfte überforderte:

> „Wenn handwerkliches Training, Kunst, Naturwissenschaften und Literatur unterrichtet werden sollen, ist es eine physische und geistige Unmöglichkeit, daß eine Person in allen diesen Arbeitsgebieten kompetent sein soll. Oberflächliche Arbeit in manchen von ihnen wird die Folge sein, und das Kind, da es kein Modell des fachmännischen Arbeitens hat, dem es nacheifern kann, eignet sich nachlässige und fehlerhafte Arbeitstechniken an“ (a. a. O., 36).

Die einzelnen Fachgebiete wurden deshalb durch Fachlehrer betreut („Spezialisten durch Vorlieben und Ausbildung“), die durch ständige Kooperation untereinander Zusammenhanglosigkeit und Zersplitterung des Unterrichts vermeiden sollten. Besonders im naturwissenschaftlichen Bereich erschien Dewey die qualifizierte Betreuung ganz besonders wichtig:

> „Es war angenommen worden, daß jedes Phänomen, das ein Kind interessiert, gut genug wäre, und daß, wenn das Kind angeregt und aufmerksam würde, dies alles wäre, was man erwarten könne. Es ist jedoch genauso nötig, daß das, was es erreicht, Wahrheit sein soll, und nichts anderem untergeordnet. Das Training der Beobachtung, indem man das Kind Falsches sehen läßt, ist nicht so wünschenswert, wie es manchmal gedacht worden ist. Die Schwierigkeit, naturwissenschaftliche Arbeit von anderen als denen präsentieren zu lassen, die Spezialisten waren, führte ebenfalls zu der Veränderung [d. i. Einführung von Fachlehrern] bezüglich anderer Fächer“ (a. a. O., 35f.).

Im Laufe der Jahre wurden aufgrund der gewonnenen Erfahrungen ständig Veränderungen und Verbesserungsversuche am Unterricht vorgenommen. Die für die Laborschule von Anfang an grundlegenden Prinzipien blieben jedoch unverändert, denn sie hatten sich in der Praxis bewährt. Als Dewey sich im Jahre 1904 gezwungen sah, die Laborschule aufzulösen, war dies die Konsequenz einer administrativen Fehlentscheidung: Um dem dauernden Geldmangel ein Ende zu setzen, war die Laborschule mit einer anderen, großzügig mit Stiftungsgeldern ausgestatteten Schule vereinigt worden. Dewey sollte die neue vereinigte Schule leiten, es sollte ihm zugemutet werden, daß der Vertrag von ihm verlangte, binnen eines Jahres einen Großteil der Lehrerschaft der alten Laborschule zu entlassen. Daraufhin gab Dewey die Leitung der Schule und sein akademisches Amt auf. Das besondere Konzept der Laborschule wurde von da an nicht weitergeführt.

Die Schüler mußten daraufhin auf Schulen überwechseln, in denen eher konventionell unterrichtet wurde, und obwohl ein Großteil von ihnen nur den Laborschulunterricht kannte, gelang ihnen der Wechsel mühelos (a. a. O., 18).

Den Kern der Laborschularbeit bildeten die Konstruktionstätigkeiten. Das Ziel, sie auszuführen, war die Gegenwart, für die es sich zu lernen lohnte.

Alle praktischen Überlegungen, eine Didaktik zu entwickeln, die auf den Erfahrungen der Laborschularbeit aufbaut, müssen also von diesem Grundgedanken ausgehen. Eine bloße Handlungsorientiertheit des Unterrichts reicht dafür nicht aus, denn ein Unterricht, der das Konstruieren selbst zu seinem eigentlichen Zweck erklärt, ist etwas qualitativ anderes.

Die von W. H. Kilpatrick entwickelte Projektmethode versucht, einen solchen qualitativen Wechsel zu ermöglichen. Das Problem bei der Umsetzung im derzeitigen Schulalltag ist jedoch, neben der Gefahr einer zu starken Schematisierung, der hohe zeitliche und organisatorische Aufwand, den komplexere Projekte mit sich bringen.

Zu den Konstruktionstätigkeiten der Laborschule zählten neben den handwerklichen Tätigkeiten auch Arbeiten mit Papier, Pappe und Farben, die dem künstlerischen Ausdruck dienen sollten.

Wirft man einen Blick in moderne deutsche Grundschulen, so scheint an solcherart konstruierenden Tätigkeiten kein Mangel zu herrschen. Eingangshallen, Flure und Klassenräume sind voll mit Bastelarbeiten, Bildern und anderen künstlerischen und handwerklichen Objekten. Ihre Herstellung findet aber meist neben dem Kernunterricht statt, ein typisches Beispiel sind die unzähligen Bastelarbeiten zu Weihnachten, Ostern und anderen Festtagen. Allenfalls kommt den Tätigkeiten eine illustrierende Funktion zu: Wenn z. B.

das Thema „Fische“ behandelt wird, malt jedes Kind einen bestimmten Fisch aus dem Buch ab, der dann mit Namen versehen an die Pinnwand geheftet wird. Beim Thema Magnetismus werden die mittels Eisenspänen sichtbar gemachten Feldlinien gezeichnet, wie sie um einen Stab- oder Hufeisenmagneten verlaufen, außerdem dürfen die Kinder ausprobieren, wie nützlich Magnete beim Wiederfinden von Stecknadeln oder bei der Trennung magnetisierbarer Metallteile von anderen Materialien sind.

Einen vielversprechenden Ansatz, wenigstens in einem kleinen Rahmen auch im gewöhnlichen Schulalltag die konstruierenden Tätigkeiten zum Ausgangspunkt zu machen, hat die amerikanische Pädagogin Deborah Schecter für den naturwissenschaftlichen Unterricht in der Primarstufe entwickelt: Unter dem Titel „Science Art“ ist 1997 ein Buch erschienen, in dem nicht mehr das Erlernen der Wissensbestände der einzelnen Fachdisziplinen das den Kindern präsentierte Ziel ist, sondern das Herstellen schöner, faszinierender, lustiger, unterhaltsamer und praktischer Dinge. Die Kinder verbinden durch die Freude an diesen Objekten einen für sie – im Augenblick des Tuns – unmittelbaren Nutzen mit den zugrundeliegenden Wissenschaftsinhalten.

Bei diesem Unterricht heißt das Thema nicht mehr „elektrische Ladung“, sondern „Schlangenbeschwörer“: Ein Stückchen Nähgarn bekommt aus sehr dünnem Papier einen Schlangenkopf und wird mit dem Schwanzende am Tisch befestigt. Hält man Luftballons oder Plastikfolien, die an Wolle gerieben wurden, darüber, erhebt sich die Schlange (Schecter, 102f.).[1] Die Faszination am Objekt ist Anlaß, weiterführende Überlegungen bezüglich der Ursache des Phänomens anzustellen, aber auch Schülern, denen weitergehende Erkenntnisse nichts bieten, bleibt die Freude an der Beherrschung des „Tricks“.

Mit zwei Ringmagneten, auf einen Stab gesteckt, läßt sich ein Känguruh bauen, das richtig hüpft, ein Papiervogel, er ist auf eine Büroklammer geklebt, die an einem Faden am Tisch befestigt ist, fliegt mittels Magneten hoch, und die Darstellung der Feldlinien eines Magneten wird benutzt, um ein Gesicht mit Haaren und Bart zu versehen (125f.).

Aus einer Bittersalzlösung wachsen auf Pfeifenreinigern wunderschöne kristallene Schmuckstücke, Bucheinbände werden mit Blätterdrucken gestal-

1 Wenn der Versuch nicht funktioniert, ist die relative Luftfeuchtigkeit zu hoch.

tet, die Bleichwirkung von Sonne auf Tonpapier ergibt interessante Umrißbilder, ein Pappkarussell dreht sich durch einen Gummibandmotor.

Allen von Deborah Schecter beschriebenen Unterrichtsvorhaben ist gemeinsam, daß sie die abstrakten Ideen und Konzepte der Fachwissenschaften immer in etwas Konkretes und für die Kinder Bedeutsames umwandeln. Da sie den Ausgangspunkt der naturwissenschaftlichen Arbeit der Kinder bilden und nicht den illustrierenden Endpunkt, ist das Potential an Lernerfahrungen grundsätzlich vielgestaltig. Einerseits laden sie zu den für die Naturwissenschaften typischen Arbeitsweisen ein, also zum Beobachten, Dokumentieren, Formulieren von Vorhersagen, Experimentieren und dem gemeinsamen Erfahrungsaustausch, andererseits bietet die künstlerische und handwerkliche Ausrichtung der Aktivitäten auch Entwicklungsmöglichkeiten auf anderen Gebieten: Beim Bau von Objekten, die Klänge erzeugen, können Kinder ihr Empfinden für Töne und Musik erweitern, beim Ausführen unterschiedlicher malerischer und plastischer Techniken wird der Sinn für Farben, Formen und Materialbeschaffenheiten angesprochen, und auch besondere Interessen auf sprachlichem oder mathematischen Gebiet können individuell in den Arbeitsprozeß der Gesamtgruppe integriert werden. So ist eine ganzheitlichere Ansprache der Kinder möglich, bei der gerade auch die Stärken einzelner besser berücksichtigt werden können.

Die Aktivitäten des Science-Art-Konzepts unterliegen keineswegs der Beliebigkeit. Sie sind so ausgewählt, daß die amerikanischen *National Science Education Standards* für die Primarstufe voll erfüllt werden. Die einzelnen Unterrichtsvorhaben sind in acht Abschnitte aufgeteilt, die so unterschiedliche Gebiete zum Thema haben wie Pflanzen, Tiere, Himmel, Verwandlungen, Licht und Farbe, Kräfte und Energien oder Flüssigkeiten. Immer geht es dabei um grundlegende Phänomene der belebten und unbelebten Natur, so daß den Aktivitäten eine exemplarische Funktion zukommt. Es ist durchaus Altbekanntes darunter, aber immer mit der Hinwendung zur Produktorientierung. So wird der Stromkreis entdeckt, indem ein selbstgebasteltes Glühwürmchen tatsächlich leuchtet, wenn die „Fühler" richtig an eine Batterie gehalten werden, und die Wirkung der Gravitation auf fallende Objekte wird erkundet, indem Farbtropfen, aus unterschiedlichen Höhen auf Papier getropft, ein abstraktes Bild ergeben.

Wie es bei dem frei erscheinenden Unterricht der Laborschule der Fall war, so verzichten auch die Science-Art-Aktivitäten nicht auf die sachkundige Begleitung durch eine Lehrerin, die über genügend Kenntnisse und praktische Fähigkeiten verfügen muß, um die Fragen und Ideen der Kinder nicht ins Leere laufen zu lassen und ihnen bei einer sinnvollen Weiterführung ihrer Arbeit zu helfen.

Dies ist ein grundsätzlicher Unterschied zu einem Unterricht, der das Lernangebot einzig dem Spontaninteresse des Kindes überläßt. Setzt man dies als entscheidend für die Stoffauswahl, besteht die Gefahr, den heranwachsenden Menschen einen Großteil ihres Erbes am „zinstragenden Kapital der Zivilisation" vorzuenthalten.

Die Aktivitäten von „Science Art" gehören zu den wenigen didaktischen Vorschlägen, die das Konzept eines herstellungsorientierten, an konstruierenden Tätigkeiten ausgerichteten Unterrichts konsequent umsetzen. Anders als der Laborschulunterricht deckt er nur ein sehr kleines Segment des Primarschulunterrichts ab, bietet aber den Vorteil, auch ohne organisatorischen Aufwand sofort in den konventionellen Unterricht integrierbar zu sein.

Die wenigen Jahre, in denen die Laborschule in Chicago bestand, haben gezeigt, daß die pädagogischen Ideen John Deweys, insbesondere seine Vorstellungen zur Schulpädagogik, realisierbar sind und keine Utopien bleiben müssen. Eine Auseinandersetzung nicht nur mit Deweys theoretischen Schriften, sondern auch mit der praktischen, unter seiner Anleitung geleisteten Arbeit an der Laborschule kann den Weg weisen für eine Pädagogik, die den Ideen Deweys zu einer neuen didaktischen Aktualität verhilft.

Literatur

Katherine Camp Mayhew and Anna Camp Edwards: The Dewey School – The Laboratory School of the University of Chicago 1896-1903. New York: Atherton Press 1966. Übersetzung der zitierten Abschnitte von Sonja Alberts.

Deborah Schecter: Science Art – Projects and Activities That Teach Science Concepts and Develop Process Skills. New York: Scholastic Professional Books 1997.

Anschriften der Autoren

Sonja Alberts
Langenhorner Chaussee 239, 22415 Hamburg

Dr. Manfred Brandt
Weidenstieg 4, 24568 Kaltenkirchen

Prof. Dr. Uwe Hameyer
Waldeck 8, 24109 Kiel

Prof. Dr. Dietlinde Hedwig Heckt
Dorfplatz 22, 38162 Cremlingen

Dr. Roswitha Lehmann-Rommel
Neuhäuser Straße 130 a, 79199 Kirchzarten

Pamela von Rymon Lipinski
Lagerstraße 29, 20357 Hamburg

Prof. Dr. Susanne Popp
Thumbstraße 56, 88250 Weingarten

Prof. Dr. Dr. h.c. Helmut Schreier
Horandstieg 36 b, 22559 Hamburg

Prof. Dr. John Shook
Phil. Dptmt. 308 Hanner Hall
Oklahoma State University, Stillwater OK 74078-5064
USA

Prof. Dr. Rupert Vierlinger
Nöbauerstraße 9, A 4040 Linz